“十三五”江苏省高等学校重点教材
2018-1-064

21世纪高等院校国际经济与贸易专业精品教材

（含二维码）

International Trade Theory and Practice

3rd edition

国际贸易理论与实务

（第三版）

宣昌勇　王贵彬　主　编

张纪凤　张家茂　副主编

东北财经大学出版社　大连
Dongbei University of Finance & Economics Press

图书在版编目（CIP）数据

国际贸易理论与实务 / 宣昌勇，王贵彬主编. —3版. —大连：东北财经大学出版社，2019.8（2021.7重印）

（21世纪高等院校国际经济与贸易专业精品教材）

ISBN 978-7-5654-3637-6

Ⅰ.国… Ⅱ.①宣… ②王… Ⅲ.①国际贸易理论–高等学校–教材 ②国际贸易–贸易实务–高等学校–教材 Ⅳ.F740

中国版本图书馆 CIP 数据核字（2019）第 169975 号

东北财经大学出版社出版

（大连市黑石礁尖山街 217 号　邮政编码　116025）

网　　址：http：//www.dufep.cn

读者信箱：dufep@dufe.edu.cn

大连图腾彩色印刷有限公司印刷　东北财经大学出版社发行

幅面尺寸：170mm×240mm　　字数：356千字　　印张：17.25

2019年8月第3版　　　　　　2021年7月第11次印刷

责任编辑：孙晓梅　吴　奂　　　　　责任校对：吴　非

封面设计：冀贵收　　　　　　　　　版式设计：钟福建

定价：48.00元

第三版前言

加入世界贸易组织10多年来，我国的对外贸易得到了飞速发展，对外贸易额从2001年的5 090亿美元增长到2018年的4.62万亿美元，我国已成为世界第一贸易大国。对外贸易已经成为拉动我国经济发展的主要引擎之一，同时，对外贸易也触及了人们生活的方方面面。一方面，我国在全球范围内所面临的经济领域的竞争日趋激烈；另一方面，国际贸易的方式和做法随着电子商务和物流的快速发展也在发生着急剧的变化。

在这一背景下，一方面，培养大量既精通专业知识又了解国际贸易理论，熟悉世界贸易组织规则和区域经济一体化最新发展动态，掌握国际贸易实务操作的应用型、复合型高级人才成为我国应对激烈国际竞争的关键；另一方面，培养应用型、复合型高级人才也是我国高等教育肩负的重要使命。因此，本书的编写主要面向普通高等院校各专业学生外经贸知识和能力的通识教育以及商科类各专业（非贸易专业）基础课程的教育，同时本书也可以作为商务人员的参考用书。

基于上述目标，本书编者在借鉴其他相似教材优点以及在第二版使用过程中收集到的反馈意见的基础上，结合自身丰富的工作经历和多年的教学经验，紧跟教材建设数字化和信息化的潮流，在新版修订过程中力求突出以下特点：

第一，可读性和趣味性强。本书摒弃了绝大多数教材法律条文式的内容安排，通过设置引例、案例、背景资料和新闻链接等模块增强了内容的可读性和趣味性，特别是在文中引例和案例之后所提出的思考题充分体现了启发式教学和探究式教学的先进教学理念。

第二，内容的广度和深度适中。根据通识教育和商科类（非贸易专业）基础课程教育的特点，本书在注重内容广度的基础上，很好地把握了内容的深度。书中的案例、背景资料、和新闻链接等模块大多只是对内容广度的扩展，而不是对内容深度的延伸。

第三，操作性强。在实务部分，本书通过在文中穿插适当的案例分析，由线上提供更多的习题以及实训指导材料，辅之以案例或习题的视频讲解，使得教材内容具有较强的实战性和应用性，能够使学生尽快掌握进出口业务的实际操作。

第四，时效性强。本书中的内容力求引入该领域最新的信息，特别是关于国际贸易术语和跟单信用证解释规则的部分，采用了最新的解释规则；在贸易方式方面删除了与国际贸易关联性不强的内容，新增了跨境电子商务的内容。

第五，编排新颖。本书根据内容性质的不同而采用不同的字体、字号等，使得编排布局生动活泼；取消了课后习题和思考题，改由线上提供。

第六，实现了初步的数字化。本书配备了较为完备的网络教学资源库、视频资料和课后习题，利用网络和移动终端采用扫描二维码的方式可以方便地获取所需的资源信息，以方便学生学习和教师组织教学，为教学活动提供全流程服务。

本书的内容主要包括两大部分：第一章至第五章为国际贸易理论部分，第六章至第十四章为国际贸易实务部分。在编排上纸质版教材尽量精炼，以方便阅读。与教材密切相关的横向拓展内容通过视频材料提供，并由线上提供大量辅助资源，供有不同需求的读者自行选择。

本书由宣昌勇和王贵彬任主编，张纪凤和张家茂任副主编，具体编写分工为：王贵彬编写第二章和第四章；张纪凤编写第五章和第十一章；仇燕苹编写第一章和第三章，张家茂编写第七章和第十四章；张月编写第六章、第八章和第十三章；苏静编写第九章、第十章和第十二章。全书由宣昌勇总纂定稿。

本书在编写过程中吸收和借鉴了大量参考文献，在书后我们列出了主要参考文献，在此对所有文献编著者表示衷心的感谢！由于本书编写时间仓促，编者水平有限，书中的缺点和不当之处在所难免，欢迎广大读者批评指正。

编　者

目　　　录

第一章　国际贸易概述 1

学习目标 1

引例 1

第一节　国际贸易的基本概念 2

第二节　国际贸易的分类 7

本章小结 10

练习题 10

第二章　国际贸易理论 11

学习目标 11

引例 11

第一节　重商主义理论与政策 12

第二节　传统自由贸易理论 14

第三节　产品生命周期理论 19

第四节　产业内贸易理论 21

第五节　保护贸易理论 23

本章小结 27

练习题 28

第三章　国际贸易措施 29

学习目标 29

引例 29

第一节　关税措施 30

第二节　非关税措施 36

第三节　促进出口与出口管制措施 44

本章小结 51

练习题 52

第四章　区域经济一体化　53

学习目标 ·· 53

引例 ·· 53

第一节　区域经济一体化的含义及形式 ····················· 54

第二节　区域经济一体化的经济效应 ······················· 56

第三节　区域经济一体化的产生与发展 ····················· 59

本章小结 ·· 63

练习题 ·· 63

第五章　多边贸易体制　64

学习目标 ·· 64

引例 ·· 64

第一节　贸易条约与贸易协定 ····························· 66

第二节　关税与贸易总协定 ······························· 68

第三节　世界贸易组织 ··································· 74

本章小结 ·· 81

练习题 ·· 81

第六章　国际贸易术语　82

学习目标 ·· 82

第一节　国际贸易术语概述 ······························· 82

第二节　常用的六种国际贸易术语 ························· 88

第三节　其他国际贸易术语 ······························· 103

第四节　国际贸易术语的选用与注意事项 ··················· 109

本章小结 ·· 112

练习题 ·· 113

第七章　国际货物买卖合同的磋商与签订　114

学习目标 ·· 114

第一节　国际货物买卖合同概述 ··························· 114

第二节　国际货物买卖合同的形式和内容 ··················· 116

第三节　交易前的准备 ··································· 122

第四节　合同的签订 ····································· 124

本章小结 ·· 131

练习题 ·· 131

第八章　国际贸易商品的描述　132

学习目标 ·· 132

第一节　商品的品名 ····································· 132

第二节　商品的品质 ····································· 135

第三节　商品的数量 ····································· 141

第四节　商品的包装 ·· 147
第五节　商品的价格 ·· 154
本章小结 ·· 162
练习题 ·· 162

第九章　国际货物运输 163
学习目标 ·· 163
第一节　运输方式 ·· 163
第二节　合同中的装运条款 ···································· 171
第三节　运输单据 ·· 176
本章小结 ·· 182
练习题 ·· 182

第十章　国际货物运输保险 183
学习目标 ·· 183
第一节　海洋运输货物保险的保障范围 ·························· 183
第二节　我国海运货物保险条款 ································ 187
第三节　英国伦敦保险协会海运货物保险条款 ···················· 192
第四节　买卖合同中的保险条款和货物保险的基本做法 ············ 195
本章小结 ·· 198
练习题 ·· 199

第十一章　国际贸易货款的收付 200
学习目标 ·· 200
第一节　支付工具 ·· 200
第二节　汇付 ·· 205
第三节　托收 ·· 209
第四节　信用证 ·· 213
第五节　不同支付方式的结合使用 ······························ 221
本章小结 ·· 222
练习题 ·· 222

第十二章　国际贸易的争端预防及处理 223
学习目标 ·· 223
第一节　商品检验 ·· 223
第二节　索赔 ·· 228
第三节　不可抗力 ·· 233
第四节　仲裁 ·· 236
本章小结 ·· 239
练习题 ·· 240

第十三章　进出口合同的履行 241

学习目标 ……………………………………………………………… 241

第一节　出口合同的履行 ………………………………………… 241

第二节　进口合同的履行 ………………………………………… 246

本章小结 …………………………………………………………… 250

练习题 ……………………………………………………………… 251

第十四章　国际贸易方式 252

学习目标 ……………………………………………………………… 252

第一节　一般传统贸易方式 ……………………………………… 252

第二节　加工贸易 ………………………………………………… 257

第三节　跨境电子商务 …………………………………………… 259

本章小结 …………………………………………………………… 265

练习题 ……………………………………………………………… 265

主要参考文献 267

第一章
国际贸易概述

学习目标

- 了解国际贸易的基本含义
- 掌握与国际贸易有关的专业术语
- 能用相关概念来理解当前国际贸易发展所呈现出来的特征

【引例】

超30万亿元！我国2018年外贸进出口总值创历史新高

海关总署发布的数据显示，我国2018年外贸进出口总值为30.51万亿元，比2017年的历史高位多出2.7万亿元，同比增长9.7%，规模再创历史新高。

海关总署新闻发言人、统计分析司司长李魁文在国务院新闻办公室举办的新闻发布会上说，超30万亿元的进出口总值中，出口总值为16.42万亿元，同比增长7.1%；进口总值为14.09万亿元，同比增长12.9%；贸易顺差为2.33万亿元，收窄18.3%。

按美元计价，2018年，我国外贸进出口总值为4.62万亿美元，同比增长12.6%。其中，出口总值为2.48万亿美元，同比增长9.9%；进口总值为2.14万亿美元，同比增长15.8%；贸易顺差为3 517.6亿美元，收窄16.2%。

据介绍，2005年我国外贸进出口总额首次超过10万亿元，2010年首次超过20万亿元，2018年再创历史新高，首次超过30万亿元。

李魁文表示，2018年，在党中央、国务院的坚强领导下，各地区、各部门积极贯彻落实一系列促进外贸稳定增长的政策措施，有效应对外部环境深刻变化，对外贸易总体平稳，稳中有进，有望继续保持全球货物贸易第一大国地位。2019年，海关将扎实推进各项改革，着力优化口岸营商环境，推动外贸稳中提质，更好地服务国家经济社会发展大局。

资料来源　新华社. 超30万亿元！我国2018年外贸进出口总值创历史新高 [EB/OL]. [2019-01-14]. http://www.gov.cn/shuju/2019-01/14/content_5357701.htm.

思考：

1. 可以用来衡量一国对外贸易发展的总体规模的指标有哪些？

2. 近年来我国对外贸易规模迅速扩大，经济效益是否也随之增加？

3. "贸易大国"与"贸易强国"的本质区别是什么？

第一节 国际贸易的基本概念

国际贸易是在社会生产力发展到一定阶段产生和发展起来的，它的产生必须具备两个基本条件：一是产生了对国际分工的需要；二是要有国家的存在。进入 20 世纪以后，随着国际分工的深化和世界市场的扩大，再加上科学技术的迅猛发展，国际贸易无论是总量、规模，还是结构、形式都在发生着巨大的改变。

一、国际贸易的基本含义

国际贸易（International Trade）是指不同国家（或地区）之间进行的商品交换活动。这是一个广义的概念，包括有形商品和无形商品的贸易活动。本书所涉及的国际贸易主要是从狭义角度，即有形的商品贸易，深入探讨国际贸易的发展变化以及贸易实践活动的开展。此外，国际贸易泛指国与国之间的商品交换，这既包括本国与他国之间的贸易，也包括他国之间的贸易。从全世界范围来看，国际贸易也被称为世界贸易（World Trade）。

如果要从某个国家（或地区）的角度来看这种商品交换活动，则有"对外贸易"（Foreign Trade）这一概念，它是指一国（或地区）同别国（或地区）进行的商品交换活动，有时也可称为"外部贸易"（External Trade）。而对于一些海洋岛国，或者对外贸易活动主要依靠海运的国家（如英国、日本等）来说，它们会将本国的对外贸易称为"海外贸易"（Oversea Trade）。此外，对外贸易又是由商品的进口和出口两部分构成的，有时也叫作"进出口贸易"（Import and Export Trade）。

可见，以上这两个概念的实质内容一致，都是指跨越国界的商品和劳务的交换活动。不过就其涵盖的范围而言，任何一国的对外贸易都远远不及国际贸易，它只是后者这个总体的一个组成部分，占其中较小的份额。例如，2017 年我国对外贸易额占世界贸易额的比重为 11.5%。

二、国际贸易的重要概念

为了进一步了解当前世界贸易的总体形势，真实评价本国的外贸总体发展情况，需要了解和掌握一些重要的专业术语。

（一）国际贸易额（Value of International Trade）

这是一个反映不同时期世界经济贸易总体形势的重要指标，是指按同一种货币单位换算后，把各国（或地区）的出口额相加得出的数额。由于所有国家（或地区）的出口额相加就是所有国家（或地区）的进口额，如果把世界各国（或地区）的进出口额相加，就会造成重复计算，因此，计算一国对外贸易额占世界贸易额的比重时，通常只能用本国的出口贸易额与世界贸易额相比较得出。至于计算得出的世界各国（或地区）的进口总额会高于出口总额，是因为大多数国家统计出口额是以 FOB 价格进行的，而统计进口额是以 CIF 价格进行的，CIF 价格比 FOB 价格多了运费和保险费。

表1-1表明，进入2019年，世界贸易形势更加严峻。全球需求持续减弱，加上美国一意奉行单边主义和贸易保护主义，给全球贸易发展带来压力。2019年4月，WTO发布的最新一期《全球贸易数据与展望》，大幅下调2019年世界贸易增长预期，预计2019年全球贸易增速将回落至2.6%。WTO总干事阿泽维多指出，受贸易摩擦升级和经济不确定性加剧等因素影响，未来两年全球贸易增长仍面临巨大压力。

表1-1   2017—2020年世界贸易额增长速度   单位：%

项目 \ 年份	2017	2018	2019	2020
世界货物贸易量	4.6	3.0	2.6	3.0
出口：发达经济体	3.6	2.1	2.1	2.5
发展中经济体	5.6	3.5	3.4	3.7
亚洲地区	6.8	3.8	3.7	4.1
进口：发达经济体	3.3	2.5	1.9	1.9
发展中经济体	6.8	4.1	3.6	3.9
亚洲地区	8.3	5.0	4.6	3.7

注：2019年和2020年为预测值。

（二）对外贸易额（值）（Value of Foreign Trade）

这是能够衡量一国外贸总体发展状况的重要指标，等于一国（或地区）在一定时期内从国外进口的商品总额加上该国（或地区）同一时期向国外出口的商品总额之和。

表1-2列出的是中国自入世以来历年的对外贸易额。总体上来说，我国的外贸发展呈现出持续的发展势头。2004年对外贸易额突破1万亿美元，2007年迈上2万亿美元的台阶，其中，出口总额突破1万亿美元。2008年国际金融危机爆发后，我国当年进出口总额同比增长17.9%，其中，进口总额同比增长18.5%，首次突破1万亿美元的大关。2011年，我国对外贸易额突破3万亿美元，连续3年成为世界货物贸易第一出口大国和第二进口大国。2013年，中国货物进出口总额为4.16万亿美元，同比增长7.6%，一举成为世界第一货物贸易大国，也是首个货物贸易总额超过4万亿美元的国家。2018年，我国进出口总值再创新高，继续保持全球货物贸易第一大国地位。

（三）贸易差额（Balance of Trade）

如果将一个国家（或地区）在一定时期的出口额与进口额相比，得出的差额就被称为贸易差额。如果出口额大于进口额，叫作"贸易顺差"或"贸易盈余"，亦称"出超"（Favorable Balance of Trade）。如果出口额小于进口额，则叫"贸易逆差"或"贸易赤字"，亦称"入超"（Unfavorable Balance of Trade）。

视频1-1
贸易顺差越多越好吗？

表 1-2   中国入世以来的对外贸易额   单位：亿美元

年份	进出口总额	出口总额	进口总额	差额
2002	6 207.70	3 256.00	2 951.70	304.30
2004	11 545.50	5 933.20	5 612.30	320.90
2007	21 738.30	12 180.00	9 558.00	2 622.00
2008	25 616.30	14 285.50	11 330.80	2 954.70
2009	22 072.70	12 016.70	10 056.00	1 960.70
2010	29 727.60	15 779.30	13 948.30	1 831.00
2011	36 420.60	18 986.00	17 434.60	1 551.40
2012	38 667.60	20 498.30	18 178.30	2 311.00
2013	41 603.31	22 100.42	19 502.89	2 597.53
2014	43 030.40	23 427.50	19 602.90	3 824.60
2015	39 586.44	22 765.74	16 820.70	5 945.04
2016	36 849.25	20 974.44	15 874.81	5 099.63
2017	41 206.00	22 794.00	18 412.00	4 381.00
2018	46 200.00	24 800.00	21 400.00	3 400.00

表 1-2 显示，我国贸易平衡状况不断改善，进出口格局更平衡。外贸顺差在 2008 年达到 2 954.70 亿美元的最高值后开始逐年回落，2012 年逐渐回升，2015 年达到历史性新高——5 945.04 亿美元，此后有所回稳。

一般说来，贸易顺差表明一国在对外贸易收支上处于有利地位，贸易逆差则表明该国处于不利地位。争取贸易顺差的手段首先是扩大出口。但是，贸易长期顺差不一定是好事。这是因为，要长期赚取贸易顺差就必须把国内大量的商品和劳务让给外国人享受和使用，手中只留有充当国际清偿手段的外汇，这样一来本国可用的经济资源反而相对减少，从而实际上降低了广大国民的经济福利。同时，长期顺差往往易于引发同他国的经济摩擦，给本国今后的外贸发展增加了障碍和困难。同样，贸易逆差也并非绝对是坏事。贸易逆差若是发生于为加速经济发展而适度举借外债、引进先进技术及生产资料，也不是坏事。况且逆差也是防止长期顺差的手段，因此，从长期趋势来看，一国的进出口贸易应保持基本平衡。

（四）对外贸易依存度（Ratio of Dependence on Foreign Trade）

对外贸易依存度是指一国对外贸易额在该国国内生产总值（GDP）中所占的比重。若以 X 表示出口，以 M 表示进口，则对外贸易依存度的公式为：$\dfrac{X+M}{GDP}$。其中，出口依存度是指一个国家在一定时期内出口值在国内生产总值中所占的比重。出口依存度的公式为：$\dfrac{X}{GDP}$。另外，可以把进口额在 GDP 中的比重称为进口依存度。进口依存度的公式为：$\dfrac{M}{GDP}$。对外贸易依存度表明一国的经济对外贸的依赖程度，也表明一国经济国际化的程度。

加入 WTO 的前 5 年，我国对外贸易快速发展，对外贸易依存度不断上升。2003 年我国对外贸易依存度首次超过 50%，达到 51.9%；2006 年达到 67%，较 2001 年提升 28.5 个百分点；此后呈回落态势。2018 年，我国对外贸易依存度约为 33.7%，略高于 2017 年的 33.6%。对外贸易依存度的高低表明一国参与国际竞争和国际分工的程度。同时，作为国民经济的重要组成部分，强劲增长的对外贸易促进了国民经济平稳快速发展，大幅度提升了我国的综合实力，外贸在我国经济活动中的地位举足轻重。

（五）贸易条件（Terms of Trade）

贸易条件是指出口一单位商品可以换回多少单位的外国商品。换回的外国商品多，称为贸易条件改善，反之则称为贸易条件恶化。这里涉及的是所有进出口商品的价格，而一个国家的进出口商品种类很多，因此通常用一国在一定时期（如一年）的出口商品价格指数同进口商品价格指数对比进行计算，其具体公式是：

贸易条件指数（TOT）=（出口价格指数÷进口价格指数）×100

TOT 的计算值有三种结果：

（1）TOT 大于 100，即贸易条件改善；

（2）TOT 小于 100，即贸易条件恶化；

（3）TOT 等于 100，即贸易条件不变。

现以 1994 年为基准年，其进出口价格指数均是 100，而 1995 年出口价格上涨 6%，进口价格下降 2%。这样，1995 年出口价格指数为 106，进口价格指数为 98，那么贸易条件指数就是 108.16（106÷98×100）。可见贸易条件改善了 8.16%。

一般来说，在 TOT 小于 100 的情况下，出口越多越不利。针对这种情况，政府应积极采取措施，调整进出口商品结构，以改变对外贸易的不利状况。但是，孤立地考察贸易条件并不能很好地计量福利或贸易利益变动。比如，在出口价格下降而进口价格相对不变的情况下，只有当生产出口商品的劳动生产率在没有一定程度提高的情况下，才能判断出贸易对本国福利的不利影响。假设中国找到一种成本更低的种植小麦的方法，则中国供给出口的小麦增多，降低了小麦价格和中国的贸易条件，但这并不表明中国的经济变坏了或是中国从贸易中获得的利益减少了，因为中国可以从出口成本的降低中获得更多的利益。

（六）对外贸易商品结构（Composition of Foreign Trade）

对外贸易商品结构是指一定时期内一国进出口贸易中各种商品的构成，即某类或某种商品进出口贸易额与整个进出口贸易额之比。一个国家对外贸易商品结构主

视频 1-2 中国、日本、新加坡三个国家的贸易依存度谁最小？为什么？

要是由该国的经济发展水平、产业结构状况、自然资源状况和贸易政策决定的。一般而言，发达经济体对外贸易商品结构以进口初级产品、出口工业制成品为主；发展中经济体对外贸易商品结构则以出口初级产品、进口工业制成品为主。

表1-3列出的是我国2015—2018年的出口商品类型。从出口商品结构来看，从以初级产品为主到以工业制成品为主，从以轻纺等劳动密集型产品为主到以机电和高新技术产品等资本技术密集型产品为主，我国出口商品结构不断优化升级。值得一提的是，在工业制成品出口中，机电产品占出口总额的比重持续提高，机电、高新技术产品在我国出口贸易中的主导地位也日益明显。从进口商品结构看，为满足国民经济快速发展和工业化、现代化进程的需要，进口商品结构中的资源、基础原材料等初级产品所占比重明显扩大，机电产品和高新技术产品所占比重快速增长。近几年，大豆、铁矿砂、石油等基础原材料的进口量呈持续大幅增长趋势。与此同时，国内对国外先进技术和成套设备的需求日益增加，在工业制成品进口中，机电产品和高新技术产品进口量快速增长。

表1-3　　　　　　　　　　2015—2018年中国出口商品结构　　　　　　　　　单位：亿美元

出口商品结构	年份			
	2015	2016	2017	2018
总值	22 749.5	20 981.5	22 635.2	24 874.0
初级产品	1 039.8	1 050.7	1 177.1	1 350.9
食品及活动物	581.6	610.5	626.4	654.7
饮料及烟类	33.1	35.4	34.7	37.1
非食用原料	139.2	130.8	154.4	180.2
矿物燃料、润滑油及有关原料	279.4	268.4	353.5	468.1
动植物油脂	6.4	5.6	8.1	10.7
工业制成品	21 709.7	19 930.8	21 458.1	23 520.2
化学品及有关产品	1 296.0	1 218.9	1 413.3	1 675.3
按原料分类的制成品	3 913.1	3 512.0	3 680.5	4 047.5
机械及运输设备	10 594.5	9 845.1	10 829.1	12 080.6
杂项制品	5 881.5	5 296.2	5 477.7	5 658.1
未分类的其他商品	24.6	58.6	57.6	58.7

（七）对外贸易地理方向（Geographic Distribution of Foreign Trade）

对外贸易地理方向又称为对外贸易地区分布或国别结构，是指一定时期内各个国家或区域集团在一国对外贸易中所占的地位，通常以它们在该国进出口总额或进口总额、出口总额中的比重来表示。对外贸易地理方向指明一国出口商品的去向和进口商品的来源，从而反映一国与其

视频1-3
我国主要的
对外贸易伙
伴有哪些

他国家或区域集团之间经济贸易联系的程度。

表1-4列出的是我国2015—2018年的主要贸易伙伴分布区域。

表1-4　　　　我国2015—2018年的主要贸易伙伴分布区域（出口）　　　单位：亿美元

年份	2015	2016	2017	2018
总值	22 749.5	20 981.5	22 635.2	24 874.0
亚洲	11 408.5	10 422.8	10 963.5	11 881.1
非洲	1 086.7	922.2	947.4	1 049.1
欧洲	4 033.4	3 896.7	4 290.6	4 747.4
拉丁美洲	1 322.2	1 138.6	1 308.3	1 487.9
北美洲	4 393.3	4 126.3	4 612.7	5 137.6

表1-4的统计数据表明，我国的进出口市场结构更趋合理。对传统的发达国家市场进出口保持稳定。同时开拓新兴市场取得新成效。2018年，我国对前三大贸易伙伴——欧盟、美国和东盟的进出口额分别增长7.9%、5.7%和11.2%，三者合计占我国进出口总值的41.2%。尤其值得一提的是，我国对"一带一路"沿线国家合计进出口8.37万亿元，同比增长13.3%，高出全国整体增速3.6个百分点，我国与"一带一路"沿线国家的贸易合作潜力正在持续释放，成为拉动我国外贸发展的新动力。其中，对俄罗斯、沙特阿拉伯和希腊的进出口额分别增长24%、23.2%和33%。

第二节　国际贸易的分类

国际贸易范围广泛、性质复杂，可以从不同角度进行分类。

一、按商品流向划分

（一）出口贸易（Export Trade）

出口贸易是指一国把本国生产的商品运输到国外市场销售，又称为"输出贸易"。如果商品不是因外销而运输到国外，则不计入出口贸易的统计之中，如运往境外使馆、驻外机构的物品或者携带的个人使用物品等。

净出口（Net Export），是指一国（或地区）某一时期某种同类商品的出口量大于进口量的部分。例如，2006年，我国钢铁产品对外贸易格局发生了历史性转变，从此由钢材净进口国转变为钢材净出口国，当年净出口钢材2 450万吨。我国钢材出口量、净出口量最高的年份都是2015年。当年，我国出口钢材11 240万吨，净出口钢材9 962万吨。

（二）进口贸易（Import Trade）

进口贸易是指一国从国外市场购进用以生产或消费的商品，又称为"输入贸易"。如果商品不是因购买而输入国内，则不计入进口贸易。同样，若不是因购买而输入国内的商品，则不称为进口贸易，也不列入统计，如外国使、领馆运进自用的货物，以及旅客携带个人使用物品进入国内等。

净进口（Net Import），是指一国（或地区）某一时期某种同类商品的进口量大于出口量的部分。

例如，海关总署公布的数据显示，2018 年全年我国粮食累计进口 11 555 万吨，同年我国粮食累计出口 366 万吨。净进口量达到 11 189 万吨。

（三）过境贸易（Transit Trade）

过境贸易是指商品生产国与商品消费国之间进行的商品买卖活动，其实物运输过程中必须要通过第三国的国境。过境贸易又可分为直接过境贸易和间接过境贸易。直接过境贸易是指 A 国的商品进入 C 国境内后不存放海关仓库而直接运往 B 国；间接过境贸易是指 A 国的商品进入 C 国境内后存放仓库，然后再运往 B 国。在过境贸易中，由于本国未通过买卖取得货物的所有权，因此，过境商品一般不列入本国的进出口统计中。

（四）转口贸易（Entrepot Trade）

转口贸易是指本国从 A 国进口商品后，再出口至 B 国的贸易。转口贸易中的货物运输可以有两种方式：一种方式是转口运输，即货物从 A 国运入本国后，再运往 B 国；另一种方式是直接运输，即货物从 A 国直接运往 B 国，而不经过本国。

复出口（Re-export），从国外输入的商品，没有在本国消费，又未经加工就再出口，称为复出口或复输出。

复进口（Re-import），输往国外的商品未经加工又输入本国，称为复进口或再输入。产生复进口的原因，或者是商品质量不合格，或者是商品销售不对路，或者是国内本身供不应求。

二、按商品形态划分

（一）有形贸易（Tangible Goods Trade）

有形贸易是指买卖那些看得见、摸得着的具有物质形态的商品（如粮食、机器等）的交换活动。为了便于统计和分析，联合国秘书处于 1950 年公布了《国际贸易标准分类》（Standard International Trade Classification，SITC），1960 年、1975 年、1985 年还分别对其作过三次修订。在这个标准分类中，把有形商品分为 10 大类（Section）（见表 1-5）、67 章（Division）、261 组（Group）、1 033 个分组（Subgroup）和 3 118 个项目（Item）。《国际贸易标准分类》几乎包括了所有的有形贸易商品。每种商品都有一个五位数的目录编号，第一位数表示类，前两位数表示章，前三位数表示组，前四位数表示分组，五位数一起表示某个商品项目。例如，活山羊的标准分类编号为 001.22。其中，0 表示类，名称为食品及主要供食用的活动物；00 表示章，名称为主要供食用的活动物；001 表示组，名称为主要供食用；001.2 表示分组，名称为活绵羊及山羊；001.22 表示项目，名称为活山羊。

表 1-5　　　　　　　　　　　《国际贸易标准分类》的 10 个大类

大类编号	类别名称
0	食品及主要供食用的活动物
1	饮料及烟草
2	燃料以外的非食用粗原料
3	矿物燃料、润滑油及有关原料
4	动植物油脂
5	未列名化学品及有关产品
6	主要按原料分类的制成品
7	机械及运输设备
8	杂项制品
9	没有分类的其他商品

（二）无形贸易（Intangible Goods Trade）

无形贸易是指买卖一切不具备物质形态的商品的交换活动，例如运输、保险、金融、文化娱乐、国际旅游、技术转让、咨询等方面的提供和接受。无形贸易包括服务贸易和技术贸易。

服务贸易（Trade in Services）是指提供活劳动（非物化劳动）以满足服务接受者的需要并获取报酬的活动。为了便于统计，世界贸易组织的《服务贸易总协定》把服务贸易定义为四种方式：（1）过境交付，即从一国境内向另一国境内提供服务；（2）境外消费，即在一国境内向来自其他国家的消费者提供服务；（3）自然人流动，即一国的服务提供者以自然人的方式在其他国家境内提供服务；（4）商业存在，即一国的服务提供者在其他国家境内以各种形式的商业或专业机构提供服务。

视频 1-4
世界上哪个
国家的无形
贸易最强

技术贸易（Technology Trade）是指技术供应方通过签订技术合同或协议，将技术有偿转让给技术接受方使用。

有形贸易与无形贸易有一个鲜明的区别，即有形贸易均须办理海关手续，其贸易额总是列入海关的贸易统计，而无形贸易尽管也是一国国际收支的构成部分，但由于无须经过海关手续，一般不体现在海关资料上。但是，对形成国际收支来讲，这两种贸易是完全相同的。

然而，无形贸易在国际贸易活动中已占据越来越重要的地位。无形贸易额在最近几年接近于国际商品贸易额的 1/4。不少发达国家的服务贸易额已占其出口贸易额的相当比重，有的国家（如美国）已达 50%。近年来，服务贸易的增长速度明显快于有形贸易的增长速度，且继续保持着十分强劲的势头，特别是乌拉圭回合谈判通过的《服务贸易总协定》规定，把服务贸易纳入国际贸易的规范轨道，逐步实现自由化。这将促使各国进一步大力发展服务贸易。我国提出的发展大经贸的工作思路，实际上就强调了发展无形贸易的重要意义。随着中国经济结构转型升级，服务业规模不断扩大，带动服务贸易进入快速发展期。2018年我国服务进出口规模创历史新高，规模继续保持世界第二位。其中，服务出口增速创八年来新高，全年服务出口总额为17 658亿元，同比增长14.6%，是2011年以来的出口最高增速。同时，服务贸易结构持续优化，服务贸易高质量发展取得积极进展。知识密集型服务进出口总额为16 952.1亿元，同比增长20.7%，高于整体增速9.2个百分点，占进出口总额的比重达32.4%，比同比增加2.5个百分点；旅行、运输和建筑三大传统服务进出口总额为33 224.6亿元，同比增长7.8%，占进出口总额的比重为63.4%，同比下降2.28%。

本章小结 🖉

长期以来，对外开放一直是我国的一项基本国策。尤其自中国成为WTO的成员后，吸引了越来越多的人关注和研究国际贸易。在学习国际贸易的理论与实务之前，应该对国际贸易的产生及发展有所了解，熟悉国际贸易的基本概念和分类。

练习题 🖉

第一章单选题

第一章多选题

第一章判断题

第一章习题参考答案

第二章

国际贸易理论

学习目标

- 了解相关国际贸易理论产生的社会背景
- 掌握相关国际贸易理论的具体内容
- 了解自由贸易与保护贸易的历史实践
- 能用相关国际贸易理论分析实际问题

【引例】

自由贸易与保护贸易的历史实践

国际贸易理论的观点主张最终要落实到贸易政策上，而贸易政策则要服务于一国经济社会发展的现实目的，服务于国家的整体利益。从历史上看，不论是自由贸易政策还是保护贸易政策，以前都没有、以后也都不会退出历史舞台。

（一）自由贸易政策的演变

自由贸易理论和政策主张是从18世纪末开始形成的，在19世纪达到高峰。在这一时期，最早完成工业革命的英国和航海业发达的荷兰是全面实行自由贸易政策的国家。英国自18世纪中叶开始产业革命，到19世纪初"世界工厂"地位已经确立，工业产品在世界上已经形成了强大竞争力，英国工业资产阶级迫切要求废除保护贸易政策，实行自由竞争和自由贸易政策，因此，英国推行了以废除谷物法、废除航海法、取消特权公司、降低关税与简化税法、与外国签订体现自由贸易精神的条约等为主要内容的自由贸易政策。

在英国的带动下，19世纪中叶，欧美的其他一些资本主义国家也相继推行了自由贸易政策。

20世纪50年代至70年代初期，美国已发展成为世界头号经济强国，为了对外经济扩张，积极主张削减关税，取消数量限制，成了自由贸易的积极倡导者和推动者。另外，1948年1月1日关税与贸易总协定（General Agreement on Tariff and Trade，GATT，简称关贸总协定）生效，以及世界上各种形式的区域经济一体化组织的出现，都推动了贸易自由化的进展。

（二）保护贸易政策演变

16—18世纪是西欧各国殖民扩张和资本主义生产方式准备时期。为了促进资本原始积累，西欧各国在重商主义理论的影响下，纷纷推出强制性的贸易保护政策。

19世纪70年代以后，美国和西欧一些国家纷纷由自由贸易转向保护贸易，逐步实施了一系列限制进口、鼓励出口的保护性措施。

在两次世界大战之间，资本主义发展已经由自由竞争阶段进入垄断阶段，对世界市场的争夺日益加剧。尤其是1929—1933年的世界性经济危机，使争夺世界市场的矛盾更加尖锐。西方各国的垄断资产阶级为了垄断国内市场和争夺世界市场纷纷推行超保护贸易政策。

20世纪70年代以后，西方各国经济陷入"滞胀"之中，特别是美国的国际经济相对衰落，于是从70年代中期开始，再次出现了贸易保护主义浪潮。到80年代后期，贸易保护主义浪潮席卷全球。

20世纪90年代以来，信息技术的迅猛发展加快了全球一体化进程，促进了全球贸易自由化的发展，同时，也加剧了各国经济发展的不平衡，引起了以保护公平交易为由、以保护环境与保护消费者安全和健康为由、以维护劳动者的基本权利为由、以保护动物福利为由的一系列新的贸易保护主义。

2009年金融危机以来，尤其是2016年唐纳德·特朗普就任美国总统以来，贸易保护主义情绪进一步高涨。

思考：

1.各国间为什么要进行贸易？更确切地说，是什么决定了一国出口何种产品？又进口何种产品？

2.贸易会如何影响各国经济和各国福利？

3.是自由贸易好？还是保护贸易好？如果是自由贸易好，为什么保护贸易还会抬头？如果是保护贸易好，为什么G20各成员还承诺"坚决抵制一切新贸易保护措施的立场"？

第一节　重商主义理论与政策

一、重商主义产生的历史背景

重商主义是15—17世纪欧洲资本原始积累时期，代表商业资产阶级利益的经济思想和政策体系。随着新大陆和新航线的发现，商业活动的范围空前扩大，西欧对美洲、非洲、亚洲的殖民掠夺，使大量金银流入西欧各国，积累了巨额的货币财富，导致商品货币经济的蓬勃发展和封建自然经济的迅速瓦解。社会财富的重心由土地转向金银货币。货币财富成为各阶层共同追逐的对象，成为社会经济生活的支配力量。但是，随着贸易的繁荣，商人阶级与地主阶级的矛盾日益尖锐起来。本质上讲，商业资本是通过发展贸易追求增加了的货币财富，因此，在国外，要求有一个强有力的政府保护对外贸易的顺利进行；在国内，要求鼓励贸易及发展工业的政策倾斜。而不断发展壮大的商业资本又成为王室财政收入的重要来源。在这种历史条件下，重商主义作为一种经济思想和国家经济政策出现了。

英国是当时经济最发达的国家，重商主义发展得最为成熟。重商主义分早晚两期，早期盛行于14世纪末到16世纪末，以"货币差额论"为主要思想，又称重金主义，其代表人物为英国的威廉·斯塔福（Willian Staffor，1554—1612）；晚期盛行于16世纪末到17世纪中期，以"贸易差额论"为主要思想，发展成了真正意义上的重商主义，其代表人物为英国的托马斯·孟（Thomas Mun，1571—1641），其主要著作是《英国得自对外贸易的财富》，马克思称之为"重商主义福音书"。

二、重商主义的主要思想

不论是早期的货币差额论还是晚期的贸易差额论，都认为金银是财富的唯一形态，是衡量国家富裕程度的唯一尺度。黄金白银越多，就越富有。而增加财富的途径只能是商业。但是，国内贸易只是促使财富在民众之间流动，不会增加国家的财富总量。只有国际贸易，尤其是国际贸易中的顺差才能增加国家财富，因此，国内商品生产应当服从于对外贸易的需要，并应尽量鼓励工场手工业和出口贸易的发展。

贸易差额论在认识上比货币差额论更深入一步，在政策实践上也更完善。货币差额论将货币和商品对立起来，追求绝对的贸易顺差，崇尚极端的保护政策，严禁货币流出。贸易差额论认识到了货币运动和商品运动的内在联系，不再片面追求顺差，也不单纯用金银多寡来衡量一国的国力。它认为"货币产生贸易，贸易增多货币"，只要总体的贸易状况是顺差，金银就必然流入国内。

三、重商主义的政策主张

重商主义主张国家干预对外贸易，政策主张主要有以下几种：

（1）货币政策。早期的货币差额论严禁货币输出，晚期的贸易差额论允许货币适当地、有条件地输出，并通过追求贸易顺差吸收外国的金银。

（2）保护关税政策。对进口货物几乎都要征收高关税，甚至高到使人无法购买的地步，对原材料进口免税，同时，对出口制成品减免关税，或退回进口原料时征收的关税。

（3）奖出限入政策。阻止原料或半制成品出口，奖励制成品出口；对缺乏竞争力的本国产品实行退税或由国家给予补贴；奖励在国外市场上销售本国产品的商人。

（4）对外贸易垄断政策。由国家领导人直接垄断对殖民地贸易，不许外国人插手经营。通过垄断贸易，可以取得殖民地廉价的原材料，高价出口制成品，获得高利润，积累货币。

（5）发展本国航运业政策。禁止外国船只从事本国沿海航运和与殖民地之间的航运，谋求建立本国强大的商船队和渔船队。

（6）发展本国工业政策。强大的工业是贸易及顺差的基础，因此，各国都制定了鼓励本国工业发展的政策。如高薪聘请外国工匠，禁止熟练工人外流和机器设备输出，给工场手工业者发放贷款和提供各种优惠条件等。

四、评价

（1）重商主义是西方最早的国际贸易理论。这种理论及其政策主张极大地促进了资本的原始积累，推动了资本主义生产方式的发展，因而在历史上曾起到一定的积极作用。同时，它的一系列政策主张对广大发展中国家制定对外贸易政策有重要的理论和现实意义。

（2）重商主义理论认为，金银是唯一的财富形态，一切经济活动的目的都是为了获取金银，这说明它对国民财富的理解是狭隘的。

（3）重商主义理论认为国际贸易是一种"零和博弈"，这种观点代表了资本原始积累时期处于上升阶段的商业资本的利益，而且其政策主张也有一定的片面性。

（4）重商主义在理论上还不成熟。它只是对以获取金银为目的的贸易行为的研究，而没有进一步拓展到贸易基础、贸易结构与贸易利得等方面，还没有形成系统的理论。

第二节　传统自由贸易理论

自17世纪中期后，资本主义工场手工业有了长足发展，新兴的产业资本不断壮大，在社会经济生活中的地位日益提高。它们为扩大海外市场并获得海外廉价原材料，迫切要求摆脱重商主义思想和政策束缚，建立反映工业资本利益需要的理论和政策体系。正是在这一历史前提下，产生了资产阶级古典经济学派。它对经济问题的研究已经从流通领域深入到生产领域，提出了著名的劳动价值理论。在经济政策上反对政府干预，主张"自由放任"；在对外贸易方面提出了"绝对成本"和"比较成本"理论，为英国及西欧各国工业资产阶级确立最终统治地位、争取自由贸易提供了依据。20世纪30年代，要素禀赋理论的提出进一步奠定了自由贸易的基础。

一、绝对优势贸易理论

（一）产生背景

18世纪60年代英国的资本主义处于从工场手工业向机器大工业过渡的时期。随着资本主义生产的迅速发展，工业资本的实力逐渐增强，为便于对外争夺，工业资本要求贸易自由，以便从海外获得廉价原材料，并为其产品寻找更大的海外市场。为此需要摆脱重商主义对国民经济和对外贸易的束缚。亚当·斯密（Adam

Smith，1723—1790）是英国工业革命早期的经济学家，古典经济学派的奠基人。他代表新兴的工业资产阶级利益，在其代表作《国民财富的性质和原因的研究》（简称《国富论》，1776）中猛烈抨击了阻碍社会变革的重商主义，提出了自己的一系列经济理论，其中包含自由贸易的思想内容。

（二）主要思想

亚当·斯密认为，一国国民财富不是金银货币，而是人民生产和生活的必需品。财富的来源不是贸易或流通，而是一国国民的生产劳动。

绝对优势就是一国生产同种产品的劳动生产率绝对高于另一国，或成本绝对低于另一国；反之，则是绝对劣势。

绝对优势贸易理论认为，在满足一系列假设的条件下，两国应该各自专门生产并出口自己具有绝对优势的产品，不生产并进口自己有绝对劣势（对方有绝对优势）的产品，两国的福利水平都会因此而提高。如甲国生产A产品的劳动生产率高于乙国，乙国生产B产品的劳动生产率高于甲国，则甲国生产A产品有绝对优势，乙国生产B产品有绝对优势。那么，甲国应该专门生产并出口A产品，乙国应该专门生产并出口B产品，两国的福利水平均会高于自给自足的状态。亚当·斯密称，"如果一件东西在外购买所花的代价比在家生产所费的代价小，就永远不会想在家里生产，这是每一个精明的家长都知道的格言""在每一个私人家庭的行为中是精明的事情，在一个大国的行为中就很少是荒唐的了"。他认为，只有在自由贸易的条件下，各国才能充分享受到地域分工的利益。

（三）评价

（1）亚当·斯密的绝对优势理论成为英国工业资产阶级反对封建残余、发展资本主义的有力工具，在历史上起过进步作用。绝对优势理论指出了分工对提高劳动生产率的巨大意义。各国应根据自己的绝对优势进行分工，通过国际贸易使各国都能获益的观点也是正确的。

（2）绝对优势理论在逻辑上还存在不完美之处。"在每一个私人家庭的行为中是精明的事情，在一个大国的行为中就很少是荒唐的了"，这种推论也许适合当时历史条件下的英国，但是否适合任何历史条件下的任何国家，有待商榷。

（3）绝对优势理论还有其局限性。它说明只有在某种产品的生产上具有绝对优势的国家，才能通过国际分工获得利益，因而并不具有普遍意义。

二、比较优势贸易理论

（一）产生背景

进入19世纪，机器大工业的蓬勃发展使英国在对外贸易中已经处于绝对优势地位，英国工业资产阶级迫切要求进一步扩大对外贸易。1815年，英国颁布了维护土地贵族利益的《土地法》。由于限制谷物进口，粮价上涨，迫使工业资产阶级提高工人工资，造成成本上升，同时工业品消费需求受挤压，并容易招致其他国家采用高关税阻止英国工业出口的报复手段。于是，英国工业资产阶级同土地贵族在《土地法》的存废问题上展开了激烈争论。大卫·李嘉图在《政治经济学及赋税原理》（1817）一书中阐述了"比较优势理论"，为工业资产阶级提供了理论依据。

（二）主要思想

按照亚当·斯密的绝对优势理论，一个国家要参与国际分工与国际贸易，必须在一种产品的生产上具有绝对低的成本优势。但是到了李嘉图生活的年代，机器大工业已取代工场手工业，各国经济技术差距拉大，甚至出现先进国家比落后国家处于全面优势的新格局。那么，先进国家与落后国家间能否进行国际分工并开展国际贸易呢？李嘉图为此进一步发展了亚当·斯密的对外贸易理论，提出了按比较优势进行分工的学说。

李嘉图认为，决定国际分工与国际贸易的一般基础不是绝对优势，而是比较优势或比较利益。也就是说，即使一国与另一国相比，在产品生产成本上都处于绝对劣势，但只要本国集中生产那些成本劣势较小（比较优势）的产品；而另一个在所有产品生产成本上都处于绝对优势的国家，则集中生产那些成本优势最大（比较优势）的产品，即按照"两优取重，两劣择轻"的原则进行国际分工与国际贸易，同样不仅会增加社会财富，而且交易双方也都能获得利益。

李嘉图举例说："如果两个人都能制鞋和帽，其中一个人在两种职业上都比另一个人强些，不过制帽时只强1/5或20%，而制鞋时则强1/3或33%，那么这个（制鞋）较强的人专门制鞋，而那个（制鞋）较差的人专门制帽，岂不是对双方都有利吗？"他也采用由个人推及国家的方法，认为一国在工农业生产方面虽然都处于劣势，若农产品劣势比工业制品劣势要小，则应生产和出口农产品换取国外的工业品，对该国有利；而对工农业生产均占优势的另一个国家，若工业品"占有极大优势"，就应生产和出口工业品去换取外国的农产品，这样才对该国有利。

视频 2-1
比较优势
陷阱

李嘉图以葡萄牙和英国两国葡萄酒和呢绒生产交换为例，论证了他的理论，见表 2-1。

表 2-1 葡萄牙和英国两种产品的单位劳动投入

	葡萄牙	英国
葡萄酒（1单位）	80天	120天
呢 绒（1单位）	90天	100天

按照亚当·斯密的绝对优势理论，在上例情况下，英、葡两国不会发生贸易分工。因为在英国呢绒和酒的生产成本都比葡萄牙高，两种产品的生产都处于绝对劣势；而在葡萄牙两种产品的生产成本都比英国低，都处于绝对优势。英国没有什么产品可以卖给葡萄牙，葡萄牙也不必向英国购买。但李嘉图认为，两国可以进行分工和贸易，因为这两种产品的相对成本不同。英国生产1单位呢绒的劳动成本为葡萄牙的100/90，即1.1倍；而生产1单位葡萄酒的劳动成本为葡萄牙的120/80，即

1.5倍，这样英国生产呢绒的相对劳动成本小于生产葡萄酒的相对劳动成本，即1.1<1.5。也就是说，英国生产呢绒的相对成本低，生产葡萄酒的相对成本高。葡萄牙生产呢绒和葡萄酒的绝对成本都低于英国，但两种产品的相对成本也不同。葡萄牙生产1单位呢绒的劳动成本为英国的90/100，即0.9倍，而生产1单位葡萄酒的劳动成本为英国的80/120，即0.67倍，这样葡萄牙生产葡萄酒的相对劳动成本小于生产呢绒的相对劳动成本，即0.67<0.9。如果两国不进行分工和贸易，必须各投入170单位和220单位的劳动量，才能各自生产并消费1单位葡萄酒和1单位呢绒。如果两国按照"两优取重，两劣择轻"的原则进行分工，则葡萄牙应该专门生产葡萄酒，英国应该专门生产呢绒，这样，在两国劳动量投入不变的情况下，两种产品的世界产量都会增加，通过贸易，两国的消费量也会增加。显然，国际贸易对双方都是有利的。

具体分析如下：

第一，在分工前，两国各自按表2-1所示分配劳动，则两国各自生产并消费了1单位葡萄酒和1单位呢绒，两国共生产了2单位葡萄酒和2单位呢绒。

第二，两国按比较优势原则分工，葡萄牙用170单位劳动量专门生产葡萄酒，可生产2.13（170/80）单位葡萄酒；英国用220单位劳动量专门生产呢绒，可生产2.2（220/100）单位呢绒。两国劳动量均未增加，但两种产品的总产量提高了。

第三，假设英、葡两国按1∶1的比例（在交换比价范围内）交换葡萄酒和呢绒，英国用1.1单位呢绒交换葡萄牙1.1单位葡萄酒，则英国最终消费1.1单位葡萄酒和1.1单位呢绒，各比分工前提高了0.1单位；葡萄牙最终消费了1.1单位葡萄酒和1.02单位呢绒，分别比分工前增加了0.1单位葡萄酒和0.02单位呢绒。国际分工与贸易提高了两国的福利水平。

李嘉图的比较优势理论的问世，标志着国际贸易理论体系的建立，萨缪尔森称之为"国际贸易不可动摇的基础"。

（三）评价

（1）这一理论揭示了发展程度不同的国家，都能够确定各自的比较优势。各国根据比较优势理论来安排生产，参与国际贸易，无论是先进国家还是落后国家，都会取得高于封闭条件下的社会福利。对这一理论的论证，有助于整个世界贸易的扩大和社会生产力的发展。

（2）比较优势理论所揭示的贸易各国所取得的利益都是短期的利益，这个静态的短期利益往往与一个国家的长远利益相矛盾。比如一个国家为了长远利益，对于事关国计民生的战略性产品和高科技产品，无论有无比较优势都应追求发展，因此，在制定对外贸易战略时，应灵活运用比较优势理论；否则，就会落入"比较优势陷阱"。

（3）比较优势理论一直被发达国家宣扬为自由贸易政策的理论基础，其目的无非是为了给发达国家的产品打开发展中国家市场的大门，蒙骗发展中国家拆除保护民族经济利益的屏障，为外国垄断资本长驱直入和控制发展中国家的经济制造舆论。

三、生产要素禀赋理论

1919年，赫克歇尔发表了《对外贸易对收入分配的影响》一文，提出了要素禀赋理论的重要思想。1933年，俄林出版了《区际贸易与国际贸易》一书，对赫克歇尔的理论进行了进一步研究，使要素禀赋理论得以成型并迅速传播。

视频 2-2
里昂惕夫
之谜

要素禀赋理论涉及几个重要概念，分别是：

1.要素禀赋

要素禀赋是指一个经济体所拥有的各种生产要素的总量。由于历史、自然条件、地理位置以及经济发展水平等因素，各经济体所拥有的生产要素禀赋情况是不同的，有的国家自然资源丰富，有的国家劳动力资源丰富。这些差异决定了各经济体之间产出成本的差异，进而形成国际贸易的基础。

2.要素密集度

生产任何产品都需要不同生产要素的配比，但不同产品中所要求的要素配比的比例不同。相对于另一种产品，如果生产某种产品需要投入较多的劳动和较少的资本，则该产品是劳动密集型产品；反之，则是资本密集型产品。一般而言，产品可分为劳动密集型、资本密集型、资源密集型和技术密集型。

视频 2-3
为什么会
出现荷兰病
现象

3.要素丰裕与要素稀缺

要素丰裕是指一个经济体某种生产要素相对于其他要素而言，供应量较大；相反，则是要素稀缺。如美国资本总量与劳动力总量之比大于中国，则美国是资本丰裕、劳动力稀缺的国家；中国是劳动力丰裕、资本稀缺的国家。

要素禀赋理论认为，如果每个国家要素丰裕情况不同，即使劳动生产率完全一样，也会产生生产成本的差异。劳动力丰裕的国家在生产劳动密集型产品方面具有比较优势，而资本丰裕的国家在生产资本密集型产品方面具有比较优势。如果两个国家发生贸易，那么，劳动力丰裕的国家应该生产并出口劳动密集型产品，进口资本密集型产品；而资本丰裕的国家应该生产并出口资本密集型产品，进口劳动密集型产品。两国都将从国际贸易中获益。这就是著名的H-O定理。

根据H-O定理，相同产品在不同国家的价格不同，是国际贸易产生的直接原因。而相同产品在不同国家之所以存在这种价格差异，是因为各国生产该产品的成本不同，也就是生产要素价格不同导致的。在需求偏好相同的情况下，要素禀赋决定要素供给，而要素供给决定了要素相对价格，因此，要素禀赋是各经济体具有比较优势的基本原因和决定性因素。

中国拥有全世界1/5的人口，却只有全球1/12的耕地。按照生产要素禀赋理论，中国是劳动力丰裕而土地稀缺。如不考虑其他因素，中国应该出口劳动密集型产品，如纺织服装、鞋帽等；进口土地密集型产品，如小麦、大豆等。中国改革开放和工业化的进程中，大量农村劳动力流向了劳动密集型出口行业，小麦、大豆等农产品进口增多，而多数劳动密集型行业在世界上形成了强大竞争力。

第三节　产品生命周期理论

产品生命周期说由美国经济学家弗农提出，并由威尔士等人加以发展。该理论把市场营销领域内的产品生命周期理论运用到国际贸易的分析中，使国际贸易的比较优势从静态发展成为动态。

一、产品的生命周期

产品生命周期是指任何一种产品都与生物体一样，也要经历诞生、成长、成熟和衰老的过程。根据产品生命周期模型，产品生命周期一般要经过四个阶段，分别是：

（1）创新阶段。这一阶段产品刚被研发出来，生产成本高，无竞争对手，生产国处于垄断地位。

（2）成长和成熟阶段。产品进入市场后，引起其他厂商模仿，新的竞争者不断出现，生产成本不断降低。

（3）标准化阶段。生产技术已趋标准化，产品进入成熟期，市场竞争更加激烈。

（4）衰退阶段。由于产品标准化和技术扩散，模仿国利用低成本优势占领了该产品市场，甚至向发明国出口。该产品在发明国的生命周期结束，发明国又会致力于新的技术革新和发明。

二、产品生命周期与国际贸易

产品生命周期理论认为，随着产品的诞生、成长、成熟、标准化到被新产品替代，一个国家也经历了从获得并且拥有生产这种产品的比较优势，到逐渐丧失比较优势的过程，因此，国家的比较优势是动态的，随着产品的生命周期在发展程度不同的国家间转移。在这一过程中，产品的主要生产和出口国也会依次发生变化。

（1）创新阶段，创新国新产品出口垄断时期。创新国一般是像美国这样的发达的工业国家。由于有雄厚的科研实力和丰富的人力资本，同时有庞大且消费能力强的国内市场，创新国在产品创新上占有优势，并因此率先进入创新阶段。当新产品研制成功并投入市场，且收入水平相近的国家对新产品产生消费需求时，创新国就在新产品上享有了出口的垄断优势。由于技术外溢存在时滞，因此创新国的垄断地位在这一阶段不会受到挑战。在该阶段，新产品在技术上处于发明创新阶段，所需要的主要资源是先进的科学知识和大量的研究经费，属于知识密集型产品。

（2）成长和成熟阶段，外国生产者模仿时期。随着产品的日趋成熟，产品的成本逐步下降，国际需求上升。同时，新产品的生产技术已扩散到国外。为满足市场需求，其他发达国家开始模仿生产该产品且产量逐渐提高，因此创新国该产品的出口量下降。在这一阶段，由于技术成熟，生产过程日趋标准化，所需资源主要是设备和先进的劳动技能，产品变成资本密集型，资本和熟练工人充裕的发达国家开始拥有生产的比较优势。

（3）标准化阶段，其他发达国家的产品在国际市场上具有竞争力，向第三国出口时期。在这一时期，产品已高度标准化，其他发达国家开始大批量生产，并获得规模经济效益，成本降低，从而开始在第三国市场上以低于创新国的价格销售其产品，使创新国逐渐失去竞争优势，出口量不断下降。在这一阶段技术更加成熟，资本和技能仍是决定一国在该产品的生产上是否具有比较优势的主要因素。

（4）衰退阶段，创新国开始从其他国家进口这一产品的时期。在这一阶段，其他国家依靠本国廉价的劳动力，在这一产品的生产和销售上具有更强的价格竞争力，产品不但向第三国出口，甚至开始向创新国出口，使创新国该产品的生产量急剧下降。至此，这一产品的生产和出口完全让位给其他国家，产品在创新国的生命周期结束。在这一阶段，生产技术和生产过程已经标准化，机器设备本身也因标准化而价格下降，不但研发要素不重要，甚至技术、资本也逐渐失去其重要性，产品变成劳动密集型，劳动力成本成为决定产品是否具有比较优势的主要因素，因此有一定工业化基础的发展中国家逐渐成为该产品的主要生产国和出口国。

由上述四个阶段可知，产品在生命周期的不同阶段对生产要素的需求不同，在各国要素禀赋不变的前提下，各类国家生产和出口该产品的比较优势，也会由于产品生产的要素密集型的变化而转移，即由创新国转移到其他发达国家，最终转移到具有一定工业基础的发展中国家。

产品生命周期理论可用图2-1进行直观说明。

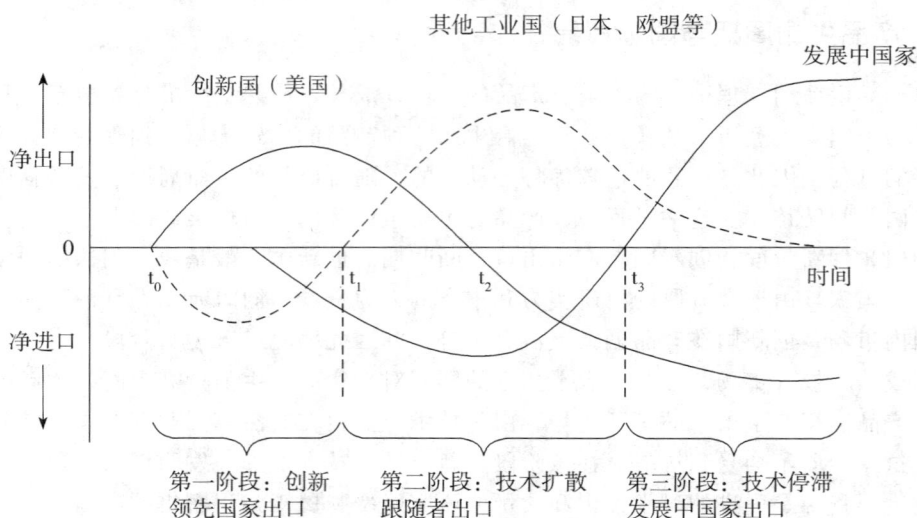

图2-1 产品生命周期及在不同类型国家间的优势转移

图 2-1 中，横轴表示时间，三条曲线分别表示创新国、其他工业国家和发展中国家的进出口情况。创新国自 t_0 开始出口，自 t_2 转为净进口，且进口规模越来越大。其他工业国家自 t_0 开始对新产品产生消费，进口量慢慢增大，但随着本国生产的出现，进口量又逐渐缩小，在 t_1 出现净出口，一段时期后净出口开始缩小。发展中国家对新产品的消费及进口晚于其他工业国家，但自 t_3 起转为净出口。

三、应用

产品生命周期理论可以成功地解释部分产品比较优势在不同国家间的转移。如纺织品，第一次工业革命后就在英国形成了比较优势，后转移到其他工业国家，随着生产技术的成熟，20 世纪 70 年代开始转移到韩国等国家以及中国香港和中国台湾等地区，到了 20 世纪 90 年代，主要产地则为中国大陆、墨西哥等发展中国家和地区。电视机的生产技术也是首先在美国发明的。美国曾是电视机的主要生产和出口国，随着技术的成熟，生产优势先转移到日本，再转移到韩国，现在中国则成了电视机的主要生产国。不同产品生命周期的长短，与产品标准化、新技术扩散的速度密切相关。

但是，也有产品生命周期理论难以解释的现象。例如，美国 100 多年前就发明了飞机，现在的飞机生产优势仍然在美国；还有一些新药品在发达国家研发后，直接在发展中国家生产等。

第四节 产业内贸易理论

20 世纪 60 年代以来，国际贸易出现了许多新现象，主要有两个方面：一是发达工业国家之间的贸易量大大增加；二是同类产品之间的贸易量大大增加。许多国家不仅出口工业产品，也大量进口同类工业产品，工业国家传统的进口初级产品、出口工业产品的模式逐渐改变，出现了许多同一行业既出口又进口的双向贸易，即产业内贸易。20 世纪 60 年代，巴拉萨（B. Balassa）和格鲁贝尔（H. G. Grubel）等人对相关问题进行了研究，并将这种贸易现象称为"产业内贸易"。

一、产业内贸易的概念及特点

产业内贸易是指在同一时期内某国既进口又出口同一产业内产品的贸易活动。产业内贸易具有以下特点：

第一，它与产业间贸易的内容不同。产业间贸易是指非同一产业内的产品在两国间的进出口，如发展中国家用初级产品交换工业国家的制成品。

第二，产业内贸易的产品流向具有双向性，即同一产业内的产品，一国可以同时进出口，如中国既出口电视机，又进口电视机；既出口钟表，也进口钟表。

第三，产业内贸易的产品具有多样化的特点，既有劳动密集型产品，又有资本密集型产品。

第四，产业内贸易的产品必须具备两个条件：一是在消费上能够相互替代；二是生产中需要相近或相似的生产要素投入。

二、产业内贸易程度的衡量

产业内贸易程度可以用产业内贸易指数（IIT）来衡量。产业内贸易指数的计算公式为：

$$IIT = 1 - \frac{|X - M|}{X + M}$$

式中，X和M分别表示某一产业产品的出口值和进口值。IIT=0时，没有产业内贸易；IIT=1时，产业内贸易程度最大；在0<IIT<1时，IIT值越接近1，产业内贸易程度越高，IIT值越接近0，产业内贸易程度越低。

需要注意的是，产业内贸易程度的高低与产业范围的界定有关。产业界定的范围越大，产业内贸易程度越高；产业界定的范围越小，产业内贸易程度越低。

三、产业内贸易理论的主要内容

（一）产品的差异性是产业内贸易的基础

产品的差异性是指一种产品所具有的区别于其他同类产品的特性。这种差异既可以是客观上的差异，也可以是由于广告宣传等原因造成的主观上的差异。产品的差异包括水平差异和垂直差异。水平差异是指同类产品由于规格、款式和颜色等形成的差异；垂直差异是指商品质量、档次和性能方面的差异。

由于产品差异性的存在，同一产业内的产品就不能完全相互替代，因此就可以满足不同国家、不同消费层次消费者的不同消费心理和消费欲望。然而由于各国要素禀赋和科技发展水平不同，加之产品种类越来越多，每个国家都不可能在某个产业的所有产品生产上都具有比较优势，而是必须有所取舍，着重于某些差别化产品的专业化生产，以获取规模经济利益。为满足消费者的多样化需求，各国对同类产品会产生相互进出口，即产业内贸易。

（二）规模经济是产业内贸易的主要利益来源

规模经济是指随着生产规模的扩大，单位生产成本下降而产生的报酬递增。根据产生的原因不同，规模经济通常可分为内部规模经济和外部规模经济。内部规模经济是指由于单个企业规模的扩大而导致的单位产品成本的降低；外部规模经济是指同一地域内行业规模的扩大（企业数量的增加）而导致的单位产品成本的降低。

为追求内部规模经济效益，企业必须将有限的资源集中在某一种或某几种差异产品的生产上，以降低成本、垄断市场。由于消费者的需求是多样化的，国内市场对一种差异产品的需求有限，而国外市场对同一种差异产品也会产生需求，因此，企业为降低成本、追求内部规模经济效益，必然会拓展国外市场，而国内消费者也会对国外同一行业的其他差异产品产生需求，这样，就会由于追求内部规模经济效益而导致产业内贸易。

与内部规模经济不同，外部规模经济是借助行业规模的扩大而降低成本产生竞争优势。较大的行业规模有利于人才、技术等资源的共享，也有助于企业经营效率的提高和交易成本的降低。但由于工业品的多样性，任何国家都不可能生产某一行业的全部产品。为实现外部规模经济，就必须选择其中的部分产品，产业内国际分工和贸易也因此产生。

（三）需求偏好相似是产业内贸易的动因

一国的需求结构和收入水平密切相关。两国人均收入水平越接近，彼此需求结构重叠的部分就越大，两国就越有可能进行产业内贸易。一国在某一特定的时期，总有一个平均收入水平或代表性收入水平，大部分消费者都会对反映代表性收入水平的消费品产生偏好。为获得较大的市场从而实现规模经济效益，企业会致力于生产有代表性的消费品，企业会因此降低成本而具有一定的国际竞争力。两个国家的代表性收入水平或平均收入水平越接近，消费者的需求偏好就越相似，其中一国有竞争力的产品就越有可能出口另一国。两国各自生产反映代表性需求的同一行业中具有差异性的产品，同时满足对方国家需求相同的消费者，由此产生产业内贸易。由于发达国家平均收入水平接近，需求结构重叠部分较大，因此产业内贸易量也相对较大。动态地看，当部分新兴发展中国家收入增加到一定程度，其需求结构与发达国家也会产生重合，由此也会与发达国家出现产业内贸易。

四、应用

产业内贸易的发展主要集中在产品具有差异性的制成品、新产品产业，如家电、汽车、电子产品等产业。随着科技革命的发展，世界市场的容量迅速扩大，新产品不断涌现，制成品比重不断上升，商品的数量和种类不断增加，产业内贸易的规模随之扩大。

第五节　保护贸易理论

正当英、法等国依托第一次工业革命迅猛发展之际，欧洲一些国家的资本主义工业正处在萌芽和成长时期，经济还很落后。美国的汉密尔顿和德国的李斯特，虽然与斯密和李嘉图同处于资本主义自由竞争时期，但由于国家环境、理论服务的对象和目的不同，提出了与自由贸易主张截然相反的保护贸易理论。

一、汉密尔顿的保护制造业论

亚历山大·汉密尔顿（Alexander Hamilton，1757—1804）作为美国独立后的第一任财政部长，肩负着振兴美国经济的重任。同时，作为一位政治家和金融家，他也深知对一个刚从英国殖民统治下独立起来的经济比较落后的国家，必须依靠保护贸易政策才能实现国内制造业的发展振兴，而制造业的优先发展才是美国实现富强的基础。因而他坚定地站在工业资产阶级立场上，极力主张实行保护关税制度。他在 1791 年向国会递交的《关于制造业的报告》中，阐述了保护和发展制造业的必要性，并提出了以加强国家干预为主要内容的一系列措施。他指出，保护和发展制造业对维护美国的经济和政治独立具有重要意义；一个国家如果没有一个强大的工业基础，就无法使国家变得强大，而且很难保持其独立地位；美国作为英国的殖民地和原材料产地，工业起步晚、技术落后、产品成本高，其商品根本无法同英法等国的廉价商品进行自由竞争；为了国家的利益，必须用高关税对美国新建立起来的工业进行保护，使之生存、发展和壮大。

他认为，制造业应该作为优先发展的行业并成为保护对象，因为制造业具有如下优点：（1）可以生产更多的机器设备供各行业使用，提高整个国家的机械化水平，促进社会分工和发展。（2）可以吸纳大批工人就业，吸引外来移民，加速美国国土开发。（3）可以提供更多的开创各种事业的机会，使个人才能得到充分发挥。（4）可以自我消化大批农业原材料和生活必需品，稳定农产品的价格和销路，刺激农业发展。

视频 2-4 发达国家贸易保护理由之保护就业论

汉密尔顿指出，为了保护和发展制造业，政府应采取如下干预措施：一是为私营工业部门提供信用贷款和发放奖金。二是实行保护关税制度，保护国内新兴工业。三是限制重要原材料出口，对进口急需的原材料免税。四是为必需品工业提供补贴，给各类工业提供奖励资金。五是限制改良后的机器设备输出。六是建立联邦检验制度，保证和提高工业品质量。

视频 2-5 发达国家贸易保护理由之保护公平竞争论

汉密尔顿的保护关税学说和政策主张，对当时美国政府的经济政策产生了重要和深远的影响，他的政策主张及有效实施使美国走上了工业复兴的成功之路，对率先建立起保护贸易理论体系的德国学者李斯特也产生了重大影响。但严格地说，汉密尔顿是一个贸易保护主义的实践家，而不是理论家。他并没有充分论证贸易保护的原因、条件和实施效应等，从而无法使他的学说形成一个完整的理论体系。

视频 2-6 发达国家贸易保护理由之国家安全论

二、保护幼稚工业论

（一）产生背景

19 世纪初，德国还是一个政治上分裂、经济上落后的农业国。在政治上，关税同盟刚刚建立，政治统一尚未完成。1834 年，各邦才建立起统一的关税同盟，1848 年，结束封建割据局面，完成政治上的统一。在经济上，其发展水平不仅远远落后于工业革命已经完成的英国，而且与早已进入工业革命阶段的法国、美国和荷兰等国也存在很大差距。德国虽然在 19 世纪 30 年代开始工业革命，但到 1848 年还没有建立起自己的机器制造业，工业上仍以工场手工业和小手工业为主，工厂生产的比重很小，在对外贸易上，主要出口原料和食品，进口半制成品和制成品。这种状况反映了其落后的经济受到外来经济力量的巨大冲击和对外的严重依赖。

为发展德国经济，国内围绕对外贸易政策的选择展开了激烈论战。以土地利益为代表的封建贵族主张实行自由贸易，这一派势力很强，并有较为成熟的自由贸易理论作为依据，而以德国工商业协会为核心的新兴资产阶级主张实行保护关税制度，这一派势力较弱，并缺乏理论依据。

在这样的时代背景下，作为德国工商业协会顾问和保护贸易学派"旗手"的李斯特，从民族利益出发，以生产力理论为基础，以意大利、荷兰、英国、西班牙、葡萄牙、法国、美国等国经济兴衰史为佐证，猛烈抨击了古典学派的自由贸易学说，建立了一套以保护关税制度为核心，以幼稚工业为保护对象，为经济落后国家服务的国际贸易学说——保护幼稚工业论。

（二）理论基础

保护幼稚工业论采用了与商业利益完全不同的生产力理论作为其理论基础。李斯特指出："除了这种交换价值的科学外，还必须建立一门独立的生产力科学，以便全面地、正确地描述社会经济学的实质，而贸易政策主要应当把生产力理论，而不是如迄今的理论家们那样把交换价值作为自己的准绳。"他认为，"财富的生产力比财富本身不知道要重要多少倍。它不但可以使已有的和已经增加的财富获得保障，而且可以使已经消失的财富获得补偿"。他还把生产力与财富的关系做了一个形象的比喻，即生产力是结出果实的果树，而财富则是生产力这棵果树结出的果实。他认为，一个国家开展对外贸易，应该着眼于提高生产力，而不应着眼于财富存量的多少。

（三）主要思想

李斯特承认自由贸易的商业利益，认为不是所有国家都有必要实行保护制度，保护只是一个国家处于特殊发展时期的不得已的选择。他认为每一个国家的经济发展都必须经过如下几个阶段：原始未开化时期、畜牧业时期、农业时期、农工业时期和农工商业时期。在不同阶段，国家应该实行不同的对外贸易政策。具体来说，由原始未开化转入畜牧业、农业时期，对比较先进的国家实行自由贸易是大有好处的。这些国家农业已经相对发达，工业还未起步，实行自由贸易有利于它们自由出口农产品，换回发展工业所需的设备工具，有利于工业的起步发展。处在农工商业时期的国家也应该实行自由贸易，因为它可以"在国外市场进行无限制的竞争，使从事农工商业的人们在精神上不致松懈，并且可以鼓励他们不断努力，保持既得的优势地位"。但是，处在农工业时期的国家则应该实行贸易保护政策，因为本国农业已取得较好的成就且工业已有所发展，但"由于存在着一个比它们更先进的工业国家的竞争力量，使它们在前进道路上受到了阻碍——只有处在这种情况下的国家才有理由实行商业限制以便建立并保护它们自己的工业"。李斯特强调，"在自由竞争下，一个无保护的国家要想成为一个新兴的工业国已经没有可能"。

在保护的对象方面，李斯特认为，即使是处在农工业时期的国家，也不应该保护所有产品，而只应该对国内的幼稚工业实行保护。具体来说，粮食和原材料贸易无须保护，因为它们存在自然保护；以奢侈品为主的精制品也无须保护，或只需进行轻微的保护，因为相关行业即使受到一定冲击，对国家经济发展也没有太大威胁；只有与国家工业发展密切相关的幼稚工业才需要保护。李斯特给出的选择幼稚工业的标准是，该行业在国内刚刚起步并有广阔的发展前景，同时在国外面临强有力的竞争对手。

在保护的期限方面，在当时的历史条件下李斯特提出了30年的保护期限。经过30年的保护，幼稚工业发展成熟后，应该取消保护。如果经过30年的保护，幼稚工业没有成熟，也应该取消保护。

在保护的手段方面，李斯特认为关税是建立和保护国内工业的主要手段。他提出，对某些工业品可以实行禁止输入，或规定的税率事实上等于全部，或至少部分地禁止输入；对于必要机器设备的输入应当允许免税，或只征收较低的进口税。李斯特承认实行保护关税政策会提高国内工业品价格，会牺牲一些眼前的商业利益。但他认为这种牺牲是必要的，是国家发展工业所必须付出的代价。他认为，"保护关税即使牺牲了一部分价值，也使生产力有了增长，足以抵偿损失而有余，由此国家不但在物质财富的量上获得了无限增进，而且一旦发生战争，可以保有工业的独立地位"。

在国家的作用方面，李斯特认为，不能听信古典学派自由贸易理论的说教，听任经济自发地实现转变和增长。对个人有利的做法并不必然会保障国家整体利益，因此，国家有理由、也有责任对国民经济加以约束和限制，如干预对外贸易，以促进国民经济发展。他以风力和人力在森林生长中的不同作用来比喻国家在经济发展中的重要作用，他说："经验告诉我们，风力会把种子从这个地方带到那个地方，因此荒芜的原野会变成稠密的森林。但是要培育森林就静等着风力的作用，让它在若干世纪中来完成这样的转变，世界上岂有这样愚蠢的办法？如果一个育林者选择树苗，主动栽培，在几十年内达到了同样的目的，这不算是一个可取的办法吗？历史告诉我们，有许多国家，就是由于采取了那个育林者的办法，顺利实现了它们的目的。"

（四）简评

李斯特的保护幼稚工业理论的提出，确立了保护贸易理论在国际贸易理论体系中的地位，标志着从重商主义分离出来的西方国际贸易理论两大学派——自由贸易学派和保护贸易学派的完全形成。

李斯特保护贸易理论的许多观点是有价值的，整个理论是积极的，对落后国家制定对外贸易政策有一定的借鉴意义。他的生产力理论中，关于"财富的生产力比之财富本身，不知道要重要多少倍"的思想是深刻的，具有不可动摇的说服力；他关于经济发展的不同阶段应采取不同的对外贸易政策的观点是科学的；他关于以保护贸易为过渡和仅以幼稚工业为保护对象的主张是积极的、客观的。

李斯特的保护贸易理论对当时德国从欧洲落后国家跃进为先进国家也起了重要作用。德国统一后，除大力整顿国内市场外，在李斯特理论的影响下，在对外贸易方面也采取了统一的政策。政府为鼓励本国工业发展，改革原有的关税制度，实行了保护贸易政策，终于赶上了英国和法国，成为欧洲大陆最发达的国家。到了19

世纪后 25 年，德国在钢铁、化学、电气、内燃机等方面都走在世界前列，承担起了开拓者的角色。

三、超保护贸易理论与政策

超保护贸易理论是在 20 世纪 30 年代提出的凯恩斯主义的国际贸易理论，凯恩斯把对外贸易与就业理论联系起来，把对外贸易政策作为调整国内宏观经济目标的手段，强调政府干预对对外贸易的必要性。

（一）产生背景

资本原始积累时期，英国的重商主义发展最为成熟。在第一次工业革命时期，英国极力鼓吹自由贸易理论，以此配合海外市场和原材料来源的开拓活动，取得了巨大成功。进入垄断时期，各国国内经济危机加剧，对国外市场争夺日益激烈，自由贸易政策已经不完全符合资本主义国家的利益。特别是 1929—1933 年经济大危机后，各国相继放弃自由贸易政策，强化国家干预，奉行保护贸易政策。在这种情况下，凯恩斯改变立场，赞同保护贸易政策，提出并完善了其超保护贸易理论。

（二）主要思想

由于现实社会存在着大量失业现象，凯恩斯主义认为，以充分就业为前提主张自由放任的古典贸易学派已经过时，而传统理论用"国际收支自动调节机制"证明贸易平衡，忽视了调解过程中顺差和逆差对国民收入和就业的影响。

视频 2-7
什么是超保护贸易理论

凯恩斯认为，在一个比较富裕的资本主义社会中，由于受某些因素的影响，消费和投资方面社会有效需求不足，因此，便产生了经济危机和失业。扩大有效需求、解决失业问题最好的办法是国家干预经济生活。而贸易顺差可以提高国内有效需求、缓解危机并增加就业，因此，凯恩斯主义者们以提高有效需求为依据，极力倡导国家干预对外贸易活动，运用各种保护措施，以扩大出口，减少进口，争取贸易顺差。他们认为，顺差越大，通过乘数作用带动国民收入的增加就越多，解决失业和危机问题的作用就越大。由此出发，凯恩斯主义者大力鼓吹"奖出限入"的贸易政策。

凯恩斯主义的保护政策代表垄断资产阶级利益，不是保护国内的幼稚工业以增强其竞争力，而是保护高度发展的工业以加强其在国外的垄断地位；不是消极地防御外国商品侵入国内市场，而是为追求顺差扩张国外市场，因此属于主动的、进攻型的超保护贸易政策。

本章小结

本章从重商主义贸易学说开始，系统地介绍了绝对优势理论、比较优势理论、生产要素禀赋理论、保护论幼稚工业与凯恩斯主义的超保护贸易理论，以及第二次世界大战后产生的产品生命周期理论和产业内贸易理论，介绍了国际贸易理论的发展和演变过程，阐述了典型国际贸易理论产生的历史背景及其代表阶级的政策主张。这对于我们分析和认识当代世界贸易活动，分析和认识各国的经济政策和措施，借鉴历史经验和理论工具，制定适合我国国情的对外贸易政策，以及企业、个人经济行为决策具有重要的现实意义。

练习题

第二章单选题

第二章多选题

第二章判断题

第二章习题参考答案

第三章

国际贸易措施

学习目标

- 熟悉关税的种类及其作用
- 掌握非关税壁垒的主要种类
- 熟悉鼓励出口以及出口管制措施
- 能够正确评价当前国际贸易措施的实施效果

【引例】

商务部：这四国2018年对中国发起贸易救济调查最多

2018年12月13日，商务部新闻发言人高峰在新闻发布会上表示，2018年美国、印度、加拿大、澳大利亚等是对中国产品发起贸易救济调查数量较多的国家。

高峰说，2018年以来，中国面临的贸易摩擦形势复杂严峻。1—11月，中国产品共遭遇来自28个国家和地区发起的101起贸易救济调查。其中反倾销57起，反补贴29起，涉案金额总计324亿美元。与上年同期相比，案件的数量和金额分别增长了38%和108%。

从行业来看，钢铁、化工、建材是立案数量较多、涉案金额较大的行业；从国别来看，美国、印度、加拿大、澳大利亚等是对中国产品发起贸易救济调查数量较多的国家。

高峰表示，中方始终认为贸易救济措施应当在符合世界贸易组织规则的前提下，在合理限度内克制、谨慎使用，从而维护贸易秩序的稳定和公平竞争。中方也会在世界贸易组织规则框架下，按照中国法律规定，坚定地维护国内产业的合法权益。

资料来源　商务部：这四国2018年对中国发起贸易救济调查最多［EB/OL］.［2018-12-13］. http://www.sohu.com/a/281547220_162522.

思考：

1. 何谓"双反"？其目的是维护公平还是制造不公平？

2. 简述我国当前遭遇贸易摩擦的形式及特点。

3. 面对全球贸易保护主义持续发展，我国应当如何针对不同情况采取措施，务实、有效地做好贸易摩擦应对工作？

第一节　关税措施

早在古希腊时代，关税就已出现。但统一国境关税是在封建社会解体和出现了资本主义国家后产生的，沿用至今，成为世界各国对外贸易政策借以实施的主要措施之一。

一、关税的含义

关税（Customs Duties）是指进出口货物经过一国关境时，由政府设置的海关向本国进出口商课征的一种税收。由于征收关税提高了进出口商品的成本和价格，客观上限制了进出口商品的数量，故关税又被称为关税壁垒（Tariff Barriers）。

作为国家税收的一种，关税有两个主要特点：第一，关税的征收对象是进出境的货物和物品；第二，关税具有涉外性，是对外贸易管理的重要手段。由于关税在商品的流通过程中征收，进出口商可以把关税税额作为成本的一部分追加到进出口商品价格上，最终将关税负担转嫁给消费者，因此，关税是一种间接税。

关税的征收是通过海关来执行的。海关是设立在关境上的国家行政管理机构，其职责是依照国家法令，对进出口货物、货币、金银、行李、邮件、运输工具等进行监督管理，征收关税、查禁走私、临时保管通关货物和编制进出口统计等。

海关执行海关法令规章、行使管辖权、征收关税的领域称为关境（Customs Territory；Customs Frontier）。一般情况下，一国关境与国境重合，但也有不一致的情况，如自由港、出口加工区、保税区等经济特区虽在国境之内，但却在关境之外，因此，设有经济特区的国家关境一般小于国境。另一种情况是几个国家结成关税同盟（如欧盟），对内取消一切贸易限制，对外建立统一的关税制度，则这些国家的关境大于国境。

二、关税的作用

征收关税的作用主要有两个方面：一是增加本国财政收入；二是保护本国的产业和国内市场。其中以前者为目的而征收的关税称为财政关税（Revenue Tariff），以后者为目的而征收的关税称为保护关税（Protective Tariff）。

最初征收关税主要是为了获得财政收入。财政关税在资本主义发展初期占有重要的地位。由于当时经济不够发达，其他税源有限，财政关税便成为一国财政收入的重要组成部分。之后，随着资本主义经济的发展，发达国家的财政收入改为以直接税为主，关税作为财政收入的作用逐渐减弱。财政关税的税率视国库的需要和影响贸易的数量而定，因为税率过高会减少或阻碍进口。财政关税的征收对象主要为进口数量多、消费量大、税负高的商品，如烟、酒、茶、咖啡等，而不包括消费必需品和生产必需品。

随着关税的财政收入作用逐渐减弱，关税的保护作用明显增强。保护关税的一个重要问题是税率的确定，税率越高就越能保护本国生产和本国市场。另外，还可以通过调整关税税率的高低来控制进出口商品的数量，以此调节国内价格，保证国内市场供求平衡，从而达到保护国内市场的目的。

第二次世界大战后，为了实现贸易自由化、推动世界经济贸易顺利开展，关贸总协定经过多轮国际多边贸易谈判，在消除关税壁垒方面做出了巨大努力。发达国家进口工业品的平均关税由40%下降到4.7%，发展中国家进口工业品的加权平均关税也下降到14%。关税壁垒的大幅度下降使关税的保护作用被严重削弱。

中国从1994年开始多次大幅降低关税。2001年入世时降至15.3%。2018年，我国下调部分商品进口关税，关税总水平由9.8%降至7.5%。经国务院关税税则委员会审议通过，并报国务院批准，自2019年1月1日起，我国将继续调整部分商品的进出口关税。

三、关税的种类

关税种类繁多，主要可分为以下几类：

（一）进口税（Import Duties）

进口税是指进口商品进入一国关境时或者从自由港、出口加工区、保税仓库进入国内市场时，由该国海关根据海关税则对本国进口商所征收的一种关税。进口税又称为正常关税或进口正税。通常所说的关税壁垒，实际上就是对进口商品征收高额关税，以此提高其成本，进而削弱其竞争力，以达到限制进口的目的。

各国进口税税率的制定要考虑多方面的因素。从有效保护和经济发展角度出发，应对不同商品制定不同的税率。一般来说，进口税税率随着进口商品加工程度的提高而提高，即工业制成品税率最高，半制成品次之，原料等初级产品税率最低甚至免税，这称为关税升级（Tariff Escalation）。进口国也可以根据对商品的需求程度对不同商品实行差别税率，对于国内紧缺而又急需的生活必需品和机器设备予以低关税或免税待遇，而对国内能大量生产的商品或奢侈品则征收高关税。例如，为优化进口结构，更好地满足国内生产和人民群众生活需要，2015年我国对部分进口商品实施低于最惠国税率的进口暂定税率。其中，首次实施进口暂定税率和进一步降低税率的产品包括光通信用激光器、全自动铜丝焊接机等先进制造业所需的设备、零部件；电动汽车用电子控制制动器等有利于节能减排的环保设备；乙烯、镍铁等国内生产所需的能源资源性产品；降脂原料药、夏威夷果、相机镜头等药品和日用消费品。另外，进口国也会结合政治外交关系的需要，对来自不同国家的同一种商品实行不同的税率。

一般说来，进口税税率可分为普通税率、最惠国税率、特惠税率和普惠制税率四种。

1.普通税率

如果进口国未与该进口商品的来源国签订任何关税互惠贸易条约，则对该进口商品按普通税率征税。普通税率通常为一国税则中的最高税率，一般比优惠税率高

1～5倍，甚至更高。目前仅有个别国家对极少数（通常是非建交）国家的出口商品实行这种税率，大多数国家只是将其作为其他优惠税率减税的基础，因此，普通税率并不是被普遍实施的税率。

2.最惠国税率

最惠国税率是一种优惠税率，往往和双边或多边最惠国待遇相关。所谓最惠国待遇（Most-favored-nation Treatment，MFNT），是指缔约方各方实行互惠，凡缔约方一方现在和将来给予任何第三方的一切特权、优惠和豁免，也同样给予对方。最惠国待遇的内容很广，但主要是关税待遇。最惠国税率是互惠的且比普通税率低，有时甚至差别很大。例如，《2013年关税实施方案》显示，我国对感光材料等47种商品的进口，按照最新的关税规定，有5种商品2013年的普通税率均为50%，而最惠国税率均为10%。

由于世界上大多数国家都加入了签订有多边最惠国待遇条约的关贸总协定（现由世界贸易组织继承其协定），或者通过个别谈判签订了双边最惠国待遇条约（如中美之间），因而这种关税税率实际上已成为正常的关税税率。不过，最惠国税率并非最低税率。在最惠国待遇中往往规定有例外条款，如在缔结关税同盟、自由贸易区或有特殊关系的国家之间规定更优惠的关税待遇时，最惠国待遇并不适用。

3.特惠税率

特惠税又称为优惠税（Preferential Duties），是对来自特定国家或地区的进口商品给予特别优惠的低关税或免税待遇。使用特惠税是为了增进与受惠国之间的友好贸易往来。特惠税有的是互惠的，有的是非互惠的，税率一般低于最惠国税率和协定税率。特惠税最早开始于宗主国与其殖民地及附属国之间的贸易。目前仍在起作用的且最有影响的是2000年6月23日欧盟15国与非洲、加勒比海及太平洋地区77国（简称非加太集团）签订的《科托努协定》的特惠税。根据该协定，在协定的8年过渡期中，非加太集团97%的产品可免税进入欧盟市场。

4.普惠制税率

普惠制是普遍优惠制（Generalized System of Preferences，GSP）的简称，是发达国家给予发展中国家出口的制成品和半制成品（包括某些初级产品）普遍的、非歧视的、非互惠的一种关税优惠制度，税率一般比最惠国税率低约1/3。普遍性、非歧视性和非互惠性是普惠制的三项基本原则。普遍性是指发达国家对所有发展中国家出口的制成品和半制成品给予普遍的关税优惠待遇；非歧视性是指应使所有发展中国家都无歧视、无例外地享受普惠制待遇；非互惠性即非对等性，是指发达国家应单方面对发展中国家做出特殊的关税减让而不要求发展中国家对发达国家给予对等待遇。普惠制的目的是通过给惠国对受惠国的受惠商品给予减、免关税优惠待遇，使发展中的受惠国增加出口收益，促进其工业化水平的提高，加速国民经济的增长。

普遍优惠制是发展中国家在联合国贸易和发展会议上长期斗争的成果。从

视频3-1
什么是普惠
制毕业条款

1968年联合国第二届联合国贸易和发展会议通过普惠制决议至今，普惠制已在世界上实施了30余年。目前，共有英国、德国、法国、意大利、卢森堡、比利时、希腊、爱尔兰、荷兰、瑞典、芬兰、奥地利、葡萄牙、西班牙、丹麦、爱沙尼亚、波兰、立陶宛、捷克、斯洛伐克、匈牙利、塞浦路斯、马耳他、拉脱维亚、斯洛文尼亚、罗马尼亚、保加利亚、挪威、瑞士、土耳其、列支敦士登、俄罗斯、白俄罗斯、乌克兰、哈萨克斯坦、加拿大、澳大利亚、新西兰38个给惠国给予了中国普惠制待遇。

随着国际经济关系的发展，全球的进口关税总体水平呈现以下特点：一是降低关税是大势所趋，随着世界经济全球化、区域化、集团化的进程加快，世界各国都在按自己的承诺调整和降低关税；二是关税降低大多是根据双边协议或多边协议，协议方同时削减关税，而不是单方面削减关税。

（二）出口税（Export Duties）

出口税是出口国家的海关在本国产品输往国外时对出口商所征收的关税。目前大多数国家对绝大部分出口商品都不征收出口税。因为征收出口税会抬高出口商品的成本和国外售价，削弱其在国外市场上的竞争力，不利于扩大出口。但目前世界上仍有少数国家（特别是经济落后的发展中国家）征收出口税。

征收出口税的目的主要有：第一，对本国资源丰富、出口量大的商品征收出口税，以增加财政收入。第二，为了保证本国的生产，对出口的原料征税，以保障国内生产的需要并增加国外商品的生产成本，从而增强本国产品的竞争力。例如，瑞典、挪威对于木材出口征税，以保护其纸浆及造纸工业。第三，为保障本国市场的供应，除了对某些出口原料征税外，还对某些本国生产不足而又需求量较大的生活必需品征税，以抑制价格上涨。第四，控制和调节某些商品的出口流量，防止"贫困化增长"，以保持在国外市场上的有利价格。我国历来采用鼓励出口的政策，但为了控制一些商品的出口量，采用了对极少数商品征收出口税的办法。被征收出口税的商品主要有生丝、有色金属、铁合金、绸缎等。

（三）进口附加税（Import Surtaxes）

进口附加税是指进口国海关对进口的外国商品在征收进口正税之外，出于某种特定的目的而额外加征的关税。进口附加税不同于进口税，在一国的海关税则中并不能找到，也不像进口税那样受到世界贸易组织的严格约束而只能降不能升，其税率的高低往往视征收的具体目的而定。

进口附加税通常是一种临时性的特定措施，又称为特别关税。其目的主要有：应对国际收支危机，维持进出平衡，防止外国产品低价倾销；对某个国家实行歧视或报复等。对所有进口商品征收进口附加税的情况较少，大多数情况下是针对个别国家和个别商品征收进口附加税。这类进口附加税主要有以下四种：

1.反倾销税（Anti-dumping Duties）

反倾销税是指对实行倾销的进口货物所征收的一种临时性进口附加税。根据关贸总协定《反倾销守则》的规定，征收反倾销税的目的在于抵制商品倾销，保护本国产品的国内市场，因此，反倾销税一般按倾销差额征收，由此抵消低价倾销商品价格与该商品正常价格之间的差额。而且，征收反倾销税的期限也不得超过为抵消倾销所造成的损害必需的期限。一旦损害得到弥补，进口国应立即停止征收反倾销税。另外，若被指控倾销其产品的出口商愿做出价格承诺，即愿意修改其产品的出口价格或停止低价出口倾销的做法，进口国有关部门在认为这种方法足以消除其倾销行为所造成的损害时，可以暂停或终止对该产品的反倾销调查，不采取临时反倾销措施或者不予以征收反倾销税。

视频 3-2
中国因何成
为了世界上
连续多年来
遭遇反倾销
数量最多的
国家

2. 反补贴税（Counter-veiling Duties）

反补贴税又称为反津贴税、抵消税或补偿税，是指进口国为了抵消某种进口商品在生产、制造、加工、买卖、输出过程中所接受的直接或间接的任何奖金或补贴而征收的一种进口附加税。征收反补贴税的目的在于提高进口商品的价格，抵消其所享受的补贴金额，削弱其竞争能力，使其不能在进口国的国内市场上进行低价竞争或倾销。

关贸总协定《补贴与反补贴税守则》规定，征收反补贴税必须证明补贴的存在及这种补贴与损害之间的因果关系。如果出口国对某种出口产品实施补贴的行为对进口国国内某项已建的工业造成重大损害或产生重大威胁，或严重阻碍国内某一工业的新建时，进口国可以对该种产品征收反补贴税。反补贴税税额一般按奖金或补贴的数额征收，不得超过该产品接受补贴的净额，且征税期限不得超过5年。

统计数据显示，2018年前11个月中国产品共遭遇来自28个国家和地区发起的101起贸易救济调查，其中反倾销57起，反补贴29起，保障措施15起，涉案金额总计324亿美元。与上年同期相比，案件的数量和金额分别增长了38%和108%。

3. 紧急关税（Emergency Tariff）

紧急关税是为消除外国商品在短期内大量进口对国内同类产品生产造成重大损害或产生重大威胁而征收的一种进口附加税。当短期内外国商品大量涌入时，一般正常关税已难以起到有效保护作用，因此需借助税率较高的特别关税来限制进口，保护国内生产。例如，由于美国产冷冻牛肉对日本的出口量大幅增加，日本从2017年8月1日开始到2018年3月底征收紧急关税，将美国冷冻牛肉的进口税率从38.5%上调到50%，以防止进口商品增长过多冲击本国产业。日本相关法律规定，只要牛肉的单季进口增幅同比超过17%，就必须采取"紧急进口限制"。

4. 惩罚关税（Penalty Tariff）

惩罚关税是指出口国某商品违反了与进口国之间的协议，或者未按进口国海关规定办理进口手续时，由进口国海关向该进口商品征收的一种临时性的进口附加税。这种特别关税具有惩罚或罚款性质。例如，2017年4月，美国商务部裁决，加拿大不恰当地为其向美国出口的软木产品提供补贴。在双方的谈判失败后，华盛顿决定征收3%至24%的惩罚性关税。

另外，惩罚关税有时还被用作贸易谈判的手段。例如，美国在与别国进行贸易谈判时，就经常扬言若谈判破裂就要向对方课征高额惩罚关税，以此逼迫对方让步。这一手段在美国经济政治实力鼎盛时期是非常有效的。然而，随着世界经济多极化、国际化等趋势的加强，这一手段日渐乏力，且越来越容易招致别国的报复。

四、关税的征收标准

关税的征收标准又称为征收方法，一般来说，可分为从量税、从价税和混合税三种。

（一）从量税（Specific Duties）

从量税是以进口货物的重量、数量、长度、容量和面积等计量单位为标准计征的关税。其中，重量单位是最常用的从量税计量单位。

在工业生产还不十分发达，商品品种规格简单，税则分类也不太细的一个相当长的时期内，不少国家对大多数商品使用过从量税。但第二次世界大战后，随着严重通货膨胀的出现和工业制成品贸易比重的加大，征收从量税起不到关税保护的作用，各国纷纷放弃了完全按从量税计征关税的做法。目前，完全采用从量税的发达国家仅有瑞士一个。

（二）从价税（Ad Valorem Duties）

从价税是以货物价格作为征收标准的关税。从价税的税率表现为货物价格的百分值。

征收从价税的一个重要问题是确定进口商品的完税价格（Dutiable Value）。所谓完税价格，是指经海关审定的作为计征关税依据的货物价格，货物按此价格照章完税。长期以来，世界各国往往采用不同的估价方法来确定完税价格，目前大致有以下三种：出口国离岸价格（FOB）、进口国到岸价格（CIF）和进口国的官方价格。美国、加拿大等国采用离岸价格作为完税价格，而西欧等国采用到岸价格作为完税价格，不少国家甚至故意抬高进口商品完税价格，以此增加进口商品成本，把海关估价变成一种阻碍进口的非关税壁垒措施。

（三）混合税（Mixed Duty）

混合税是在税则的同一税目中定有从量税和从价税两种税率，征税时混合使用两种税率计征。混合税又可分为复合税和选择税两种。

1. 复合税（Compound Duties）

复合税是指征税时同时使用从量、从价两种税率计征，以两种税额之和作为该种商品的关税税额。复合税按从量、从价的主次不同又可分为两种情况：一种是以从量税为主加征从价税，即在对每单位进口商品征税的基础上，再按其价格加征一定比例的从价税。另一种是以从价税为主加征从量税，即在按进口商品的价格征税的基础上，再按其数量单位加征一定数额的从量税。

2.选择税（Alternative Duties）

选择税是指对某种商品同时定有从量和从价两种税率，征税时由海关选择其中一种征税，作为该种商品的应征关税额。一般是选择税额较高的一种税率征收，在物价上涨时使用从价税，在物价下跌时使用从量税。有时，为了鼓励某种商品的进口，或给予某出口国以优惠待遇，也有选择税额较低的一种税率征收关税的。

由于混合税结合使用了从量税和从价税，扬长避短，哪一种方法更有利，就使用哪一种方法或以其为主征收关税，因而无论进口商品价格高低，都可起到一定的保护作用。目前世界上大多数国家都使用混合税，如主要发达国家美国、欧盟各国、加拿大、澳大利亚、日本等，以及一些发展中国家如印度、巴拿马等。

五、关税的征收依据

各国征收关税的依据是海关税则（Customs Tariff），又称为关税税则，它是一国对进出口商品计征关税的规章和对进出口应税与免税商品加以系统分类的一览表。海关税则是关税制度的重要内容，是国家关税政策的具体体现。

海关税则一般包括两个部分：一部分是海关课征关税的规章条例及说明，另一部分是关税税率表。其中，关税税率表主要包括税则号列（Tariff No. 或 Heading No. 或 Tariff Item，简称税号）、商品分类目录（Description of Goods）及税率（Rate of Duty）三部分。

商品分类目录将种类繁多的商品或按加工程度，或按自然属性、功能和用途等，分为不同类别。随着经济的发展，各国海关税则的商品分类越来越细，这不仅是由于商品日益增多而产生的技术上的需要，更主要的是各国开始利用海关税则更有针对性地限制有关商品进口和更有效地进行贸易谈判，将其作为实行贸易歧视的手段。

第二节　非关税措施

一、非关税措施的含义

非关税措施（Non-Tariff Barriers，NTBs），是指除关税措施以外的一切限制进口的措施。它和关税措施一起充当政府干预贸易的政策工具。

非关税措施早在资本主义发展初期就已出现，但普遍建立起来却是在20世纪30年代。由于世界性经济危机的爆发，西方各国为了缓和国内市场的矛盾，对进口的限制变本加厉，一方面高筑关税壁垒；另一方面采用各种非关税措施阻止他国商品进口。第二次世界大战后，特别是20世纪60年代后期以来，在关贸总协定的努力下，关税总体水平得到大幅度下降，因而关税作为政府干预贸易的政策工具的作用已越来越弱。发达国家为了转嫁经济危机，转而主要采用非关税措施来限制进口。到20世纪70年代中期，非关税措施已经成为贸易保护的主要手段，形成了新贸易保护主义。据统计，非关税措施从20世纪60年代末的850多项增加到20世纪70年代末的900多项，目前已达2 000多项，还呈不断增多的趋势。

非关税措施虽然与关税措施一样可以限制外国商品进口，却有其自身显著的特点：

1.灵活性

一般来说，各国关税税率的制定必须通过立法程序，并要求具有一定的连续性，所以调整或更改税率的随意性有限。同时，关税税率的调整直接受到WTO的约束，各国海关不能随意提高关税税率以应对紧急限制进口的需要，因此关税壁垒的灵活性很差。而制定和实施非关税措施通常采用行政手段，制定、改变或调整都来得迅速、简单，伸缩性强，在限制进口方面表现出更强的灵活性和时效性。同时能根据实际情况，变换限制进口措施，达到限制进口的目的。

2.有效性

关税壁垒的实施旨在通过征收高额关税提高进口商品的成本，它对商品进口的限制是相对的。面对国际贸易中越来越普遍出现的商品倾销和出口补贴等鼓励出口措施时，关税就会显得作用乏力。同时，一国商品凭借生产成本的降低，也能冲破高关税的障碍而进入对方国家。而有些非关税措施对进口的限制是绝对的，比如用进口配额等预先规定进口的数量和金额，超过限额就禁止进口。这种方法在限制进口方面更直接、更严厉，因而也更有效。

3.隐蔽性

要通过关税壁垒限制进口，唯一途径就是提高关税税率，而关税税率必须在海关税则中公布，毫无隐蔽性可言。非关税措施则完全不同，其措施往往不公开，或者规定极为烦琐的标准和手续，使出口商难以对付和适应。它既能以正常的海关检验要求的名义出现，也可借用进口国的有关行政规定和法令条例，使之巧妙地隐藏在具体执行过程中而无须作公开的规定。

4.歧视性

因为一国只有一部关税税则，因而关税壁垒像堤坝一样同等程度地限制了所有国家的进出口。而非关税壁垒可以针对某个国家或某种商品相应地制定，因而更具歧视性。比如，1989年欧共体宣布禁止进口含有荷尔蒙的牛肉这一做法，就是针对美国的，美国为此采取了相应的报复措施。又比如，英国生产的糖果在法国市场上曾经长期有很好的销路，后来法国在食品卫生法中规定禁止进口含有红霉素的糖果，而英国糖果正是普遍使用红霉素染色的，这样一来，英国糖果大大失去了其在法国的市场。

二、非关税措施的主要种类

非关税措施名目繁多，内容复杂，据统计，目前世界各国所实施的非关税壁垒已达2 000多种，主要种类包括以下9种：

（一）进口配额制（Import Quota System）

进口配额又称为进口限额，是一国政府对一定时期内（通常为1年）进口的某些商品的数量或金额加以直接限制。在规定的期限内，配额以内的货物可以进口，超过配额不准进口或者征收较高关税后才能进口，因此，进口配额制是限制进口数量的重要手段之一。进口配额制主要有绝对配额和关税配额两种形式。

1.绝对配额（Absolute Quota）

绝对配额即在一定时期内，对某些商品的进口数量或金额规定一个最高限额，达到这个限额后，便不准进口。绝对配额按照其实施方式的不同，又有全球配额和国别配额两种形式。

全球配额（Global Quota；Unallocated Quota），即对某种商品的进口规定一个总的限额，对来自任何国家或地区的商品一律适用。主管当局通常按进口商的申请先后或过去某一时期内的进口实际额发放配额，直至总配额发完为止，超过总配额就不准进口。由于全球配额不限定进口国别或地区，因而进口商取得配额后可从任何国家或地区进口。这样，邻近国家或地区因地理位置接近、交通便捷、到货迅速，处于有利地位。这种情况使进口国家在限额的分配和利用上难以贯彻国别政策，因而不少国家转而采用国别配额。

国别配额（Country Quota），即政府不仅规定了一定时期内的进口总配额，而且将总配额在各出口国家和地区之间进行分配，因此，按国别配额进口时，进口商必须提供进口商品的原产地证明书。与全球配额不同的是，实行国别配额可以很方便地贯彻国别政策，具有很强的选择性和歧视性。进口国往往根据其与有关国家或地区的政治经济关系分别给予其不同的额度。

2.关税配额（Tariff Quota）

关税配额对商品进口的绝对数额不加限制，而在一定时期内，对规定配额以内的进口商品，给予低税、减税或免税待遇，对超过配额的进口商品则征收较高的关税，或征收附加税甚至罚款。

根据《农产品进口关税配额管理暂行办法》的要求，我国2019年粮食进口关税配额量为：小麦963.6万吨，国有贸易比例90%；玉米720万吨，国有贸易比例60%；大米532万吨（其中：长粒米266万吨、中短粒米266万吨），国有贸易比例50%。

关税配额与绝对配额的不同之处在于，绝对配额规定一个最高进口额度，超过就不准进口，而关税配额在商品进口超过规定的最高额度后，仍允许进口，只是超过部分被课以较高关税。可见，关税配额是一种将征收关税同进口配额结合在一起的限制进口的措施。两者的共同点是都以配额的形式出现，可以通过提供、扩大或缩小配额向贸易对方施加压力，使之成为贸易歧视的一种手段。

（二）"自愿"出口配额制（Voluntary Export Quota System）

"自愿"出口配额制又称为"自愿"出口限制（Voluntary Export Restraints），是指出口国家或地区在进口国的要求和压力下，"自愿"规定某一时期内（一般为

3年）某些商品对该国的出口限额，在该限额内自行控制出口，超过限额即禁止出口。

"自愿"出口配额制和进口配额制虽然从实质上来说都是通过数量限制来限制进口，但仍有许多不同之处。这表现在：第一，从配额的控制方面看，进口配额制由进口国直接控制进口配额来限制商品的进口，而"自愿"出口配额制则由出口国直接控制配额，限制某些商品对指定进口国家的出口，因此是一种由出口国实施的为保护进口国生产者而设计的贸易政策措施。第二，从配额表现形式看，"自愿"出口配额制表面上看好像是出口国自愿采取措施控制出口，而实际上是在进口国的强大压力下才采取的措施，并非真正出于出口国的自愿。进口国往往以某些商品的大量进口威胁到其国内某些工业，即所谓的"市场混乱"（Market Disruption）为借口，要求出口国实行"有秩序增长"（Orderly Growth），"自愿"限制出口数量，否则将采取报复性贸易措施。第三，从配额的影响范围看，进口配额制通常应用于一国大多数供给者的进口，而"自愿"出口配额制仅应用于几个甚至一个特定的出口商，具有明显的选择性。那些未包括在"自愿"出口配额制协定中的出口商，可以向该国继续增加出口。第四，从配额适用时限看，进口配额制适用时限相对较短，往往为1年，而"自愿"出口配额制较长，往往为3~5年。

（三）进口许可证制（Import License System）

进口许可证制是指一国政府规定某些商品的进口必须申领许可证，否则一律不准进口的制度。它实际上是进口国管理其进口贸易和控制进口的一种重要措施。2012年以来，我国实行进口许可证管理的货物共有两种，由商务部配额许可证事务局负责签发重点旧机电产品的进口许可证，由商务部授权的地方商务主管部门发证机构负责签发消耗臭氧层物质的进口许可证。

进口许可证按照其与进口配额的关系，可分为两种：

其一，有定额的进口许可证。这是指进口国预先规定有关商品的进口配额，然后在配额的限度内，根据进口商的申请对每笔进口货物发给一定数量或金额的进口许可证，配额用完即停止发放。可见，这是一种将进口配额与进口许可证相结合的管理进口的方法，通过进口许可证分配进口配额。若为"自愿"出口配额限制，则由出口国颁发出口许可证来实施。例如，德国对纺织品的进口便是通过有定额的许可证进行管理的。德国有关当局每年分三期公布配额数量，然后据此配额数量发放许可证，直到进口配额用完为止。

其二，无定额的进口许可证。这种许可证不与进口配额相结合，即预先不公布进口配额，只是在个别考虑的基础上颁发有关商品的进口许可证。由于这种许可证的发放权完全由进口国主管部门掌握，没有公开的标准，因此更具有隐蔽性，给正常的国际贸易带来了困难。

进口许可证按照进口商品的许可程度又可以分为两种：

其一，公开一般许可证（Open General License），又称为公开进口许可证、一般许可证或自动进口许可证。它对进口国别或地区没有限制，凡列明属于公开一般许可证的商品，进口商只要填写公开一般许可证后，即可获准进口，因此，这一类商品实际上是可"自由进口"的商品。填写许可证的目的不在于限制商品进口，而在于管理进口。比如海关凭许可证可直接对商品进行分类统计。商务部、海关总署于2015年8月发布的关于《纳入自动进口许可管理货物目录》的公告显示，我国决定将大麦、高粱、木薯和玉米酒糟纳入自动进口许可管理，自2015年9月1日起执行。

其二，特种商品进口许可证（Specific License），又称为非自动进口许可证。对于特种商品进口许可证下的商品，如烟、酒、军火武器、麻醉品或某些禁止进口的商品，进口商必须向政府有关当局提出申请，经政府有关当局逐笔审查批准后方能进口。特种商品进口许可证往往都指定商品的进口国别或地区。

进口许可证的使用已经成为各国管理进口贸易的一种重要手段。它便于进口国政府直接控制进口，或者方便地实行贸易歧视，因而在国际贸易中越来越被广泛地用作非关税壁垒措施。有的国家为了进一步阻碍商品进口，故意制定烦琐的申领程序和手续，使得进口许可证制度成为一种拖延或限制进口的措施。

（四）外汇管制（Foreign Exchange Control）

外汇管制也称外汇管理，是指一国政府通过法令对国际结算和外汇买卖加以限制，以平衡国际收支和维持本国货币汇价的一种制度。负责外汇管理的机构一般都是政府授权的中央银行（如英国的英格兰银行），但也有些国家另设机构，如法国设立外汇管理局担负此任。一般说来，实行外汇管制的国家，大都规定出口商须将其出口所得外汇收入按官方汇率（Official Exchange Rate）结售给外汇管理机构，而进口商也必须向外汇管理机构申请进口用汇。此外，外汇在该国禁止自由买卖，本国货币的携出入境也受到严格的限制。这样，政府就可以通过确定官方汇率、集中外汇收入、控制外汇支出、实行外汇分配等办法来控制进口商品的数量、品种和国别。

外汇管理和对外贸易密切相关，因为出口必然要收汇，进口必然要付汇，因此，如果对外汇有目的地进行干预，就可直接或间接地影响进出口。一国外汇管制的松紧，主要取决于该国的经济、贸易、金融及国际收支状况。总体来说，发达国家外汇管制较松，发展中国家的外汇管制则松紧不一，从紧者居多。近几年，国际金融形势动荡不安，对各国经济产生了或重或轻的影响，外汇管制遂呈加强之势。

（五）国内税（Internal Taxes）

国内税是指一国政府对本国境内生产、销售、使用或消费的商品所征收的各种捐税，如周转税、零售税、消费税、销售税、营业税等。任何国家对进口商品不仅要征收关税，还要征收各种国内税。

在征收国内税时，可以对国内外产品实行不同的征税方法和税率，以增加进口商品的纳税负担，削弱其与国内产品竞争的能力，从而达到限制进口的目的。办法之一是对国内产品和进口产品征收差距很大的消费税。例如，美国、日本和瑞士对进口酒精饮料征收的消费税都高于本国制品。

国内税的制定和执行完全属于一国政府，有时甚至是地方政府的权限，通常不受贸易条约与协定的约束，因此，把国内税用作贸易限制的壁垒，会比关税更灵活和更隐蔽。

（六）进出口的国家垄断（State Monopoly）

进出口的国家垄断也称为国营贸易（State Trade），是指对外贸易中，某些商品的进出口由国家直接经营，或者把这些商品的经营权给予某些垄断组织。经营这些受国家专控类垄断的商品的企业，称为国有贸易企业（State Trading Enterprises）。国有贸易企业一般为政府所有，但也有政府委托私人企业代办的。

各国国家垄断的进出口商品主要有四大类：（1）烟酒。由于可以从烟酒进出口垄断中取得巨额财政收入，因此，各国一般都实行烟酒专卖。（2）农产品。对农产品实行垄断经营，往往是一国农业政策的一部分，这在欧美国家最为突出。如美国农产品信贷公司是世界上最大的农产品贸易垄断企业，对美国农产品国内市场价格能保持较高水平起了重要作用。当农产品价格低于支持价格时，该公司就按支持价格大量收购农产品，以维持价格水平，然后，以低价向国外市场大量倾销，或者"援助"缺粮国家。（3）武器。它关系到国家安全与世界和平，自然要受到国家专控。（4）石油。它是一国的经济命脉，因此，主要的石油进口国都设立国营石油公司，对石油贸易进行垄断经营。

（七）歧视性政府采购政策（Discriminatory Government Procurement Policy）

歧视性政府采购政策是指国家通过法令和政策明文规定政府机构在采购商品时必须优先购买本国货物。有的国家虽未明文规定，但优先采购本国产品已成惯例。这种政策实际上是歧视外国产品，起到了限制进口的作用。

美国从1933年开始实行并于1954年和1962年两次修改的《购买美国货物法案》是最为典型的政府采购法案。该法案规定，凡是美国联邦政府采购的货物，都应该是美国制造的，或是用美国原料制造的，商品的成分中有50%以上是由本国生产的。以后又作了修改，规定只有在美国自己生产数量不够或国内价格过高，或不买外国货有损美国利益的情况下，才可以购买外国货。显然，这是一种歧视外国产品的贸易保护主义措施。该法案直到关贸总协定的东京回合，美国政府签订了政府采购协议后才废除。英国、日本等国家也有类似的制度。

（八）海关程序（Customs Procedures）

海关程序是指进口货物通过海关的程序，一般包括申报、征税、查验及放行四个环节。海关程序本来是正常的进口货物通关程序，但通过滥用却可以起到歧视和限制进口的作用，从而成为一种有效的、隐蔽的非关税措施，这可以体现在以下几个方面：

（1）海关对申报表格和单证做出严格要求，比如要求进口商出示商业发票、原产地证书、货运提单、保险单、进出口许可证、托运人报关清单等，缺少任何一种单证，或者任何一种单证不规范，都会使进口货物不能顺利通关。更有甚者，有些国家故意在表格、单证上做文章。比如法国规定所提交的单据必须是法文，有意给进口商制造麻烦，以此阻碍进口。

（2）通过商品归类提高税率，即海关武断地把进口商品分类在税率高的税则项下，以增加进口关税负担，从而限制进口。例如，美国海关在对日本产的卡车的驾驶室和底盘进行分类时，把它从"部件"类归到"装配车辆"类，其进口税率就相应地从4%提高到25%。不过，大多数国家采用的《布鲁塞尔税则目录》比较完善，一般产品该在哪个税则下都比较清楚，因此，利用产品分类来限制进口的作用毕竟有限。

（3）通过海关估价制度限制进口。海关估价制度（Customs Valuation System）原本是海关为了征收关税而确定进口商品价格的制度，但在实践中它经常被用作一种限制进口的非关税措施。进口商品的价格可以有许多种确定办法，例如：①成交价，即货物出售给进口国后经调整的实付或应付价格；②外国价，即进口商品在其出口国国内销售时的批发价；③估算价，即由成本加利润推算出的价格等。不同计价方法得出的进口商品价格高低不同，有的还相距甚远。海关可以采用高估的方法进行估价，然后用征从价税的办法征收关税。这样一来，就可提高进口商品的应税税额，增加其关税负担，达到限制进口的目的。

（4）从进口商品查验上限制进口。海关查验货物主要有两个目的：一是看单据是否相符，即报关单是否与合同批文、进口许可证、发票、装箱单等单证相符；二是看单货是否相符，即报关所报内容是否与实际进口货物相符。为了限制进口，查验的过程可以变得十分复杂。一些进口国家甚至改变进口关道，即让进口商品在海关人员少、仓库狭小、商品检验能力差的海关进口，以拖长商品过关时间。

（九）技术性贸易壁垒（Technical Barriers to Trade）

技术性贸易壁垒是指一国以维护生产、消费安全以及人民健康为由，制定一些苛刻繁杂的规定，使外国产品难以适应，从而起到限制外国商品进口的作用。技术性贸易壁垒主要包括以下几种：

视频3-3
2008年中国
输美的玩具
风波

1.技术标准（Technical Standard）

技术标准主要适用于工业制成品。发达国家普遍规定了严格、繁杂的技术标准，不符合标准的商品不得进口。例如，联邦德国禁止在国内使用车门从前往后开的汽车，而这恰好是意大利菲亚特500型汽车的式样；法国严禁含有红霉素的糖果进口，从而把英国糖果拒之门外；美国则对进口的儿童玩具规定了严格的安全标准等。

2.卫生检疫标准（Health and Sanitary Regulation）

卫生检疫标准主要适用于农副产品及其制品。各国在卫生检疫方面的规定越来越严格，对要求卫生检疫的商品也越来越多。如美国规定其他国家或地区输往美国的食品、饮料、药品及化妆品，必须符合美国《联邦食品、药品及化妆品法》（The Federal Food，Drug and Cosmetic Act）的规定。该法还规定，进口货物

通过海关时，均须经美国食品药物管理署（Food and Drug Administration，FDA）检验，如发现与规定不符，海关将予以扣留，有权进行销毁，或按规定日期装运再出口。

3.商品包装和标签的规定（Packing and Labelling Regulation）

商品包装和标签的规定的适用范围也很广。许多国家对在本国市场销售的商品订立了种种包装和标签的条例，这些规定内容繁杂、手续麻烦，出口商为了符合这些规定，不得不按规定重新包装和改换标签，费时费力，提高了商品的成本，削弱了商品的竞争力。以法国为例，法国1975年12月31日宣布，所有标签、说明书、广告传单、使用手册、保修单和其他产品的情报资料，都要强制性地使用法语或经批准的法语替代词。

4.蓝色贸易壁垒、动物福利壁垒与碳关税

随着国际贸易的发展和贸易自由化程度的提高，关税已经大幅度下降，一些传统非关税壁垒也在逐步地被消除和规范。与此同时，一些发达国家正在利用与发展中国家之间的经济水平、教育文化和道德标准的差异，构筑起一种新型的、更为隐蔽的国际贸易壁垒。蓝色贸易壁垒、动物福利壁垒与碳关税就是其中具有代表性的壁垒。

蓝色贸易壁垒，是指以保护蓝领工人的生存权利、劳动环境等各项社会权益为目标的一种新型贸易保护措施，也称为劳工标准贸易壁垒或社会条款壁垒，其核心为SA8000标准，是由美国经济优先权委员会制定并实施的。2001年12月，该委员会发表了SA8000标准第一个修订版。SA8000标准一经产生就得到了西方发达国家的大力支持，成为最重要的认证标准之一，并成为蓝色贸易壁垒的代名词。SA8000标准在童工、强迫性劳动、组织工会的自由与集体谈判的权利、歧视、惩戒性措施、工作时间、工资、健康与安全、管理系统等领域制定了最低要求。

视频3-4
为什么征收
碳关税

蓝色贸易壁垒在某种程度上促进了各国人权建设、保障了蓝领工人权益，对防止一些不法企业为提高竞争力违反法律恶意剥削工人有很大的积极作用。但是，发达国家通过蓝色贸易壁垒让劳工标准与国际贸易挂钩，以人道主义精神为名，行贸易保护主义之实，很大程度上就是为了打压发展中国家劳动密集型产品的出口。由于SA8000严格的认证机制，其认证成本本身就很高，因此中国作为纺织服装、玩具、鞋类等劳动密集型产品的生产大国，自身的发展水平较低，虽然已经开始重视劳工权益并积极进行劳动保护，但也无法达到蓝色贸易壁垒的要求，该标准无疑成为中国产品走向国际市场的非关税壁垒之一。

视频3-5
什么是蓝色
壁垒

动物福利法在西方已有100多年的历史。目前已有100多个国家制定了比较完善的动物福利法规，如欧盟、美国、澳大利亚等国家和地区，亚洲的新加坡、马来西亚、泰国、日本、韩国、菲律宾等国以及我国的香港特别行政区、台湾地区等也在20世纪纷纷仿效西方国家完成了动物福利立法，世界贸易组织的规则中也有明

确的动物福利条款。2012年2月29日在布鲁塞尔举行的进一步落实欧盟2012—2015动物福利战略的国际会议上，欧委会健康与消费者保护委员达利表示：动物福利已经成为食品安全领域不可分割的重要组成部分。

越来越多的国家尤其是西方发达国家已经开始将动物福利与国际贸易紧密挂钩，将动物福利作为进口活体动物的一个重要标准。在美国，倡导动物福利之风已悄然兴起。美国政府制定了《动物福利法案》，该法案对人应该给动物一个什么样的生存环境做了非常具体的规定。韩国则实行动物福利认证，韩国农林水产检疫检查本部自2012年3月20日起，对产蛋鸡实行《动物福利畜产农场认证制》。由此可见，动物福利壁垒潜在的对经济、贸易的影响日益凸显，也许用不了几年，"动物福利"可能就像近年来频频导致农产品贸易摩擦的"绿色壁垒"一样，迅速成为众多贸易壁垒家族中的一员。

碳关税，也称边境调节税，是对在国内没有征收碳税或能源税、存在实质性能源补贴国家和地区的出口商品征收特别的二氧化碳排放关税，主要是发达国家对从发展中国家进口的排放密集型产品，如铝、钢铁、水泥和一些化工产品征收的一种进口关税。2009年7月4日，中国政府明确表示反对碳关税，认为碳关税不仅违反了WTO的基本规则，也违背了《京都议定书》确定的发达国家和发展中国家在气候变化领域"共同而有区别的责任"原则，是"以环境保护为名，行贸易保护之实"。

当年，法国前总统希拉克提出"碳关税"这个概念，本意是希望欧盟成员针对未遵守《京都议定书》的国家课征商品进口税，以避免在欧盟碳排放交易机制运行后，欧盟成员所生产的商品将遭受不公平之竞争。但现实情况是，发达国家多数没有切实遵守《京都议定书》，发展中国家又暂时不承担减排份额，这使得碳关税征收缺少了现实的支撑。而美国这个温室气体的头号排放大国甚至拒绝签署《京都议定书》，不愿意承担减少排放额度的义务，现在却突然热衷于对别国产品征收碳关税，这除了借气候保护之名行贸易保护之实之外，实在找不出更合理的解释。

第三节　促进出口与出口管制措施

视频 3-6
出口退税能
否减少国家
税收

一、鼓励出口的政策措施

鼓励出口的措施是指出口国政府通过经济、行政和组织等方面的措施，促进本国商品的出口，开拓和扩大国外市场。鼓励出口的措施主要包括以下七种：

（一）**出口信贷**（Export Credit）

出口信贷是一个国家的银行为了鼓励商品出口，增强商品的竞争力，向本国出口商或外国进口商提供的贷款。这是一国的出口商利用

视频 3-7
什么是出口
信贷

本国银行的贷款扩大商品出口，特别是金额较大、期限较长的商品，如成套设备、船舶等出口的一种重要手段。出口信贷利率一般低于相同条件下资金贷放的市场利率，利差由国家补贴，并与国家信贷担保相结合。

出口信贷按借贷关系可以分为卖方信贷和买方信贷两种。

1.卖方信贷（Supplier's Credit）

卖方信贷是指出口国银行向出口商（即卖方）提供的贷款。其贷款合同由出口商与银行签订。卖方信贷通常用于那些金额大、期限长的项目。因为这类商品的购进需用很多资金，进口商一般要求延期付款，而出口商为了加速资金周转，往往需要取得银行的贷款。卖方信贷正是银行直接资助出口商向外国进口商提供延期付款，以促进商品出口的一种方式。

2.买方信贷（Buyer's Credit）

买方信贷是指出口国银行直接向进口商（即买方）或进口国银行提供的贷款，其附加条件就是贷款必须用于购买债权国的商品，这就是所谓的约束性贷款（Tied Loan）。买方信贷由于具有约束性，因而能达到扩大出口的目的。

在出口信贷中，利用买方信贷的较卖方信贷的多。从卖方信贷产生的历史来看，出口商首先以赊销或延期付款方式出售设备，由于资金周转不灵，才由本国银行给予资金支持，即交易的开端首先由商业信用开始，最后由银行信贷加以补充与支持。最近20多年来，国际上金额大、期限长的大型项目及成套设备交易增加，而由于商业信贷本身存在的局限，出口商筹措周转资金较为困难，因此，由银行直接贷款给进口商或进口方银行的买方信贷迅速发展起来。买方信贷属于银行信贷，由于银行资金雄厚，提供信贷的能力高于一般厂商，故国际上买方信贷的利用大大超过卖方信贷。买方信贷还使出口商可以较早地得到货款并降低风险，进口商对货价以外的费用也比较清楚，便于其与出口商进行讨价还价。此外，对于出口方银行来说，贷款给国外的买方银行，要比贷款给国内企业风险更低，因为银行的资信一般高于企业。另外，银行提供买方信贷，既能帮助出口商推销产品，加强银行对该企业的控制，又能为银行资金在国外的运用开拓出路。

我国于1994年7月1日正式成立了中国进出口银行。这是一家政策性银行，其资金来源除国家财政拨付外，主要是中国银行的再贷款、境内发行的金融债券和境外发行的有价证券，以及向外国金融机构筹措的资金等。其任务主要是对国内机电产品及成套设备等资本品货物的进出口给予必要的政策性金融支持，从根本上改善我国出口商品结构，以促进出口商品结构的升级换代。

（二）出口信贷国家担保制（Export Credit Guarantee System）

出口信贷国家担保制就是国家为了扩大出口，对于本国出口商或商业银行向国外进口商银行提供的信贷，由国家设立的专门机构出面担保。当外国债务人由于政治原因（如进口国发生政变、革命、暴乱、战争以及政府实行禁运、冻结资金或限制对外支付等），或由于经济原因（如进口商或借款银行因破产倒闭无力偿付、货币贬值、通货膨胀等）而拒绝付款时，这个国家机构即按照承保的数额给予补偿。

这项措施是国家替代出口商承担风险，是扩大出口和争夺国外市场的一个重要手段。出口信贷国家担保制能使银行减少或避免贷款不能收回而蒙受的损失，有利于银行扩大出口信贷业务，促进商品输出。这是一种提高商品非价格竞争力的重要手段。

出口信贷国家担保制的担保对象主要有两种：

1. 对出口商的担保

出口商输出商品时所需的短期或中长期信贷均可向国家担保机构申请担保。有些国家的担保机构本身不向出口商提供出口信贷，但可为出口商取得出口信贷提供有利条件。例如，有的国家采用保险金额的抵押方式，允许出口商所获得的承保权利，以"授权书"的方式转移给供款银行而取得出口信贷，这种方式使银行提供的贷款得到安全保障，一旦债务人不能按期还本付息，银行可直接从担保机构得到补偿。

2. 对银行的直接担保

通常银行所提供的出口信贷均可申请担保。这种担保是担保机构直接对供款银行承担的一种责任。有些国家为了鼓励出口信贷业务的开展和提供贷款安全保障，往往给银行更为优厚的待遇。

（三）出口信用保险（Export Credit Insurance）

出口信用保险是承保出口商在经营出口业务的过程中因进口商的商业风险或进口国的政治风险而遭受的损失的一种信用保险，是国家为了推动本国的出口贸易，保障出口企业的收汇安全而制定的一项由国家财政提供保险准备金的非营利性的政策性保险业务。

出口信用保险承保的对象是出口企业的应收账款，承保的风险主要是人为造成的商业信用风险和政治风险。商业信用风险主要包括：买方因破产而无力支付债务、买方拖欠货款、买方因自身原因而拒绝收货及付款等。政治风险主要包括因买方所在国禁止或限制汇兑、实施进口管制、撤销进口许可证、发生战争、暴乱等卖出口信用保险方、买方均无法控制的情况，导致买方无法支付货款。而以上这些风险，是无法预计、难以计算发生概率的，因此也是商业保险无法承受的。

中国出口信用保险公司（简称中国信保，Sinosure）是我国唯一承办出口信用保险业务的政策性保险公司，也是我国四家政策性金融机构之一。中国信保于2001年12月18日正式揭牌运营，公司资本金约300亿元，资本来源为出口信用保险风险基金，由国家财政预算安排。中国信保的主要任务是：积极配合国家外交、外贸、产业、财政、金融等政策，通过政策性出口信用保险手段，支持货物、技术和服务等出口，特别是高科技、附加值大的机电产品等资本性货物出口，支持中国企业向海外投资，为企业开拓海外市场提供收汇风险保障，并在出口融资、信息咨询、应收账款管理等方面为外经贸企业提供快捷、完善的服务。

（四）出口补贴（Export Subsidy）

出口补贴又称为出口津贴，是一国政府为了降低出口商品的价格，增强其在国外市场的竞争力，在出口某商品时给予出口商的现金补贴或财政上的优惠待遇。

视频 3-8
绿箱补贴红箱补贴及黄箱补贴有何区别

政府对出口商品可以提供补贴的范围非常广泛，但不外乎直接补贴和间接补贴两种基本方式。

1.直接补贴（Direct Subsidy）

直接补贴是指政府在商品出口时，直接付给出口商的现金补贴，主要来自财政拨款。其目的是为了弥补出口商品国内价格高于国际市场价格所带来的亏损，或者补偿出口商所获利润率低于国内利润率所造成的损失。有时候，补贴金额还可能大大超过实际的差价或利差，这已包含出口奖励的意味，同一般的出口补助已不可同日而语了。这种补贴方式以欧盟对农产品的出口补贴最为典型。欧盟成员的农产品由于生产成本较高，其国内市场价格一般高于国际市场价格。若按国际市场价格出口过剩的农产品，就会出现亏损，因此，政府对这种亏损或国内市场与国际市场的差价进行补贴。例如，2018 年 12 月美国国会参议院通过新版农业法案，这项规模达到 8 670 亿美元的农业和粮食法案旨在于未来 5 年为美国农业"保驾护航"，同时对美国农民进行补贴，以及为低收入群体的粮食补助提供资金。

此外，这种现金补贴还可能来自一国的同业公会。为了鼓励和支持同行业的部分厂商向外拓展市场和大量出口，从而既发展壮大本行业的生产规模，又避免彼此间在国内市场的过度竞争，这种企业主组织有时愿意拿出一定的金额的资金进行出口补贴。这种状况在市场经济较发达的国家可以见到。

2.间接补贴（Indirect Subsidy）

间接补贴是指政府对某些商品的出口给予财政上的优惠，如退还或减免出口商品所缴纳的消费税、增值税、所得税等国内税，对进口原料或半制成品加工再出口给予暂时免税或退还已缴纳的进口税，免征出口税，对出口商品实行延期付税、减少运费、提供低息贷款，以及对企业开拓出口市场提供补贴等。其目的仍然是降低商品价格，以便更有效地打入国际市场。

由于各国都实行奖出限入的外贸政策，纷纷采取形形色色的补贴措施以促进本国产品出口，而进口国政府往往采用反补贴以抵制和消除补贴，以消除这种行为对进口国有关产业的不利影响，因此，补贴和反补贴已成为当今国际经济贸易关系中的一个突出问题。

应当看到，出口补贴行为会扭曲商品在国际市场上的价格，易于在价格竞争中获取一定优势，甚至会对进口国的商品或同类商品的生产造成损害。就此而言，出口补贴行为显然是国际贸易中的不公平行为。然而，对于经济落后的发展中国家来说，给予某些工业制成品的出口商以适度的补贴，仍然是减少其国际收支逆差的重要一环。鉴于此，世界贸易组织在原则上反对出口补贴行为的同时，还是允许某些发展中国家在特殊情况下可以适度运用这种做法，因此，我们应该正确对待和运用这种手段，既充分遵循国际规范，又不放弃可以增强本国出口制成品竞争力的时机。

（五）商品倾销（Dumping）

商品倾销是指商品以明显低于公平价格的价格，在国外市场上大量抛售，以打击竞争对手，占领或巩固国外市场。商品倾销通常由私营垄断企业进行，但随着贸易战的加剧，一些国家设立了专门机构直接对外倾销商品。

实行商品倾销的具体目的在不同情况下有所不同。有时是为了打击或摧毁竞争对手，以扩大和垄断其产品销路；有时是为了建立新的销售市场；有时是为了阻碍当地同种产品或类似产品的生产和发展，以继续维持其在当地市场上的垄断地位；有时是为了推销过剩产品，转嫁经济危机；有时是为了打击发展中国家的民族经济，以达到经济上、政治上控制的目的。

按照倾销的具体目的，商品倾销可分为三种：

1.偶然性倾销（Sporadic Dumping）

这种倾销通常是因为销售旺季已过，或因公司改营其他业务，在国内市场上不能售出"剩余货物"，而以较低的价格在国外市场上抛售。

2.间歇性或掠夺性倾销（Intermittent or Predatory Dumping）

这种倾销是以低于国内价格甚至低于生产成本的价格在国外市场销售商品，挤垮竞争对手后再以垄断力量提高价格，以获取高额利润。

3.持续性倾销（Persistent Dumping）

持续性倾销又称为长期性倾销（Long-run Dumping）。这种倾销是无限期地、持续地以低于国内市场的价格在国外市场销售商品。

长期以来，商品倾销是发达资本主义国家对外竞争和争夺国际市场的一个重要手段。由于商品倾销易引起对进口国同类工业的损害或威胁，打击民族工业的发展，因此关贸总协定在20世纪60年代中期就通过了《反倾销守则》，规定进口国可以用反倾销税加以抵制。

（六）外汇倾销（Exchange Dumping）

外汇倾销是指一国降低本国货币对外国货币的汇价，使本国货币对外贬值，从而达到增强出口商品价格竞争力和扩大出口的目的。外汇倾销是向外倾销商品和争夺国外市场的一种特殊手段。然而，外汇倾销不能无限制和无条件地进行，必须具备一定的条件才能起到扩大出口和限制进口的作用：

（1）本国货币对外贬值的幅度大于国内物价上涨的幅度。本国货币对外贬值，必然引起进口原料和进口商品的价格上涨，由此带动国内物价普遍上涨，使出口商品的国内生产价格上涨。当出口商品价格上涨幅度与货币对外贬值幅度相同时，因货币贬值而降低的出口商品外汇标价会被生产成本增加引起的该商品的国内价格上涨所抵消。由于货币对外贬值可以使出口商品的外汇标价马上降低，而国内物价上涨却有一个时滞，因此外汇倾销必须在国内价格尚未上涨或上涨幅度小于货币贬值幅度的前提下进行。由此可见，外汇倾销所起作用的时间是有限制的，或者说外汇倾销的作用是暂时的。

（2）其他国家不同时实行同等程度的货币贬值和采取其他报复性措施。换言之，外汇倾销措施必须在国际社会认可或不反对的情况下方能奏效。

（3）不宜在国内通货膨胀严重的背景下贸然采用。一国货币的对内价值与对外价值是互为联系、彼此影响的。一国货币汇价下跌（即对外价值下跌）迟早会推动其对内价值的下降，从而使已经严重的通货膨胀局面进一步恶化。

（七）经济特区（Economic Zone）

经济特区是指一个国家或地区在其管辖的地域内划出的一定非关境的地理范围，在该地理范围内实行特殊的经济政策，以吸引外商从事贸易和出口加工等业务活动。其目的是促进对外贸易的发展，鼓励转口贸易和出口加工贸易，繁荣本地区和邻近地区的经济，增加财政收入和外汇收入。建立经济特区是一国实行对外开放政策和扩大出口的一项重要政策。经济特区有很多种类型，目前世界范围内主要的经济特区类型有：

1.自由港和自由贸易区

自由港（Free Port）又称为自由口岸，是世界性经济特区的最早形式，是指全部或绝大多数外国商品可以豁免关税自由进出口的港口。自由港在经济和贸易方面的基本特征是"自由"，具体表现为贸易自由、金融自由、投资自由、运输自由。自由港一般具有优越的地理位置和港口条件，其开发目标和营运功能与港口本身的集散作用密切结合，以吸引外国商品扩大转口。目前如德国的汉堡、不莱梅，丹麦的哥本哈根，意大利的热那亚和里雅斯特，法国的敦刻尔克，葡萄牙的波尔，以及新加坡和中国香港，都是世界著名的自由港。

自由贸易区（Free Trade Zone）由自由港发展而来，它是以自由港为依托，将范围扩大到自由港的邻近地区。自由贸易区与自由港的功能基本相似，以促进对外贸易为主，也发展出口导向的加工业和工商业、金融业、旅游业和其他服务业。

自由港和自由贸易区都是划在一国关境以外，外国商品除了进港口时免缴关税外，一般还可在港区内进行改装、加工、挑选、分类、长期储存或销售。外国商品只是在进入所在国海关管辖区时才纳税。设立自由港和自由贸易区的主要目的是方便转口和对进口货物进行简单加工，其主要面向商业，并以转口邻近国家和地区为主要对象，多设在经济发达国家或地区。自由港以欧洲为最多，自由贸易区以美洲为最多。

2013年9月29日，中国（上海）自由贸易试验区正式成立，范围涵盖上海市外高桥保税区、外高桥保税物流园区、洋山保税港区和上海浦东机场综合保税区、金桥出口加工区、张江高科技园区和陆家嘴金融贸易区七个区域。这是中国内地的第一个自由贸易区，是我国经济新的试验田，力争建设成为具有国际水准的投资贸易便利、货币兑换自由、监管高效便捷、法制环境规范的自由贸易试验区。2015年3月24日，中共中央政治局召开会议并审议通过广东、天津、福建自由贸易试验区总体方案，进一步深化上海自由贸易试验区改革开放方案。2018年11月23日，国务院印发《关于支持自由贸易试验区深化改革创新若干措施的通知》。该通知指出，建设自由贸易试验区是党中央、国务院在新形势下全面深化改革和扩大开放的战略举措。

2. 保税区

保税区（Bonded Area）又称为保税仓库（Bonded Warehouse），是由海关设置的或经海关批准设置的特定地区和仓库。外国商品可以免税进出保税区，在保税区内还可对商品进行储存、改装、分类、混合、展览、加工和制造等。但是，商品若从保税区内进入本国市场，则必须办理报关手续，缴纳进口税。保税区制度是一些资本主义国家在没有设立自由港或自由贸易区的情况下设立的，它实际上起到了类似自由港和自由贸易区的作用，只是其地理范围一般相对较小。

1990年6月，经中央批准，上海创办了中国第一个保税区——上海外高桥保税区。1992年以来，国务院又陆续批准设立了14个保税区和1个享有保税区优惠政策的经济开发区，即天津港、大连、张家港、深圳沙头角、深圳福田、福州、海口、厦门象屿、广州、青岛、宁波、汕头、深圳盐田港、珠海保税区以及海南洋浦经济开发区。目前，全国15个保税区隔离设施已全部经海关总署验收合格，正式投入运营。

3. 出口加工区

出口加工区（Export Processing Zone）是指一个国家或地区在其港口、机场附近交通便利的地方，划出一定区域范围，新建和扩建码头、车站、道路、仓库和厂房等基础设施，并提供减免关税和国内税等优惠待遇，鼓励外商在区内投资设厂，生产以出口为主的制成品。世界上第一个出口加工区为1956年建于爱尔兰的香农国际机场，20世纪60年代以后，在亚洲、南美洲的发展中国家迅速兴起。出口加工区与自由贸易区相比，其主要特点是面向工业，以发展出口加工业为主，而不是面向商业。出口加工区既提供了自由贸易区的某些优惠待遇，又提供了发展工业生产所必需的基础设施，是自由贸易区与工业区的一种结合体。

设置出口加工区的主要目的是吸引外国投资，引进先进技术和设备，发展出口加工工业和扩大加工品的出口，增加外汇收入，促进本地区外向型经济的发展。除了提供优惠待遇以吸引外国厂商投资设厂外，还应加强对外国投资者的引导和管理，如对外国投资者进行资格审核，限制投资项目，对产品的销售市场进行规定等。这样可以从客观上保证外商投资项目的技术先进性和适用性，或保证该项目能大量吸纳劳动力，解决部分就业问题，或者能大量采用区外原料，从而带动本地区的经济发展。

二、出口管制措施

出口管制（Export Control），是指国家通过法令和行政措施，对本国出口贸易实行管理和控制。一般而言，世界各国都会努力扩大商品出口，积极参与国际贸易活动。然而，出于某些政治、军事和经济上的考虑，各国也有可能限制和禁止某些战略性商品和其他重要商品输往国外，于是就要实行出口管制。

需要实行出口管制的商品主要有以下几类：

1.战略物资及其有关的尖端技术和先进技术资料

其包括军事设备、武器、军舰、飞机、先进的电子计算机和通信设备等。各国尤其是发达国家控制这类物资出口的措施十分严厉，主要是从"国家安全"和"军事防务"的需要出发，防止它们流入政治制度对立或政治关系紧张的国家。例如，2007年，美国修改了《出口管理法案》，更名为《出口管制法案》，并明确执行这一方案的主要机构是美国商务部工业安全局。为实行更严密的管制，该机构耗费巨资制定了一套严密完整的高科技产品和技术的出口管制规定。

2.国内的紧缺物资

这是指国内生产紧迫需要的原材料和半制成品，以及国内供应明显不足的商品，如西方各国往往对石油、煤炭等能源产品实行出口管制。这些商品在国内本来就比较稀缺，倘若允许自由流往国外，只能加剧国内的供给不足和市场失衡，严重阻碍经济发展。

3.历史文物和艺术珍品

各国出于保护本国文化艺术遗产和弘扬民族精神的需要，一般都会禁止该类商品输出，即使可以输出，也要实行较严格的管理。

4.需要"自动"限制出口的商品

这是为了缓和与进口国的贸易摩擦，在进口国的要求下或迫于对方的压力，不得不对某些具有很强国际竞争力的商品实行出口管制，如根据纺织品"自限协定"，出口国必须自行管理本国的纺织品出口。与上述几种情况不同，一旦对方的压力有所减缓，本国政府自然会相应地放松管制措施。

5.本国在国际市场上占主导地位的重要商品和出口额大的商品

对发展中国家来讲，对这类商品实行出口管制尤为重要。因为发展中国家往往出口商品单一，出口市场集中，出口商品价格容易出现剧烈的波动。当国际市场价格下跌时，发展中国家应控制该商品的过多出口，从而促使这种商品国际市场价格提高，出口效益增加，以免加剧世界市场供大于求的不利形势而使本国遭受更大的经济损失，例如石油输出国组织（OPEC）对其成员的石油产量和出口量进行控制，以稳定石油价格。

本章小结 ✎

本章通过介绍关税方面的措施，表明在世界贸易组织的努力下，关税壁垒得到了抑制，并被限制在有限的范围和必要的幅度内。非关税措施在当代国际贸易活动中的影响日益增大，在今后贸易投资自由化的过程中，该措施应当引起各国更大的关注。本章介绍了鼓励出口方面的措施和出口管制方面的措施，说明鼓励出口应该不违背世界贸易组织公平竞争的规则，而出口管制只能用于最特殊的情况和最必要的范围内。

练习题 ✎

第三章单选题

第三章多选题

第三章判断题

第三章习题参考答案

第四章

区域经济一体化

学习目标

- 了解区域经济一体化的产生和发展历程
- 掌握区域经济一体化的形式及产生的经济效应
- 了解区域经济一体化对国际贸易的影响
- 了解中国–东盟自由贸易区的建立过程与主要内容

【引例】

中日韩自贸区进程

进入21世纪以来，在区域经济一体化逐渐成为世界经济发展的潮流和趋势的大背景下，我国区域经济一体化建设的进程不断加速。截至2018年年底，我国已与25个国家和地区达成了17个自贸协定，自贸伙伴遍及欧洲、亚洲、大洋洲、南美洲和非洲。同时，我国正与27个国家进行14个自贸协定谈判或者升级谈判，处于官方研究阶段的有8个。其中，中日韩自由贸易区这一设想在2002年在中日韩三国领导人峰会上正式提出后，谈判过程一波三折。2012年11月20日，在柬埔寨金边召开的东亚领导人系列会议期间，中日韩三国才正式宣布启动中日韩自贸区谈判。2013年3月，中日韩自贸区第一轮谈判在韩国首尔举行。谈判已经历时6年，直至2018年12月7日，在北京举行的中日韩自贸区第十四轮谈判首席谈判代表会议上，谈判才终于取得了实质性进展。

目前，中日韩三国分别是世界第二、第三、第十一大经济体，三国的国内生产总值和对外贸易总额合计均占世界1/5以上，2018年中日韩经济总量达20.95万亿美元，超过欧盟，接近北美自贸区，比目前的"全面与进步跨太平洋伙伴关系协定"（CPTPP）11国的经济总量多约10万亿美元。同时，中日韩三国经贸往来也源远流长。2018年，中国是日本、韩国最大贸易伙伴，日韩分别是中国第二和第三大贸易伙伴国、第一和第二大投资来源国。仅"中韩+中日"两个双边贸易之和即可与中美贸易总量相比。中日韩三国间经贸联系非常紧密，产业链高度融合。

视频 4-1
中日韩自贸
区为何一波
三折

中日韩自贸区一旦建成，对三国和东亚地区，乃至对全球经济贸易发展和产业

布局都将产生举足轻重的影响。中日韩三国可以更合理地配置其生产要素，贸易争端也将得到更加妥善的处理，同时增进了政治互助，有助于促进东亚地区乃至世界的和平与进步。

但可以肯定的是，中日韩自贸区谈判虽然已经提速，但未来并非坦途。

资料来源　根据商务部网站资料整理.

思考：

1.什么是自由贸易区？

2.建立自由贸易区受哪些因素的影响？

3.中、日、韩建立自由贸易区对各国是好事还是坏事？

4.中、日、韩建立自由贸易区对其他国家会不会产生影响？

5.中、日、韩建立自由贸易区对各自国内哪些产业会有好处？哪些产业会受到冲击？

6.你认为中、日、韩三国能否建成自由贸易区？

7.你是否赞成中、日、韩三国建立自由贸易区？

第一节　区域经济一体化的含义及形式

区域经济一体化又称贸易集团化、区域经济集团化，是第二次世界大战后世界经济出现的一种新现象。一方面，第二次世界大战后，在科技革命的推动下，生产力迅速发展，导致各国分工与依赖日益加深，同时对世界市场的争夺更加激烈。另一方面，由于世界经济发展不平衡，一些发达国家为了确保本国的优势地位，一些发展中国家则为了谋求共同发展，纷纷采取区域经济合作的方式。

一、区域经济一体化的含义

区域经济一体化指两个或两个以上的国家之间实行的某种形式的经济联合，或组成区域性经济组织，在组织内部的国家之间降低或取消关税及其他非关税壁垒，实行自由贸易，并为此协调成员国间的经济社会政策，或建立超国家的决策和管理机构，来推行共同的行为准则。

按照分类方式的不同，区域经济一体化组织有不同的表现形式。

二、区域经济一体化的形式

（一）按自由化的程度划分

按自由化程度或成员国间贸易壁垒取消的程度，区域经济一体化可分为六种形式：

1.优惠贸易安排

优惠贸易安排是指成员国之间通过协定或其他形式，对全部商品或部分商品规定较为优惠的关税。这是区域经济一体化最初级和最松散的形式。如1932年英国和英联邦成员国建立英帝国特惠制,以及第二次世界大战后建立的东南亚国家联盟均属此类。

2.自由贸易区

自由贸易区是指签有自由贸易协定的国家组成的贸易区。在自由贸易区内部,各成员国根据协定取消它们之间的关税和非关税壁垒,实行自由贸易,但各成员国仍然保留各自对非成员国的贸易壁垒,如1960年成立的欧洲自由贸易联盟,1994年1月1日建立的北美自由贸易区。近年来,自由贸易区内部自由化的范畴开始向服务贸易、投资、知识产权保护等方面逐步扩展。

3.关税同盟

关税同盟是指成员国之间完全取消关税和其他贸易壁垒,并对非成员国实行统一的关税。关税同盟在一体化程度上比自由贸易区更进一步。它除了包括自由贸易区的基本内容外,成员国之间还对非成员国建立了统一的关税税率。结盟的目的在于使同盟国商品在内部市场上处于有利地位,排除非同盟国的商品竞争,其带有超国家性质,如1957年成立的欧洲联盟。

4.共同市场

共同市场是指成员国之间完全取消贸易壁垒,并对非成员国实行统一的关税税率,而且共同市场成员国之间的生产要素(劳动力、资本)可以完全自由流动,如欧洲联盟于1992年实现了共同市场。

5.经济同盟

经济同盟是指成员国之间商品和生产要素可以完全自由流动,建立统一的对外关税,并进一步协调成员国之间的经济政策和社会政策,包括货币、财政、经济发展和社会福利政策,并拥有制定这些政策的超国家共同机构。目前的欧盟就是具有经济同盟性质的经济一体化组织。

6.完全经济一体化

完全经济一体化是区域经济一体化的最高级形式。在该阶段,各成员国在经济、金融、财政方面均完全统一,成员国之间完全取消商品、资本、劳动力、服务等自由流动的人为障碍,并建立共同体一级的中央机构和执行机构对所有事务进行控制。欧盟的目标就是向这种一体化方向迈进。

区域经济一体化的六种形式,也可以看成是一体化发展的六个阶段,但各阶段之间并不具有必然的发展过程,仅仅是一体化的程度不同而已。例如,北美自由贸易区并不是从优惠贸易安排过渡而来,也没有发展成为关税同盟。

(二)按参加国经济发展水平的差距划分

按参加国经济发展水平的差距划分,区域经济一体化可以分成两种形式:

1.水平一体化

水平一体化又称横向一体化,它由经济发展水平相同或接近的国家组成。从区域经济一体化的发展实践看,目前世界上大部分区域经济一体化组织属于这种类型,如中美洲共同市场、东南亚国家联盟等。

2.垂直一体化

垂直一体化又称纵向一体化，它是由经济发展水平不同的国家所组成的。目前运作得比较成功的垂直一体化组织是1994年建成的北美自由贸易区，它由属于发达国家的美国、加拿大和属于发展中国家的墨西哥组成。

（三）按一体化的范围大小划分

按一体化的范围大小划分，区域经济一体化可以分成两种形式：

1.部门一体化

它是指各成员国在一种或几种产业（或商品）范围内的一体化，如1952年7月25日建立的欧洲煤钢共同体，1958年1月1日建立的欧洲原子能共同体。

2.全盘一体化

它涉及的范围较广，包括成员国的多数经济部门或绝大部分进出口产品，目前的区域经济一体化组织多属此类。

第二节　区域经济一体化的经济效应

区域经济一体化的经济效应是指由于取消内部关税，对区域外国家征收差别关税或统一关税而产生的经济影响，这种影响分为静态和动态两个方面。

一、区域经济一体化的静态效应

西方经济学者大多把关税同盟作为区域经济一体化的典型形式，因此，区域经济一体化的静态效应就是通过关税同盟的贸易创造效应和贸易转向效应来衡量的。这两个术语是由美国学者雅各布·维纳（Jacob Viner，1950）最早提出的。

视频4-2
什么是区域
经济一体化
的静态效应

贸易创造是指关税同盟内部取消关税和非关税壁垒，实行自由贸易，导致产品供给从资源成本较高的国内生产转向资源成本较低的成员国生产。这种转移表明了向自由贸易的资源配置方向趋近，因而理所当然地被认为对福利有增益作用。贸易转向是指产品供应从资源成本较低的非成员国生产转向资源成本较高的成员国生产。这种转移意味着非成员国最有效率的生产能力和最有力的资源供应被闲置，因而可能导致福利减少。由于在一体化过程中会同时发生贸易创造和贸易转向两种效应，因此，一体化是否会给参与国带来净收益增加还需要通过具体的实证研究来论证。

关于贸易创造和贸易转向效应，有以下几种比较典型的情况：

（1）如果建立关税同盟前，甲、乙两国都不生产X商品，而是从世界上生产效率最高、生产成本最低的丙国进口，那么甲、乙两国建立关税同盟、取消关税，不会引起贸易创造效应和贸易转向效应，两国仍从同盟外的丙国进口。

（2）如果建立关税同盟前，乙国在高关税保护下低效率地生产X商品，甲国完全不生产X商品，而是采取自由贸易（或低关税）从丙国进口，而丙国对X商品实

行完全专业化生产。甲、乙两国建立关税同盟后，如果乙国 X 商品的关税被作为关税同盟的共同关税，那么，共同关税阻碍了甲国从丙国的低价进口，保护了乙国的高成本生产，使乙国 X 商品在甲国获得市场。这意味着关税同盟保护了低效率工业，出现了"贸易转向"。显然，这会降低世界福利水平。

（3）如果建立关税同盟前，甲、乙两国都在高关税保护下低效率地生产 X 商品，而且丙国也生产 X 商品，即各国都在生产自己消费的 X 商品，都没有实现规模经济，而是在保护下相互竞争。建立关税同盟后，甲、乙两国取消了它们之间的关税，于是 X 商品在同盟内部由效率较高的乙国生产，并出口到甲国，这时，关税同盟与外部的关系未变，但在同盟内部实现了生产的专业化和自由贸易。也就是说，三国之间本来没有贸易关系，而关税同盟在其内部创造了贸易。从这个意义上讲，关税同盟推动了自由贸易的发展。

关税同盟的静态效应还与成员国经济发展水平的差距有关。

建立关税同盟前，各国的劳动资本比率相差不大，经济、技术发展水平和收入水平越接近，就越容易生产类似产品，产品的重叠度就越高，生产的专业化程度就越低，因此，各国通常会通过较高的贸易壁垒保护国内市场，它们之间的竞争往往也更激烈。这些国家之间建立关税同盟，由于内部取消贸易壁垒，贸易量会大大增加。成员国效率最高的产品会占领同盟内的整个市场，从而会更有利于资源配置，提高生产效率，取得更大的贸易创造效应。

建立关税同盟前，各国的经济技术发展水平和收入差距越大，它们产品的互补性就越强，竞争性就越小，相互之间互补性产品的相互贸易壁垒越低，建立关税同盟后贸易创造的效应也越小。

总体来讲，经济发展水平接近的工业发达国家之间建立关税同盟，贸易创造效应大；经济发展水平差距很大的初级产品出口国和制成品出口国建立关税同盟，贸易创造效应小。

影响关税同盟静态效应大小的因素主要有以下几个：关税同盟建立前关税水平越高，建立关税同盟后的贸易创造效应越大；关税同盟包括的国家越多，贸易创造效应越大，贸易转向效应越小；建立关税同盟后的共同关税水平越低，贸易转向效应越小；关税同盟成员国的供给与需求弹性越大，贸易创造效应越大；关税同盟成员国和非成员国之间与贸易转向有关的产品的成本差异越小，贸易转向效应越小；关税同盟成员国之间与贸易创造有关的产品的成本差异越大，贸易创造效应越大。

除了贸易创造和贸易转向效应外，关税同盟还会带来其他的静态效应：其一，可以节约成员国之间海关的监管费用，即无须安排政府官员监管成员国之间的跨境商品和服务流动。其二，成员国通过减少对非成员国的进口需求和出口供给，有可能使同盟国共同的贸易条件得到改善。但是，由于结成同盟后成员国真实收入水平的增加，会引起对非成员国进口需求的扩大，因此不能断定某个成员国的贸易条件究竟是改善、恶化，还是不变。其三，任何一个关税同盟，在国际贸易谈判中以一个整体来行动，较之任何一个独立的国家来说，都可能具有更强的讨价还价能力。

二、区域经济一体化的动态效应

除了区域经济一体化的静态效应之外，成员国的经济结构和绩效的表现也会与没有参加一体化时有所不同，引起该结果的因素是区域经济一体化的动态效应。

（一）规模经济效应

在建立一体化组织以前，如果一个成员国某个产业的国内市场不够大，尚不足以完全获得规模经济效益，那么，建立区域经济一体化组织使成员国市场连成一体，自由市场的规模扩大，产品成本趋于下降，企业即可获得规模经济效益。

美国经济学家巴拉萨（B.Balassa）认为，关税同盟可以使生产厂商获得重大的内部规模经济和外部规模经济。内部规模经济主要来自于成员国出口企业对外贸易的增加，以及随之带来的生产规模的扩大和生产成本的下降。外部规模经济来源于整个国民经济或一体化组织内部的经济发展。由于国民经济各部门的相互关联性，某一部门的发展可能会在诸多方面带动其他部门的发展。同时，区域经济一体化带来的内部市场扩大，势必也会带来各行业的相互促进。不管在哪种情况下，都是因为组成区域经济一体化组织而导致市场扩张的结果。

规模经济的实现包含特定类型产品的专业化生产，因此贸易增加的通常是产业内贸易而非产业间贸易，如欧盟成员国的贸易发展。

（二）投资刺激效应

建立区域经济一体化组织后，可以从两个方面刺激投资。一是由于市场的扩大和协定的约束，会吸引成员国厂商增加投资、扩大规模、降低成本，或者在成员国之间相互投资；二是会吸引更多的非成员国的投资。一体化组织建立后，由于相互之间取消关税，对外设置共同的关税，使得那些以其出口商品供应成员国市场而现在受到歧视的非成员国厂商到区域内进行投资以代替贸易，绕开新出现的贸易壁垒，如20世纪60年代，大量美国投资进入了欧共体。

但也有学者认为，关税同盟建立后，由于外部资金投入会减少成员国的投资机会，加之受贸易创造效应影响的产业会减少投资等原因，关税同盟内部的投资未必会增加。

（三）生产要素自由流动的经济效应

在共同市场及更深层次的区域经济一体化组织内部，生产要素趋于自由流动，资本和劳动力从充裕地区流向稀缺地区，使生产要素配置更加合理，要素利用率提高，从而增加产量，提高经济效益。

（四）竞争加强效应

区域经济一体化组织的建立，可以在很大程度上降低原来成员国市场的保护程度，将成员国原来一定程度封闭的市场整合成一个大市场，提高各国生产的专业化程度，加强市场的竞争性。按照现代西方经济学理论，市场的竞争性加强，会提高资源使用效率和社会福利水平。

但也有学者持相反的观点，认为区域经济一体化组织建立，各成员国取消贸易壁垒组成一个大市场，有利于取得规模经济，促进垄断的产生，从而降低效率和福利。由此看来，不同的区域一体化组织由于所处的发展阶段及经济政策等不同，其内部不同行业的竞争性表现也会有所不同。

（五）加速经济增长效应

关税同盟建立后，由于生产要素在成员国间的流动加剧，市场趋于统一并且竞争力增强，投资规模扩大，促进了研究与开发的深入，技术进一步提高，从而加速了各成员国经济的发展。

关税同盟所产生的这些动态效应被认为比静态效应大得多，而且非常重要。事实上，英国就是主要因为这些动态效应才于1973年加入欧盟的。近年来的实证研究表明，动态效应是静态效应的5～6倍。

第三节 区域经济一体化的产生与发展

第二次世界大战后，在科技革命的推动下，生产力迅速发展，国际分工不断深化，各国在国际经济中的相对地位和实力也不断消长变化。在各种因素的综合作用下，区域经济一体化组织的发展经历了起步、停滞和高涨阶段。

一、区域经济一体化的发展进程

（一）起步时期

20世纪五六十年代，区域经济一体化组织处于起步时期。首先，随着欧洲发达国家建立起欧洲共同体，区域经济一体化组织开始出现。1951年4月18日，欧洲煤钢共同体成立；1958年1月1日，欧洲经济共同体、欧洲原子能共同体成立；1960年5月3日，欧洲自由贸易联盟成立。随后，发展中国家也相继建立了20多个区域经济贸易组织，主要有东南亚国家联盟、南亚区域合作联盟、西非国家经济共同体、拉丁美洲一体化协会、安第斯条约组织、中美洲共同市场及海湾合作委员会等。

视频4-3
从TPP到
CPTPP的演变

（二）停滞时期

20世纪70年代至80年代中期，世界主要发达国家经济处于"滞胀"或衰退状态，贸易保护主义抬头。欧洲共同体及欧洲自由贸易联盟等一体化组织进展缓慢，发展中国家经济一体化大多遭遇挫折，原有的一些国家间的一体化组织中断活动或名存实亡。

视频4-4
《区域全面
经济伙伴关
系协定》
RCEP

（三）高涨时期

20世纪80年代中期以来，世界区域经济一体化呈迅速发展的趋势，其主要表现如下：

1985年12月，欧洲共同体首脑会议通过了《欧洲一体化文件》，决定于1992年12月31日之前建成"内部统一大市场"，实现商品、劳务、人员和资本的自由流动，向着更高的目标和更广泛的领域加快了发展步伐。随后，美国和加拿大于

1988 年 1 月 20 日签署《美加自由贸易协定》，1994 年形成了包括墨西哥在内的北美自由贸易区，北美自由贸易区成为当时覆盖地域面积最大、GDP 总量最大、人口最多的一体化组织。紧接着，包括美洲绝大部分国家的美洲自由贸易区也进入紧锣密鼓的积极筹备中。同时，发展中国家之间的区域经济一体化组织也正在恢复活力，并随着 2000 年左右中国等一些新兴经济体的积极参与，逐渐步入快速发展期。

当然，发展中国家间产品的竞争性远大于互补性，其一体化合作产生的效益和贸易扩大效果不显著。另外，众多发展中国家的文化习俗、宗教信仰和政治经济体制差异很大，这些都影响了发展中国家间的区域经济一体化进程。

二、区域经济一体化产生与发展的主要原因

区域经济一体化是第二次世界大战后世界经济发展的新特点，它的产生和发展有着深刻的经济、社会、政治、历史等方面的原因。

（一）区域经济一体化是国际分工日益深化和经济生活国际化程度不断提高的结果

在第二次世界大战后第三次科技革命的推动下，生产的社会化、国际化程度不断提高，世界各国、各地区之间的分工与经济依赖日益加深，各国的生产和流通及其经济活动也进一步越出国界。这就必然要求改变旧的国家关系和经济关系，建立新的更加密切的经济政治合作关系。但世界各国经济发展水平、文化宗教背景、社会制度乃至意识形态差别很大，在全世界范围内广泛深化分工合作的时机还不成熟。于是，首先在地理位置相邻或相近、文化背景相同、经济发展水平差别不大的国家之间建立区域经济一体化组织，然后再逐步扩大合作范围、深化合作程度，就成了世界经济发展的必然选择。

视频 4-5
美国为什么
疯狂退群

视频 4-6
英国为什么
要脱欧

（二）经济发展不平衡是区域经济一体化形成的重要原因

第二次世界大战后美国登上了世界霸主的宝座，在世界经济领域拥有绝对优势，而当时欧洲各国正处在医治战争创伤、进行经济恢复时期，加之欧洲国家在国土面积、人口数量、科技发展水平等方面都落后于美国，因此，任何一个欧洲国家在经济领域都很难单独与美国抗衡。为了加速经济发展，进一步提高各国在世界经济中的竞争力，增强欧洲国家的内部凝聚力，欧洲各国走上了区域经济一体化的发展道路。

欧洲经济一体化的发展严重威胁了美国的利益和在世界经济中的地位。20 世纪 70 年代起至 80 年代，美国经济的相对地位不断下降。美国作为世界经济第一大国，其地位越来越受到欧洲经济共同体和日本的挑战，加之当时贸易保护主义抬头，美国积极推行的经济全球化遇到挫折。于是，为了与欧洲各国和日本抗衡，保持并巩固自己经济大国的优势地位，美国也积极推动区域经济一体化建设，美国和加拿大率先建成了美加自由贸易区，并进一步扩展为包括美国、加拿大、墨西哥在内的北美自由贸易区。此外，美国还积极规划了包括 34 个国家在内的美洲自由贸易区，尽管没有如期建成，但已与十几个美洲国家签署了双边自由贸易协定。近年

来，美国区域经济一体化的合作对象开始向世界其他地区扩展。

曾经成长为世界第二大经济体的日本，自然不会坐视欧美经济集团化的发展，也积极与亚洲国家合作，力图建立起以自己为核心的区域一体化组织。

广大发展中国家在现存的国际经济秩序下处于不利地位，为了促进本国经济的稳定和发展，寻求有利的贸易条件和投资环境，一方面加强发展中国家之间的相互联合与合作，组成层次不同的区域一体化组织；另一方面也在积极向发达国家的一体化组织靠拢。这些情况无疑都促进了区域经济一体化的形成和发展。

（三）各国对世界市场的竞争日趋激烈是区域经济一体化发展的直接动因

当代世界市场的竞争日趋激烈，各国都在寻求消除贸易壁垒、降低成本、提高竞争力、缓解国家之间经济摩擦和矛盾的途径。而建立区域经济一体化组织，不仅可以更有效地协调各成员国之间的经济关系，还可以使成员国产品在区域内大市场上相对于非成员国产生更大的成本优势，从而取得规模经济效益，进一步提高在世界其他市场上的竞争力。以建立欧洲共同体大市场为例，据专家研究，仅消除过境的手续费一项，当时一年即可节省约120亿欧洲货币单位；统一技术标准和产品规格，当时每年可给企业带来500亿欧洲货币单位的利益；通过消除贸易障碍可降低经营成本20%～30%。随着欧洲共同体发展成欧盟后合作范围的扩大和合作程度的加深，企业经营成本下降和利益提高的幅度进一步扩大。

（四）区域经济一体化是国家广泛干预国际经济关系的表现和产物

在现代市场经济条件下，国家不仅广泛深入地干预国内经济的运行过程，而且也广泛并直接参与国际经济活动。无论是发达国家还是发展中国家，其参与经济一体化的根本原因都在于维护自身的经济、贸易利益，为本国的经济发展和综合国力的提高创造更良好的外部环境。世界上形式多样、层次各异的区域经济一体化组织，就是有关国家出于上述目的，通过协定的形式建立的。可以说，区域经济一体化是面对日益激烈的国际竞争，国家积极干预经济生活的一个结果。

三、区域经济一体化对国际贸易的影响

（一）区域经济一体化促进了区域集团内部贸易的增长

在不同层次的众多区域经济一体化组织中，通过削减关税或免除关税，取消贸易的数量限制，削减非关税壁垒形成区域性的统一市场，加上区域内国际分工向纵深发展，使经济相互依赖加深，可以使成员国间的贸易环境比第三国市场好得多，从而使区域内成员国间的贸易迅速增长，区域内部贸易在成员国对外贸易总额中所占比重也明显提高。20世纪50年代至70年代，欧共体内部贸易额占成员国贸易总额的比重从30%提高至50%。20世纪80年代，欧共体工业生产总值增长了20%，区内贸易额从1982年的55%上升到1988年的62%。1992年欧洲统一大市场建成后，欧共体内部贸易的增长更快。1992年，欧共体内部贸易总额为8 903亿美元，占欧共体出口总额的比重为61.1%，到了2011年，欧盟内部贸易总额为5.52万亿欧元，占欧盟内、外贸易总额的63.2%。可见，随着欧盟的经贸发

展和成员国数量的增多，贸易规模不断扩大，其内部贸易占总贸易额的比重已稳定在60%以上。

发展中国家组成的区域经济一体化由于内部取消贸易壁垒，也促进了成员国之间的贸易发展。从对7个发展中国家的区域性组织内部发展的统计来看，1970—1980年，以美元计算的贸易额增长了38倍，年均增长率高达24.8%，其中内部贸易额年均增长率超过30%。自中国-东盟自由贸易区2010年全面建立以来，中国与东盟之间的外贸增长速度也远高于中国外贸的整体增幅，使东盟迅速上升为中国的第四大贸易伙伴。

（二）区域经济一体化促进了内部各国的国际分工并影响国际分工格局

区域经济一体化使内部贸易迅速增长，一方面得益于内部的贸易自由化，另一方面又是成员国之间生产专业化和国际分工深化的表现。一体化组织取消关税和非关税壁垒，使内部市场得以扩大，各成员国得以在内部统一的大市场范围内配置资源，生产各自的优势产品，加速了产业结构的优化组合，使国际分工更为精细，促进了国际生产格局和国际分工格局的变化。另外，区域经济一体化有助于成员国之间科技的协调和合作，改变并强化以科技禀赋为前提的国际分工格局。如在欧盟委员会的推动和组织下，欧盟成员在许多单纯依靠本国力量难以胜任的重大科研领域（如原子能利用，航空、航天技术，大型电子计算机等高精尖技术领域）进行合作，使欧盟各国都能不同程度地参与高科技成果的研发，并分享到它的经济利益，由此也提升了欧盟整体在世界高新技术中的地位。

（三）区域经济一体化改变了国际贸易的地理流向

区域经济一体化组织内部贸易经济的快速发展，使传统的以南北贸易为主的国际贸易地理流向发生了变化，在区域内贸易快速上升的同时，区域经济一体化组织整体也逐渐成为国际贸易的中心。1955—1970年，世界出口总额增长了2.3倍，所有发达国家出口总额增长了2.7倍，欧洲经济共同体出口总额增长了3.9倍，而其内部贸易增长了6倍。可以说，第二次世界大战后世界贸易的中心从美国转向了欧共体。1970年，欧共体10国出口总额在世界贸易出口总额中所占比例为36%，1983年这一比重为32.5%，1991年，欧共体12国出口占世界出口总额的37.9%，而2011年即使不考虑欧盟内部贸易，欧盟仍为世界最大出口方和进口方，占全球出口、进口总额的比重分别为14.9%和16.2%。

区域经济一体化对内自由和对外保护的双重特征，使得区域经济一体化内部贸易迅速增长的同时，其成员国与区域外非成员国的贸易份额在逐步下降，在一定意义上恶化了国际贸易环境，使完整的世界经济和国际贸易体系被割裂成一个个相对独立的区域。

总之，区域经济一体化通过对内实行自由贸易、更为精细的国际分工和生产专业化，使各国经济联系变得更为紧密。区域经济一体化成为世界经济全球化的促进力量。对外，由于贸易保护，区域经济一体化组织同外部国家贸易份额减少，使本来紧密的世界经济分割成若干独立区域，这又成了世界经济全球化的阻碍力量。

本章小结 ✎

区域经济一体化是指两个或两个以上的国家之间实行某种形式的经济联合，或组成区域性经济组织，在组织内部的国家之间降低或取消关税及其他非关税壁垒，实行自由贸易，并为此协调成员国间的经济社会政策，或建立超国家的决策和管理机构，来推行共同的行为准则。

区域经济一体化的产生有一定的客观基础和必然性。它是第二次世界大战后社会生产力快速发展和国际分工日益加深的需要，是世界经济发展不平衡的一种结果和表现，是国家干预经济生活的产物。

区域经济一体化的形式包括优惠贸易安排、自由贸易区、关税同盟、共同市场、经济同盟和完全经济一体化。

区域经济一体化的经济效应是通过关税同盟理论来阐述的，其静态效应主要有贸易创造效应和贸易转向效应，此外还包括规模经济、投资刺激、生产要素自由流动、竞争力增强、加速经济增长等一系列动态效应。

区域经济一体化改变了国际贸易的地理流向，对内促进了内部各国的国际分工及贸易的增长；对外，由于贸易保护，区域经济一体化组织同外部国家贸易份额减少，使本来紧密的世界经济分割成若干独立区域，不利于世界经济全球化的发展。

练习题 ✎

第四章单选题

第四章多选题

第四章判断题

第四章习题参考答案

第五章

多边贸易体制

学习目标

- 了解国际贸易条约与协定的概念
- 掌握国际贸易条约与协定的基本原则
- 了解关贸总协定的宗旨、原则和历次多边贸易谈判
- 掌握世界贸易组织的宗旨、职能、机构、法律框架和基本原则

【引例】

多边贸易体制正在经历风雨考验

自 1947 年以美国为代表的 23 个发起方在日内瓦签订了《关税与贸易总协定》（GATT），宣布世界多边自由贸易政策的出现到如今，多边贸易体制已走过70 多个年头，为世界经济发展做出了不可磨灭的贡献。工业革命以前，世界贸易增长率仅有 0.27%。到 20 世纪 50 至 70 年代，由于 GATT 的出现，国与国之间贸易壁垒逐渐减少，贸易摩擦能够得到有效协商，使得全球间的贸易得到极大的发展，世界贸易增长率相较以前增长了 200 多倍。多边贸易体制带领全球经济走进了发展的黄金期。

然而近年来，在世界经济发展动力不足和全球贫富差距拉大的作用下，逆全球化思潮盛行，保护主义、民粹主义不断抬头，全球化遭遇严重挑战，多边贸易体制也受到了严重的威胁和冲击。与此同时，随着规模的不断壮大，全球多边自由贸易协定发展中的问题也逐渐暴露。成员方越多，利益分歧就越大，"同床异梦"使得多边议题的推进变得十分艰难。各国厌倦了总是无功而返的"多哈谈判"，纷纷投向双边或区域贸易协定的怀抱。这让人不禁想问，是否多边贸易体制已成为"明日黄花"，将被时代所淘汰？

这个问题的答案显然是否定的。

首先，从本质来看，多边贸易体制是经济全球化的上层建筑，而经济全球化是当今世界经济发展的主旋律，其趋势是不可改变的，因此多边贸易体制是不会被取代的。现今全球贸易在不断发展，不会因为个别国家的单边贸易保护政策而改变。据联合国贸易和发展组织数据显示，2016 年全球跨境直接投资为 17 500 亿美元，

2017年达到18 000亿美元。备受美国总统特朗普吹捧的双边贸易体制看似也是经济全球化和自由贸易的表现之一，实则不然。双边贸易协定在其内部实行贸易自由，对外却采取贸易保护，对非成员方设置壁垒，这已经背离了自由贸易削减各种贸易壁垒的宗旨。不仅如此，这种对非成员方设置的壁垒，还可能会导致同盟成员的低效率生产取代非同盟成员的高效率生产，从而造成进口成本的增加，不利于实现资源最优配置和社会福利最大化的目标。此外，区域内过多的双边自由贸易协定将会带来"意大利面条碗效应"，繁复的规则和标准可能成为成员方的贸易之累，反而阻碍贸易自由化进程。

其次，从整体成本与效益来看，多边贸易谈判成本并不一定高于双边或区域贸易谈判。一方面，虽然双边谈判耗时较短、单次成本低，但只包含部分区域，而多边谈判虽则耗时长、单次成本高，但其范围更大，效果更强，整体而言多边贸易谈判的成本并不高于单边。另一方面，双边贸易协议的促进作用并没有想象中大。如今有不少双边和区域贸易协定被谈判国赋予了经济和贸易之外的职能，希望通过签署双边贸易协定来实现政治和外交的需求。这让双边贸易协定受制于各国间的政治关系波动，使得其实际对贸易的促进作用大大降低，因此，就贸易协议的实际性价比而言，多边贸易协定要优于双边。

最后，贸易是经济增长的重要引擎，多边贸易体制则是全球贸易繁荣发展的重要保障。虽然多边贸易体制仍旧存在着许多问题，在协调各国间利益和冲突方面表现得还不尽如人意，但是它开启了一条符合各国共同利益的互利共赢的贸易合作新路径，这是无可替代的。如果多边贸易体制衰落乃至被双边体制取代，那么区域集团化的发展会使区域壁垒增加，区域之间的差距会越来越大。诺贝尔经济学奖获得者迈克尔·斯宾塞认为，多边体系是自由贸易的基础，如果大国之间只做双边协议，那小国将在夹缝中难以求生。

由此可见，多边自由贸易发挥的重要作用是不可替代的，其特有的优越性多年来惠泽世界经济。而中国作为多边贸易的受益者，也必将成为多边自由贸易规则的捍卫者。正如习近平主席在博鳌亚洲论坛上强调的那样，中国将始终坚持维护多边贸易体制，构建开放型世界经济，推动经济全球化朝着更加开放、包容、普惠、平衡、共赢的方向发展，向着构建人类命运共同体的目标不断迈进。

多边贸易体制虽然面临风雨挑战，但是不会消亡。

资料来源　项梦曦. 多边贸易体制正在经历风雨考验［N］. 金融时报，2018-04-12.

思考：

1.什么是多边贸易体制？

2.为什么有人认为多边贸易体制已成为"明日黄花"，将被时代所淘汰？

3.与双边贸易体制相比，多边贸易体制的优越性体现在哪些方面？

第一节　贸易条约与贸易协定

一、贸易条约和贸易协定的含义

经济全球化的发展也带来了贸易的全球化，各国通常利用贸易条约与贸易协定来协调相互之间的经济贸易关系。贸易条约是国际条约中的一种契约性条约，是国家间在经济贸易关系方面规定相互权利义务的各种书面协议的总称。贸易协定是指缔约方为调整贸易关系而达成的书面协议。贸易条约与贸易协定已成为国际贸易制度的重要组成部分。

二、贸易条约与贸易协定的类别

（一）贸易条约

贸易条约（Commercial Treaty）又称通商条约或友好通商条约，是一种内容广泛、全面规定缔约方之间经济贸易关系的条约。它常涉及缔约方之间经济和贸易关系上一切可能发生的问题。

贸易条约的主要内容如下：缔约双方商品在进口和出口关税上的待遇问题、缔约双方公民和企业（即法律上的自然人和法人）的经济权利问题、航行和港口使用问题、铁路运输和过境问题、进口和出口的数量限制问题、对仲裁裁决的执行问题等。随着缔约方之间经济和贸易关系的发展，又出现了一些特殊内容，如对样品和展览品的免税输入、领事的待遇等。

贸易条约以国家元首名义签订。签订条约的全权代表要由国家元首特命派遣。双方代表在条约上签字后，还须按缔约方的法律程序完成批准手续才能生效。这类条约的有效期较长，一般为3～5年，到期后还可延长。贸易条约按照缔约方的多少，可分为双边贸易条约与多边贸易条约。前者是两个主权国家之间所缔结的贸易条约，后者是两个以上主权国家共同缔结的贸易条约。

（二）贸易协定

贸易协定（Trade Agreement）是两国或多国之间就经济贸易关系中的具体规定缔结的一种书面协议。与贸易条约相比，它的特点是内容比较具体、涉及面窄、手续简单、有效期短以及无须法律程序审批，一般只需经签字国的行政首脑或其指定的代表签署即可生效。如果在双边贸易协定中包含支付条款，则这份书面协议可称为双边贸易与支付协定。

（三）贸易议定书

贸易议定书（Trade Protocol）是指缔约方就发展贸易关系中某项具体问题所达成的书面协议。它是对贸易协定的有效补充。在签订长期合同时，关于年度贸易的具体事项，往往要通过议定书的方式加以确定。议定书的签署往往比贸易协定简单，一般由签字国有关行政部门的代表签署后即可生效。

此外，还有其他一些双边贸易协定，如支付协定、关税协定、政府间大量商品供应和购买协定、贷款协定等。

三、贸易条约与协定适用的法律原则

（一）最惠国待遇原则（Most-favored Nation Treatment）

最惠国待遇原则是贸易条约与协定中最普遍和最重要的法律条款，其含义是指缔约方的一方现在或将来给予任何第三方的一切特权、优惠或豁免，必须同样给予缔约对方。最惠国待遇可分为无条件最惠国待遇和有条件最惠国待遇两种，前者是指缔约方现在和将来给予任何第三方的优惠和豁免应立即自动地、无条件地给予对方；后者则是指如果缔约方一方给予第三方的优惠和豁免是有条件的，则缔约方的另一方必须满足同等条件才能享受这种优惠和豁免。目前，较为常用的是无条件最惠国待遇。

视频 5-1
什么是准入前国民待遇原则

最惠国待遇原则是货物贸易制度乃至世界贸易多边贸易制度中最重要的基本原则和基本制度。它是非歧视原则的最重要体现，禁止成员方政府以关税、数量限制等手段对来自不同成员方的进口货物产品实行歧视，使它们在成员方市场上获得平等的待遇。最惠国待遇适用范围很广，概括起来有以下几个方面：（1）关于进出口的关税和其他任何形式的税费；（2）有关商品进出口、过境、存仓和换船方面的海关规则、手续及费用；（3）进出口许可证发放的行政手续；（4）船舶驶入、驶出和停泊时的各种税收、费用和手续等。

视频 5-2
最惠国待遇原则有哪些例外

在贸易条约与协定中，一般还规定有不适用最惠国待遇的例外条款，如缔约方一方给予邻国有关过境贸易的特别优惠待遇；缔约关税同盟国家之间或在特定国家之间的特惠待遇等，这些都适用最惠国待遇的例外条款。

（二）国民待遇原则（National Treatment）

国民待遇原则是指缔约方的一方公民、企业和船舶在缔约方的另一方领土上享有同该国公民、企业和船舶同等的待遇。国民待遇通过国内立法和国际条约加以规定，依照规定赋予外国产品以国民待遇，主要目的是阻止进口成员方政府在关税和其他边境管理措施以外采取对外国产品的歧视措施，也可避免外国产品获得不合理的特权。

国民待遇原则是法律待遇条款之一，一般适用于外国公民或企业的经济权利。其适用范围主要包括：外国公民的私人经济权利（私人财产、所得、房产、股票）、外国产品应交的国内税、利用铁路运输和转口过境的条件、船舶在港口的待遇、商标注册权、版权、专利权等。但沿海贸易权、领海捕鱼权、土地购买权等均不包含在内。

第二节　关税与贸易总协定

关税与贸易总协定（General Agreement on Tariff and Trade，GATT），简称关贸总协定。它是在美国推动下，由23个国家于1947年10月3日在日内瓦签订并于1948年1月1日正式生效的、规定相互权利、义务的国际多边贸易协定。关税与贸易总协定自1948年开始临时实施至1995年1月1日世界贸易组织正式成立，拥有47年的历史，成员由成立时的23个发展到1994年年底的128个，这些成员的贸易总额约占世界贸易总额的90%。关税与贸易总协定是解决国际贸易争端的最为重要的协定。

一、关税与贸易总协定的产生

第二次世界大战后，美国凭借其在政治、经济、军事上的优势，企图从金融、国际投资和贸易三个方面重建世界经济秩序。金融方面，成立了"国际货币基金组织"（International Monetary Fund，IMF）；国际投资方面，成立了"国际复兴开发银行"（International Bank for Reconstruction and Development，IBRD，后改名为"世界银行"，World Bank）；在贸易方面，拟成立"国际贸易组织"（International Trade Organization，ITO），以便在多边基础上，通过互减关税来扭转日益盛行的高关税贸易保护主义和歧视性的贸易政策，促进国际贸易的自由发展。

在美国的积极倡导下，1946年2月，联合国经社理事会接受美国的建议，成立了联合国贸易与就业会议筹备委员会第一次会议，起草了《联合国国际贸易组织宪章》。1947年4月，美、英、中、法等23个国家在日内瓦又召开了国际贸易及就业会议筹备委员会第二次会议，同年10月在古巴首都哈瓦那举行的"联合国贸易与就业会议"上，审议并通过了《联合国国际贸易组织宪章》（也称《哈瓦那宪章》）。但是，由于各国针对《哈瓦那宪章》草案提出了许多修正案，特别是增加了管理对外投资的条款，以致美国和某些国家认为该宪章与其国内立法存在差异且干预了国内立法。特别是美国国会认为《哈瓦那宪章》中的一些规定与美国国内立法有矛盾，不符合美国的利益，因此，在美国国内形成了反对该宪章的强大力量，美国国会没有批准《哈瓦那宪章》。在其影响下，56个《哈瓦那宪章》签字国中，只有个别国家批准了《哈瓦那宪章》，从而使建立国际贸易组织的计划随之夭折。

1947年第二次日内瓦会议期间，美国邀请了23个与会国进行了有关减让关税的多边谈判，签订了《关税与贸易总协定》，采纳了《哈瓦那宪章》中关于国际贸易政策的内容，并要求缔约方共同遵守。该协定于1948年1月1日临时生效。各缔约方还同意，《哈瓦那宪章》生效后，以宪章的部分贸易规则取代关税与贸易总定的有关条款。由于国际贸易组织夭折，关税与贸易总协定一直以临时适用的多边贸易协定形式存在，直至1995年世界贸易组织建立。

二、关税与贸易总协定的宗旨及主要内容

关税与贸易总协定是一个多边贸易协定，它是由许多条款组成的。最初它分为三大部分，共有35个条款。在1964年，关税与贸易总协定增加了3个条款，即第36、37、38条款，共分四大部分。除此之外，还有若干个临时适用议定书。

（一）关税与贸易总协定的宗旨

关贸总协定的序言明确规定了其宗旨。缔约各方政府认为，在处理它们的贸易和经济事务的关系方面，应以提高生活水平、保证充分就业、保证实际收入和有效需求的巨大持续增长、促使世界资源的充分利用以及发展商品生产与交换为目的，通过达成互惠互利协议，大幅度地削减关税和其他贸易障碍，取消国际贸易中的歧视待遇等措施，实现上述目的。

（二）关税与贸易总协定的主要内容

（1）适用最惠国待遇。缔约方之间对于进出口货物及有关的关税征收方法、规章制度、销售和运输等方面，一律适用无条件最惠国待遇原则，但关税同盟、自由贸易区以及对发展中国家的优惠安排作为最惠国待遇的例外处理。

（2）关税减让。缔约方之间通过谈判，在互惠基础上互减关税，并对减让结果进行约束，以保障缔约方的出口商品适用稳定的税率。

（3）取消进口数量限制。关税与贸易总协定规定原则上应取消进口数量限制，但如果国际收支出现困难，可以例外处理。

（4）保护和紧急措施。对因意外情况或因某一产品输入数量剧增，对该国相同产品或与它直接竞争的生产者造成重大损害或重大威胁时，该缔约方可在防止或纠正这种损害所必需的程度和时间内，暂停所承担的义务，或撤销、修改所做的减让。

三、关税与贸易总协定的历次多边贸易谈判

（一）历次多边贸易谈判

关税与贸易总协定的主要活动是组织缔约方进行多边贸易谈判，1947年到1994年，共组织了八轮多边贸易谈判。在谈判中，参加的缔约方从第一轮的23个增加到第八轮的117个，通过谈判，关税不断减让，受惠贸易额不断扩大，促进了GATT缔约方的贸易自由化。关税与贸易总协定历次多边贸易谈判成果见表5-1。

（二）乌拉圭回合多边贸易谈判

1.乌拉圭回合多边贸易谈判的背景和主要议题

20世纪70年代中期以后，世界经济从高速增长转入停滞，由于两次"石油危机"的雪上加霜，世界经济更是长期低迷。在此情况下，国际贸易领域出现了新贸易保护主义浪潮。一些国家的政府纷纷绕过GATT的规则，利用其某些条文不够具体的缺陷大打擦边球，运用各种隐蔽的行政性保护措施构筑非关税壁垒（到1988年

表5-1 关税与贸易总协定历次多边贸易谈判情况简表

谈判回合	谈判时间	谈判地点	参加方数量（个）	谈判主要成果
第一轮（日内瓦回合）	1947年4月—10月	瑞士日内瓦	23	达成45 000项商品的关税减让，使占资本主义国家进口值54%的商品平均降低关税35%，导致总协定临时生效
第二轮（安纳西回合）	1949年4月—10月	法国安纳西	33	达成近5 000项商品的关税减让，使应征税进口值5.6%的商品平均降低关税35%
第三轮（托奎回合）	1950年9月—1951年4月	英国托奎	39	达成近9 000项商品的关税减让，使占进口值11.7%的商品平均降低关税26%
第四轮（日内瓦回合）	1956年1月—5月	瑞士日内瓦	28	达成近3 000项商品的关税减让，使占应税进口值16%的商品平均降低关税15%，相当于25亿美元的贸易额
第五轮（狄龙回合）	1960年9月—1962年7月	瑞士日内瓦	45	达成4 400项商品的关税减让，使占应税进口值20%的商品平均降低关税20%，相当于49亿美元的贸易额
第六轮（肯尼迪回合）	1964年5月—1967年6月	瑞士日内瓦	54	涉及关税减让商品项目达60 000项；确定了削减关税采取"一刀切"的办法，在经济合作与发展组织成员间工业品一律平均削减35%的关税，涉及贸易额400多亿美元；首次涉及非关税贸易壁垒
第七轮（东京回合）	1973年9月—1979年4月	瑞士日内瓦	102	以一揽子关税减让方式使世界贸易额约3 000亿美元的商品达成关税减让与约束，使关税水平下降35%；9个发达国家工业制成品关税降至加权平均关税率6%左右；达成多项非关税壁垒协议和守则；通过了给予发展中国家优惠待遇的"授权条款"。另外，东京回合还达成了一系列关于非关税壁垒的协议
第八轮（乌拉圭回合）	1986年9月—1994年4月	乌拉圭埃斯特角城	117	达成内容广泛的协议，共45个；减税商品涉及贸易额高达1.2万亿美元；减税幅度近40%，近20个产品部门实行了零关税；发达国家平均税率由6.4%降为4%；农产品非关税措施全部关税化；纺织品的歧视性配额限制在10年内取消；服务贸易制定了自由化原则；签署了《世界贸易组织协定》

非关税壁垒达 2 500 种之多），同时一些国家还滥用出口补贴之类的鼓励出口措施以提高本国产品的国际竞争力。新贸易保护主义的泛滥使 GATT 原则受到侵蚀，贸易摩擦愈演愈烈，多边贸易体制笼罩在一片"灰色"阴影之中。

面对这种形势，各缔约方认识到维护 GATT 的宗旨，扩大世界贸易，努力打破形形色色的贸易壁垒，净化国际贸易环境已是迫在眉睫。于是，1986 年 9 月 15 日至 20 日，在乌拉圭埃斯特角城举行的 GATT 缔约方部长级会议上，决定正式发起第 8 轮多边贸易谈判，这也是关税与贸易总协定的最后一轮谈判。因发动这轮谈判的贸易部长会议在乌拉圭举行，故称"乌拉圭回合"。从 1986 年 9 月开始启动，到 1994 年 4 月签署最终协议，共历时 8 年。

乌拉圭回合的谈判内容包括传统议题和新议题。传统议题涉及关税、非关税措施、热带产品、自然资源产品、纺织品服装、农产品、保障条款、补贴和反补贴措施、争端解决等。新议题涉及服务贸易、与贸易有关的投资措施、与贸易有关的知识产权等。

2. 乌拉圭回合主要成果

乌拉圭回合取得了一系列重大成果：多边贸易体制的法律框架更加明确，争端解决机制更加有效、可靠；进一步降低关税，达成了内容更广泛的货物贸易市场开放协议，改善了市场准入条件；就服务贸易和与贸易有关的知识产权达成协议；在农产品和纺织品服装贸易方面，加强了多边纪律约束；成立世界贸易组织，取代临时性的关税与贸易总协定。

（1）在货物贸易方面

乌拉圭回合有关货物贸易谈判的内容，包括关税减让和规则制定两部分。

①关税减让。发达成员承诺总体关税削减幅度在 37% 左右，对工业品的关税削减幅度达 40%，加权平均税率从 6.3% 降至 3.8%。发达成员承诺关税减让的税号占其全部关税税号的 93%，涉及约 84% 的贸易额。其中，承诺减让到零关税的税号占全部关税税号的比例，由乌拉圭回合前的 21% 提高到 32%，涉及的贸易额的比例从 20% 上升至 44%；税率在 15% 以上的高峰税率占全部关税税号的比例，由 23% 下降为 12%，约涉及贸易额的 5%，主要是纺织品和鞋类等。从关税约束范围看，发达成员承诺关税约束的税号占其全部关税税号的比例，由 78% 提升到 99%，涉及的贸易额由 94% 增加为 99%。

发展中成员承诺总体关税削减幅度在 24% 左右。工业品的关税削减水平低于发达成员，加权平均税率由 20.5% 降至 14.4%；约束关税税号比例由 21% 上升为 73%，涉及的贸易比例由 13% 提高到 61%。乌拉圭回合后，大部分发展中成员扩大了约束关税的范围，如印度、韩国、印度尼西亚、马来西亚、泰国等约束关税的比例在 90% 左右。

关于削减关税的实施期，工业品从 1995 年 1 月 1 日起 5 年内结束，减让表中另有规定的除外。无论是发达成员还是发展中成员，均全面约束了农产品关税，并承诺进一步减让。农产品关税削减从 1995 年 1 月 1 日开始，发达成员的实施期为 6 年，发展中成员的实施期一般为 10 年，也有部分发展中成员承诺 6 年的实施期。

②规则制定。乌拉圭回合制定的规则体现在以下四组协议中：

第一组是《1994 年关税与贸易总协定》，它包括《1947 年关税与贸易总协定》的各项实体条款，1995 年 1 月 1 日以前根据《1947 年关税与贸易总协定》做出的有关豁免、加入等决定，乌拉圭回合中就有关条款达成的 6 个谅解，以及《1994 年关税与贸易总协定马拉喀什议定书》。

第二组是两项具体部门协议，即《农业协议》和《纺织品与服装协议》。

第三组包括《技术性贸易壁垒协议》《海关估价协议》《装运前检验协议》《原产地规则协议》《进口许可程序协议》《实施卫生与植物卫生措施协议》《与贸易有关的投资措施协议》7 项。

第四组包括《保障措施协议》《反倾销协议》《补贴与反补贴措施协议》3 项贸易补救措施协议。

（2）在服务贸易方面

在乌拉圭回合之前，关税与贸易总协定谈判只涉及货物贸易领域。随着服务贸易不断扩大，服务贸易在国际贸易中的重要性日益增强，但许多国家在服务贸易领域采取了不少保护措施，明显制约了国际服务贸易的发展。为推动服务贸易的自由化，在乌拉圭回合中，发达国家提出，将服务业市场准入问题作为谈判的重点。经过 8 年的讨价还价，最后达成了《服务贸易总协定》，并于 1995 年 1 月 1 日正式生效。

《服务贸易总协定》将服务贸易分为跨境交付、境外消费、商业存在（跨境设立商业或专业机构）、自然人流动四种形式。《服务贸易总协定》包括最惠国待遇、透明度、发展中国家更多地参与、国际收支限制、一般例外、安全例外、市场准入、国民待遇、逐步自由化承诺等主要内容。《服务贸易总协定》还承认发达成员和发展中成员之间服务业发展水平的差距，允许发展中成员在开放服务业方面享有更多的灵活性。

（3）在与贸易有关的知识产权方面

知识产权是一种无形资产，包括专利权、商标权、版权和商业秘密等。随着世界经济的发展，国际贸易范围的不断扩大，以及技术开发的突飞猛进，知识产权与国际经济贸易的关系日益密切，但已有的国际知识产权保护制度缺乏强制性和争端解决机制，对知识产权未能实行有效保护。在发达国家强烈要求下，关税与贸易总协定将与贸易有关的知识产权纳入了乌拉圭回合的谈判之中。

乌拉圭回合达成了《与贸易有关的知识产权协定》。该协定明确了知识产权国际法律保护的目标；扩大知识产权保护范围，加强相关的保护措施，强化了对仿冒和盗版的防止与处罚；强调限制垄断和防止不正当竞争行为，减少对国际贸易的扭曲和阻碍；做出了对发展中国家提供特殊待遇的过渡期安排；规定了与贸易有关的知识产权机构的职责，以及与其他国际知识产权组织之间的合作事宜。《与贸易有关的知识产权协定》是乌拉圭回合"一揽子协议"的重要组成部分，所有世界贸易组织成员都受其规则的约束。

四、关税与贸易总协定的作用

关税与贸易总协定历时47年，作为一个过渡性的、临时性的多边贸易协定，它虽不是一个权力机构，在国际上也没有法人资格，但它在战后国际贸易领域发挥了重要作用。

（一）为国际经济贸易自由发展奠定了基础

通过历次多边贸易谈判，关贸总协定缔约方范围内进口关税税率大幅度降低。在总协定的主持下，通过历次（八轮）多边贸易谈判，大幅度地降低了世界各国进口关税水平。据有关资料统计，发达国家的平均关税水平已从40%下降到4%~5%，发展中国家的平均关税水平也降到了13%~15%，并在近20个产品部门实行了零关税。

（1）积极地限制各种非关税壁垒。在第七轮"东京回合"谈判中，非关税壁垒成为重要的谈判议题，并最终达成了《海关估价协议》《反倾销协议》《技术性贸易壁垒协议》《补贴与反补贴措施协议》《进口许可程序协议》《政府采购协议》等协议。在"乌拉圭回合"谈判中，非关税壁垒得到了更高程度的重视，也制定了限制非关税壁垒的《原产地规则协议》《装运前检验协议》等一系列协议。

（2）关贸总协定谈判议题不断扩大。从开始时单一的关税减让，扩展到非关税壁垒的限制，进而到"乌拉圭回合"，把服务贸易、知识产权、投资措施以及纺织品贸易、农产品贸易都纳入关贸总协定的规则，并协议成立了一个具有全球代表性的世界贸易组织负责管理世界经济和贸易秩序，更有利于国际贸易的发展，并将为经济全面合作开创新纪元。

（二）为稳定国际贸易秩序发挥了重要作用

关贸总协定规定了有关国际贸易政策的各项基本原则，如非歧视原则、关税保护和关税减让原则、禁止采用进口数量限制原则、禁止倾销和限制出口补贴原则等，加上关贸总协定在历次多边贸易谈判中又达成了一系列协议，形成了一套关于关税和贸易政策措施的国际法规，并要求各缔约方在从事对外贸易活动和制定或修改对外贸易政策与措施，以及在处理缔约方之间的经济贸易关系等方面，遵循这些法规。这些法规已成为调整和规范缔约方的国际贸易活动和政策的依据，在一定程度上发挥了世界性的国际贸易法的作用。

（三）为缔约方提供解决贸易矛盾、摩擦和冲突的场所

关贸总协定运用它的"以调停为主，采取报复为辅"的争端解决机制有效地解决了众多的国际贸易纠纷和争端，减少了国与国之间的贸易摩擦。虽然总协定所做出的裁决不可能像法院那样具有权威性，但仍具有一种道义上的约束力，任何一国都不愿因违反总协定而受到缔约方全体的公开谴责。可见，关贸总协定为各国提供了经济贸易谈判和对话的场所，解决了贸易争端，暂时缓解了缔约方之间在贸易上

的某些矛盾，为国际贸易发展创造了一个较为稳定和宽松的外部环境，对促进国际贸易发展起了重要的作用。

但是，关贸总协定及其达成的协议绝不能从根本上解决发达国家之间的矛盾。在总协定及其协议不符合它们的利益时，它们往往采取总协定的"例外"规定或要求修改某些条款，甚至采取某些办法背离总协定的某些原则，这又加剧了它们之间的矛盾。

（四）在一定程度上维护了发展中国家的利益

在关贸总协定签订之时，有一些发展中国家处于只能维持较低生活水平的不发达状态，它们根本无力与强大的发达国家进行"平等竞争"，因此，关贸总协定在第18条规定：这些缔约方可以享受某些特殊的优惠。例如，在关税结构方面准许对某些特定工业的建立提供需要的关税保护；为达到国际收支目的而实施数量限制和暂时背离总协定其他各条的规定。

随着形势的发展，越来越多的发展中国家加入了关贸总协定，并积极参与了总协定的各项活动，在可能的范围内运用有关规定，努力扩大自己的出口贸易。为适应这一情况，关贸总协定于1964年11月26日通过了题为"贸易与发展"的总协定第四部分。这本身就反映了发展中国家地位的提高，更重要的是确认了非互惠原则，为发展中国家初级产品进入世界市场提供了有利的条件和稳定、公平、有利的价格，为发展中国家某些加工品或制成品增加了进入市场的机会以及扩大优惠范围等，并为以后的普遍优惠制的建立提供了法律依据。

1971年6月，关贸总协定缔约方大会批准发达国家对从发展中国家进口的制成品和半制成品实行普遍优惠制（又称普惠制，Generalized System of Preferences，GSP）。普遍优惠制待遇是发达国家单方面给予发展中国家的普遍的、非歧视的和非互惠的关税待遇。在1979年11月28日"东京回合"中，缔约方又通过了"授权条款"，即授权缔约发达国家无须申请解除义务，就可给发展中国家普遍优惠制待遇，而不受关贸总协定最惠国待遇条款的约束。"乌拉圭回合"签署的一些协定中都规定了对发展中国家采取区别对待和更为优惠的待遇，尤其注意到了最不发达国家的特殊情况，在一些主要条款的实施规则中，都明确地规定了发展中国家和最不发达国家更长的履约时期和承诺较低水平的义务或减免某些义务，从而使这些国家的经济和贸易得以进一步的发展。

第三节 世界贸易组织

世界贸易组织（World Trade Organization，WTO）于1995年1月1日建立，取代1947年的关税与贸易总协定（GATT1947），是国际贸易领域最主要的政府间国际组织，统辖当今国际贸易中货物、服务、知识产权和投资等领域的规则，并对成员之间的经济贸易关系进行监督和管理，是最重要的国际贸易协调组织。截至2018年年底，世界贸易组织共有164个成员。

一、世界贸易组织的产生

随着国际经贸形势的发展，GATT的作用因其法律地位、职能范围、管辖内容和运行机制等方面的局限性而日益有限，建立一个正式的国际贸易协调组织成为政府与学术界普遍关注的问题。1993年12月15日，参加"乌拉圭回合"谈判的117个国家和地区在日内瓦达成了《建立世界贸易组织协定》（草案），1994年4月15日在摩洛哥马拉喀什举行了关贸总协定部长级会议，参会国家和地区的成员又分别代表本国政府在"乌拉圭回合"最后文本和《建立世界贸易组织协定》上签字，并在《马拉喀什宣言》中声明：签署"乌拉圭回合多边贸易谈判结果最后文件"，通过部长级有关决定，是关税与贸易总协定向世界贸易组织过渡的开始。由于各方的努力，1995年1月1日"乌拉圭回合"所达成的"一揽子协议"正式生效，世界贸易组织也同时在日内瓦宣告正式成立。它作为一个正式的国际组织，同世界银行和国际货币基金组织一起成为世界经济的三大支柱，这标志着世界经济和贸易进入一个新的发展时期。

二、世界贸易组织的宗旨、主要职能和组织机构

（一）世界贸易组织的宗旨

《建立世界贸易组织协定》的序言中指出，WTO的宗旨为："以提高生活水平，保证充分就业，保证实际收入和有效需求的大幅度稳定增长，以及扩大货物和服务的生产和贸易为目的，同时应依照可持续发展的目标，考虑对世界资源的最佳利用，产生一个完整的、更具有活力的和永久性的多边贸易体系，来巩固原来关贸总协定以往为贸易自由化所做的努力和乌拉圭回合多边贸易谈判的所有成果"。由此可见，WTO的宗旨，不仅重申了GATT的目标，而且强调扩大服务贸易、保护和维持环境、实现可持续发展。

（二）世界贸易组织的主要职能

世界贸易组织的主要职能包括：

1.负责管辖各项贸易协定、协议，积极采取各种措施努力实现各项协定、协议的目标，并对所辖的不属于"一揽子协议"下的诸边贸易协议如《政府采购协议》《民用航空器贸易协议》等的执行管理和运作提供组织保障；

2.为成员提供处理各协定、协议有关事务的谈判场所，并为世界贸易组织多边贸易谈判提供场所、谈判准备和框架草案；

3.解决各成员方间发生的贸易争端，负责管理世界贸易组织争端解决协议；

4.对各成员方的贸易政策、法规进行定期审议；

5.协调与国际货币基金组织和世界银行等国际经济组织的关系，以保障全球经济决策的凝聚力和一致性，避免政策冲突。

（三）世界贸易组织的组织机构

世界贸易组织的组织机构是依据《世界贸易组织协定》建立的四层组织架构

（见图5-1）。

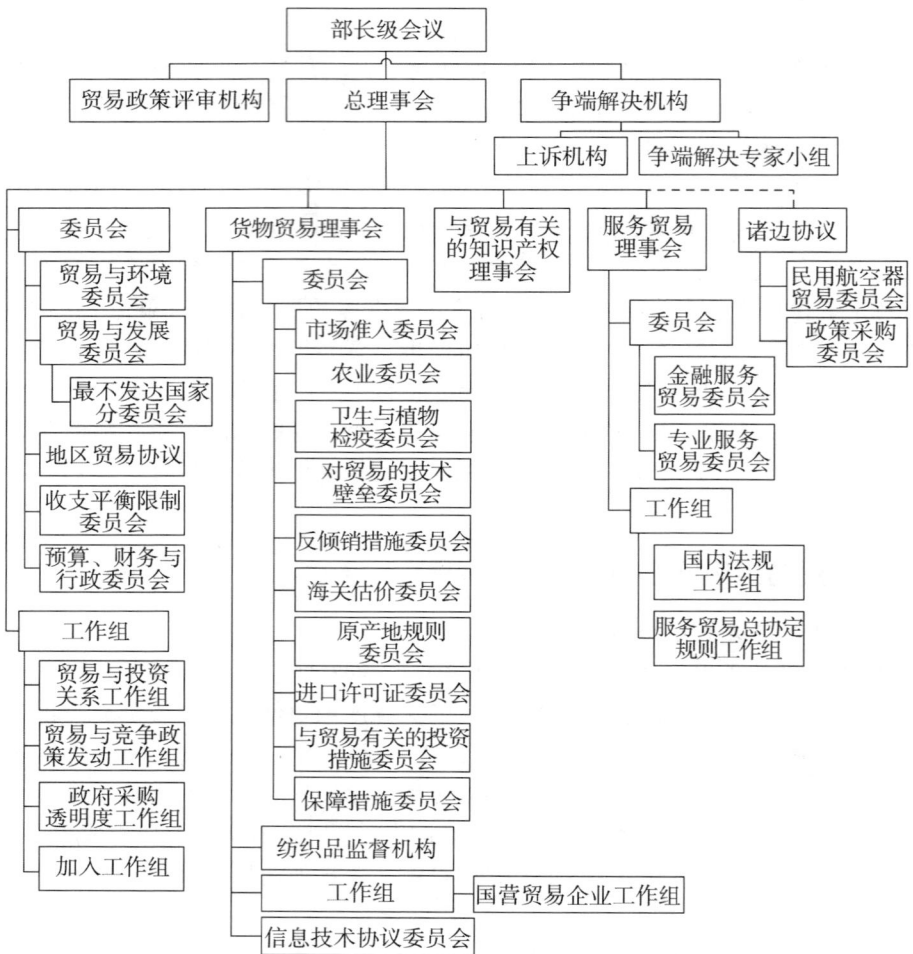

图5-1 世界贸易组织的组织机构

（1）部长级会议。部长级会议是世界贸易组织的最高决策权力机构，由所有成员方主管外贸的部长、副部长级官员或其全权代表组成，一般两年举行一次会议，讨论和决定涉及世界贸易组织职能的所有重要问题，并采取行动。第一届会议于1996年12月在新加坡召开，第二届会议于1998年5月在瑞士日内瓦召开，第三届会议于1999年11月在美国西雅图召开，第四届会议于2001年11月在卡塔尔首都多哈召开，第五届会议于2003年9月在墨西哥坎昆召开，第六届会议于2005年12月在中国香港召开，第七届会议于2009年11月在瑞士日内瓦召开，第八届会议于2011年12月在瑞士日内瓦召开，第九届会议于2013年12月在印度尼西亚巴厘岛召开，第十届会议于2015年12月在肯尼亚内罗毕召开，第十一届会议于2017年12月在阿根廷布宜诺斯艾利斯召开。

（2）总理事会。总理事会是世界贸易组织的行政机构，由所有成员方的常驻代表组成。在部长级会议休会期间，由总理事会行使其职能。总理事会可视情况需要随时开会，自行拟定议事规则及议程。同时，总理事会还必须履行其解决贸易争端和审议各成员方贸易政策的职责。总理事会下设货物贸易理事会、服务贸易理事会和知识产权理事会3个分理事会，负责监管各自领域内协议执行情况，并履行总理事会所赋予的其他职责。

（3）理事会和各专门委员会。①理事会由各成员方代表组成，即货物贸易理事会、服务贸易理事会和与贸易有关的知识产权理事会。理事会是总理事会的附属机构，在总理事会的指导下进行工作。②专门委员会包括贸易与环境委员会，贸易与发展委员会，收支平衡限制委员会，预算、财务与行政委员会等。各专门委员会向总理事会直接负责，其职能是负责处理3个理事会的共同性事务以及3个理事会管辖范围以外的事务。

（4）秘书处和总干事。其是由部长级会议任命的总干事领导的世界贸易组织秘书处（下称秘书处），设在瑞士日内瓦，大约有500人。秘书处工作人员由总干事指派，并按部长会议通过的规则决定他们的职责和服务条件。部长会议明确了总干事的权力、职责、服务条件及任期规则。

三、世界贸易组织的法律框架和基本原则

（一）世界贸易组织的法律框架

世界贸易组织的法律框架主要由协议构成，即由《建立世界贸易组织协定》及4个附件组成（如图5-2所示）。附件1包括《货物贸易多边协定》《服务贸易总协定》《与贸易相关的知识产权协定》；附件2是《关于争端解决规则与程序的谅解》；附件3是《贸易政策审议机制》；附件4是《诸边贸易协定》，包括《民用航空器贸易协议》、《政府采购协议》、《国际奶制品协议》、《国际牛肉协议》和《信息技术协议》。

（二）世界贸易组织的基本原则

1.非歧视性原则

非歧视性原则（Trade without Discrimination）又称无差别待遇原则，是针对歧视待遇的一项缔约原则，它要求缔约双方在实施某种优惠和限制措施时，不要对缔约对方实施歧视待遇。非歧视性原则在贸易关系中包含了以下两方面的要求：

视频 5-3
WTO非歧视
原则

（1）任何一成员方给予任何另一成员方的优惠与特权必须同时无条件地给予其他任何成员方。由于这种待遇是多边关系中的待遇问题，故在国际法上称为最惠国待遇（1947GATT第1条）。WTO中的最惠国待遇原则是无条件的，它要求一个缔约方给予另一个缔约方的贸易优惠和特权，必须自动地、无条件地给予所有其他缔约方。最惠国待遇条款规定，各缔约方之间对进出口货物及其有关的关税、征收方法、规章手续以及运输销售等方面一律适用此原则，并规定"任何缔约方给予来自或运往任何其他国家任何产品的利益、优惠、特权或豁免应立即无条件

```
                    ┌──────────────────────────┐
                    │    《建立世界贸易组织协定》    │
                    └──────────────────────────┘
        ┌──────────────────┬──────────────────────┐
  ┌──────────────┐  ┌──────────────┐  ┌──────────────────┐
  │   附件 1A:    │  │   附件 1B:    │  │     附件 1C:      │
  │《货物贸易多边协定》│  │《服务贸易总协定》 │  │《与贸易有关的知识产权协定》│
  └──────────────┘  └──────────────┘  └──────────────────┘
```

《1994 年关税与贸易总协定》
《农业协议》
《实施卫生与植物卫生措施协议》
《纺织品与服装协议》
《技术性贸易壁垒协议》
《与贸易有关的投资措施协议》
《反倾销协议》
《海关估价协议》
《装运前检验协议》
《原产地规则协议》
《进口许可程序协议》
《补贴与反补贴措施协议》
《保障措施协议》

《关于第 2 条例外的附件》
《关于本协定中提供服务的自然人流动的附件》
《关于空运服务的附件》
《关于金融服务的附件》和《关于金融服务的第二附件》
《关于电信服务的附件》和《关于基础电信谈判的附件》
《关于海运服务谈判的附件》

附件2:《关于争端解决规则与程序的谅解》

附件3:《贸易政策审议机制》

附件4:《诸边贸易协定》

《民用航空器贸易协议》
《政府采购协议》
《国际奶制品协议》
《国际牛肉协议》
《信息技术协议》

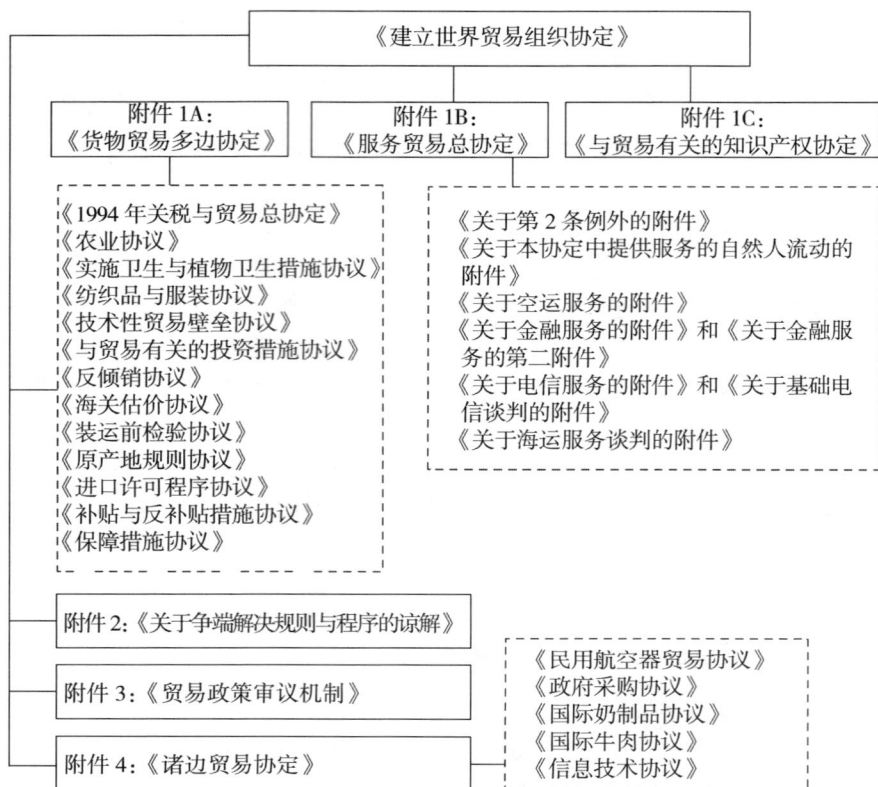

图 5-2　世界贸易组织的法律框架

地给予来自或运往所有其他缔约方领土的同类产品"。该原则可以使有关缔约方之间的双边互惠变为多边互惠，促进自由贸易。

（2）任何成员方对进入其国内的另一成员方的产品和服务给予不低于本国产品和服务所享受的待遇，即内外平等。此种待遇是一国对另一国的待遇，属于双边关系中的待遇，故在国际法上称国民待遇。关于国民待遇原则，GATT1947 第 3 条规定："任何缔约方领土的产品进口至任何其他缔约方领土时，不得对其直接或间接征收超过对同类国内产品直接或间接征收的任何种类的国内税或其他国内费用。在有关影响其国内销售、标价出售、购买、运输、分销或使用的所有法律、法规和规定方面，所享受的待遇不得低于同类国内产品所享受的待遇"。国民待遇原则是非歧视原则对进口产品在国内措施方面的体现，防止进口产品享受的最惠国待遇因为歧视性的国内规章而削减，确保进口产品与本国产品的平等竞争。

2.市场开放原则

贸易自由化必须以市场开放为前提，因此，市场开放也自然成为世界贸易组织的一个重要原则。市场开放的目标是消除贸易壁垒，其核心内容集中在关税保护、普遍取消数量限制及透明度三个方面的要求上：

（1）关税保护原则。关税保护原则包括两层含义：一是以关税作为各缔约方唯一的保护手段。这是因为关税能使各国的保护状况和程度一目了然，便于对各国的保护水平进行比较。二是各缔约方应遵循互惠互利的原则，通过关税减让谈判，逐步降低关税水平，以促进国际贸易的开展。GATT1947第28条规定："各缔约方在互惠互利基础上进行谈判，以实质性削减关税和其他进出口费用的总体水平"。各缔约方通过谈判确立的关税减让幅度须列入减让表中，不得随意提高，从而使谈判达成的税率成为有关缔约方的最高税率。如果减税方要求升高税率，必须3年后经过谈判以其他产品的税率减让相补偿，从而确保总体关税水平不致提高。简单地说，关税的总体原则是只能降低不能提高，以使关税不断递减，最终向自由贸易迈进。

关税减让谈判一般首先在缔约方双边之间进行，经过一个或若干个主要供应者就某一或若干产品逐项、对等地进行减让关税的谈判。谈判的结果列为分表，然后根据世界贸易组织的最惠国待遇原则对其进行汇总，得到一张适用于所有缔约方的总表，即关税减让表，它具有法律效力。

（2）普遍取消数量限制原则。数量限制是一种非关税贸易保护措施，通常包括以下措施：配额，进出口许可或禁止，进出口最低价格。它通过限制外国产品的进口数量来保护本国市场，从而妨碍了竞争，与WTO对各缔约方只能通过关税来保护本国工业的规定直接相违背，因此WTO将其列入取消之列。

GATT第11条规定："任何缔约方不得对任何其他缔约方领土产品的进口或向任何其他缔约方领土出口或销售供出口的产品设立或维持除关税、国内税或其他费用外的禁止或限制，无论此类禁止或限制通过配额、进出口许可证还是其他措施实施"。

WTO同时又规定了此原则的例外，即当一国为了稳定农产品市场、维持国际收支的平衡或发展中国家为了促进其经济发展，可以实施或维持数量限制，但必须本着非歧视原则。由于在GATT肯尼迪回合多边贸易谈判后，关税水平大幅下降，关税对各国市场的保护作用减弱，数量限制等非关税措施即以其实施简便、针对性强、效果显著而被各国政府广泛采用，因此，在此后的多边贸易谈判中，包括数量限制在内的非关税措施一直是谈判的议题。

（3）透明度原则。透明度原则指各缔约方政府应迅速公布其与商品进出口贸易和服务贸易有关的法律、规章，以便其他缔约方和贸易商能够熟悉。这些法律规章在公布前不能实施，并有义务接受其他缔约方对实施状况的检查和监督。透明度原则主要体现在GATT的第10条，该条规定："缔约方有效实施的关于海关对产品的分类或估价，关于税捐或其他费用的征收率，关于对进口货物及其支付转账的规定、限制和禁止，以及关于影响进出口货物的销售、分配、运输、保险、仓储、检验、展览、加工、混合或使用的法令、条例与一般援用的司法判决及行政决定，都应迅速公布，以使各国政府及贸易商熟悉它们。一缔约方政府或政府机构与另一缔约方政府或政府机构之间缔结的影响国际贸易政策的现行规定也必须公布。"

透明度原则的作用在于防止缔约方对贸易进行不公开、不透明的管理而造成歧视性待遇，影响自由贸易的进行。它是 WTO 其他原则得以有效贯彻的基础。

3.公平竞争原则

自由的贸易必须建立在公平之上，公平竞争是 WTO 的一个基本原则，也是其生命力所在。公平竞争原则要求成员方在市场准入、国内支持、出口竞争、动植物检疫措施等方面遵守有关协议，避免采取扭曲市场竞争的措施，纠正不公开贸易行为，保证国际贸易的公平竞争。在货物贸易领域，主要体现在反对倾销和补贴方面。在服务贸易领域，主要体现在市场准入及垄断与专营服务方面。

该原则主要体现在 GATT 第 6 条、第 16 条和第 23 条等有关条款中，主要是反倾销、反补贴和减少其他非关税壁垒，以保证公平贸易。WTO 规定，当一国产品以低于国内正常价格或成本价向外国出口时，可视为倾销，这时进口国可通过征收反倾销税的措施来防止倾销带来的损害。受害国在征收反倾销税时要按 GATT 的要求遵守非歧视原则，且征税数额不得超过出口国倾销价与正常价格之差。

关于出口补贴，GATT 认为是一种不公平行为，严禁缔约方对初级产品以外的任何产品给予出口补贴，如果某缔约方的出口补贴对另一缔约方的利益造成重大损害或产生严重威胁，可以允许这一进口缔约方对有关产品的进口征收反补贴税。如果证实某种补贴对另一个向进口缔约方输出有关产品的缔约方的某一工业正在造成严重损害或威胁，也应允许征收反补贴税。

4.例外和差别待遇原则

（1）对发展中国家特别优惠的原则。在上述 WTO 有关原则的例外中，已提到给予发展中国家一些贸易上的优惠。这主要是国际社会基于发达国家和发展中国家间经济实力的巨大差距，对发展中国家追求公平发展、改变旧的国际经济秩序的努力作出的反应。

（2）区域性贸易安排原则。第二次世界大战以后，随着世界经济联系的加强和国家间经济依赖程度的加深，国际贸易领域出现了区域化、集团化的趋向，各集团内部纷纷采取减少或废除关税和非关税壁垒的区域性的贸易安排。对这种区域性的贸易安排，GATT 在第 24 条中予以认可。该条规定："本协定的各项规定是不得阻止任何缔约方为便利边境贸易对毗邻国家给予某种利益……不得阻止缔约各方在其领土之间建立关税联盟或自由贸易区，或为建立关税联盟或自由贸易区的需要采用某种临时协定。"GATT 之所以允许区域性贸易安排的存在，主要在于"缔约各方认为，签订协定对发展各方之间经济的一体化以扩大贸易的自由化是有好处的"。

与此同时，WTO 对区域性的贸易安排也作了严格的限制，其规定："成立关税联盟或自由贸易区的目的，应为便利组成联盟或自由贸易区的各领土之间的贸易，但对其他缔约方与这些领土之间进行的贸易，不得提高壁垒。"可见，区域性贸易安排原则是在 WTO 所提倡的多边自由贸易体制不可能一蹴而就的情况下"无可奈何"的补充，而不是对多边贸易体制的挑战，其最终目的是为了促进多边贸易体制的实现。

（3）合理保障原则。为了防止缔约方由于意外的、不正常的原因使国内市场受到冲击而利益受损，GATT设立了合理保障条款，允许缔约方在特殊情况下经过全体缔约方的允许，而暂时或部分停止WTO规定的义务。GATT第19条是关于保障措施的主要条款。该条款规定，当缔约方由于发生意外情况，或者因为承担了总协定的义务，致使某一产品进口数量激增，严重损害或威胁到国内同类产品的生产时，该国可以全部或部分地免除其承担的总协定义务，采取紧急限制性措施，撤销或修改其承诺的关税减让。但是这些措施只限于受损害的产品，并且必须严格控制使用这种措施的范围、程度和时间。该缔约方根据这一条款采取紧急限制时必须是非歧视的，并有透明度，还要以书面形式向其他缔约方通报所采取的措施。

视频5-4
中国入世三
原则

本章小结

贸易条约与贸易协定已成为国际贸易制度的重要组成部分。贸易条约又称通商条约或友好通商条约，是国际条约中的一种契约性条约，泛指国家间在经济贸易关系方面规定相互权利义务的各种书面协议。贸易协定是指缔约方为调整贸易关系而达成的书面协议。

关税与贸易总协定是在美国的推动下由23个国家组成签订的并于1948年1月1日正式生效的规定相互权利、义务的国际多边贸易协定，是解决国际贸易争端的最为重要的协定。从1947年到1994年，关税与贸易总协定共组织了8轮多边贸易谈判。通过谈判，大幅度地降低了世界各国的进口关税水平，受惠贸易额不断扩大，有效促进了缔约方的贸易自由化。

世界贸易组织于1995年1月1日建立，取代1947年的关税与贸易总协定，是国际贸易领域最主要的政府间国际组织，统辖当今国际贸易中货物、服务、知识产权和投资等领域的规则，并对成员之间经济贸易关系进行监督和管理，是最重要的国际贸易协调组织。世界贸易组织的宗旨，不仅重申了关税与贸易总协定的目标，而且强调扩大服务贸易、保护与维持环境和实现可持续发展。世界贸易组织的基本原则包括非歧视性原则、市场开放原则、公平竞争原则、例外和差别待遇原则等。

练习题

第五章单选题

第五章多选题

第五章判断题

第五章习题参考答案

第六章

国际贸易术语

学习目标

- 了解贸易术语的含义、作用，以及国际上存在的有关贸易术语的贸易惯例
- 熟悉和掌握《国际贸易术语解释通则2010》中11个贸易术语的基本含义和买卖双方的责任和义务
- 掌握这些贸易术语的异同之处
- 了解贸易过程中贸易术语的选择问题

第一节　国际贸易术语概述

一、国际贸易术语的含义与作用

（一）贸易术语的含义

贸易术语（Trade Terms）是在长期的国际贸易实践中产生的，用来表明商品的价格构成，说明货物交接过程中有关的风险、责任和费用划分问题的专门术语。

国际贸易的买卖双方，一般来说相距遥远，远隔重洋。货物自办理出口手续、领取许可证，到办理运输、保险、报验、报关等，需要经过诸多环节。与此同时，还需要支付相应的费用，如运费、装卸费、保险费、仓储费以及各种捐税和杂项费用等。此外，货物在转运过程中还可能遇到各种自然灾害和意外事故等风险。上述责任由谁负责，手续由谁办理，费用由谁负担，风险如何划分就成为国际贸易实际业务中买卖双方必须明确解决的问题。这样，经过长期的国际贸易实践，逐渐形成了适应各种需要的贸易术语。当买卖双方在合同中确定采用某种贸易术语时，就要求合同的其他条款都与其相适应，因此，在国际贸易中，一般都以合同中规定的贸易术语来确定合同的性质。

【例6-1】吴先生在一家商场购买彩电，60寸彩电的标价是："6 888元，送货上门"。问：该如何解读"送货上门"？

【分析指导】注意以下问题：

谁负责安排市内运输的车辆？——责任

谁承担彩电上门以前的风险？——风险

谁支付市内运费？——费用

（二）贸易术语在国际贸易中的作用

贸易术语在国际贸易中的作用，有下列几个方面：

1.有利于买卖双方简化交易手续，缩短洽商时间，节省交易费用

由于每种贸易术语都有其特定的含义，因此，买卖双方只要商定按何种贸易术语成交，即可明确彼此在交接货物方面所应承担的责任、费用和风险。这就简化了交易手续，缩短了洽商交易的时间，从而有利于买卖双方迅速达成交易和订立合同。图6-1显示了贸易术语关于风险的划分。

视频6-1
国际贸易术语的作用是什么？

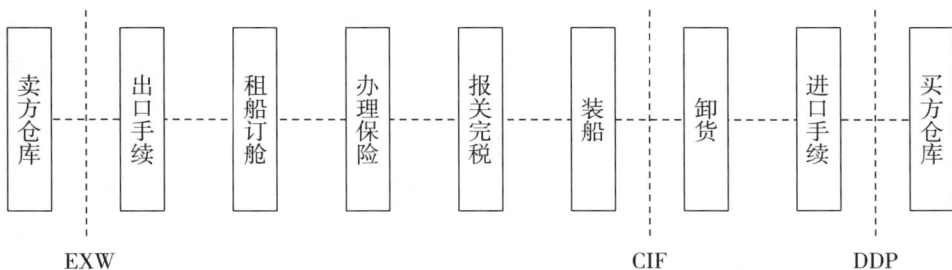

卖方仓库 — 出口手续 — 租船订舱 — 办理保险 — 报关完税 — 装船 — 卸货 — 进口手续 — 买方仓库

EXW   CIF   DDP

图6-1 贸易术语关于风险的划分

2.有利于买卖双方核算价格和成本

由于贸易术语表示价格构成因素，所以买卖双方确定成交价格时，必然要考虑采用的贸易术语中包含哪些从属费用，这就有利于买卖双方进行比价和加强成本核算。

3.有利于解决履约当中的争议

买卖双方商订合同时，如对合同条款考虑欠周，使某些事项规定不明确或不完备，致使履约当中产生的争议不能依据合同的规定解决，在此情况下，可以援引有关贸易术语的一般解释来处理。因为贸易术语的一般解释已成为国际惯例，它是大家所遵循的一种类似行为规范的准则。

视频6-2
如何判断贸易术语的主要责任到底是由卖方还是买方承担？

二、有关贸易术语的国际贸易惯例

国际贸易惯例是指国际组织或权威机构为了减少贸易争端，规范贸易行为，在国际贸易实践的基础上，根据贸易习惯和做法制定出的成文的规则，且这些规则根据当事人意思自治的原则，被国际上普遍接受和广泛使用，而成为公认的国际贸易惯例。

国际贸易惯例本身并不是法律，因而不具有法律效力，不能强制推行，但通过政府立法或国际立法可赋予它法律效力。有些国家的法律规定，凡本国法律未规定的，可适用国际惯例。《联合国国际货物销售合同公约》对国际贸易惯例的作用作了充分的肯定，其中规定，合同没有排除的惯例，人们经常使用和反复遵守的惯例以及人们已经知道和应当知道的惯例，均适用于合同。根据《中华人民共和国合同法》的规定，涉外合同应优先适用我国对外缔结或参加的国际条约与公约，此外，也可参照适用国际惯例。国际贸易惯例弥补了国际贸易法律的不足，它是国际贸易法律的重要渊源之一。在推动国际贸易发展的历程中，国际贸易惯例与国际贸易法律相辅相成。国际商会制定、公布的《国际贸易术语解释通则》和《跟单信用证统一惯例》，已被贸易界、银行界和法律界普遍接受，并成为国际上公认的、通行的常规做法和行为、模式，这就有利于简化交易手续，加速成交进程，提高履约率，并便于处理合同争议。由此可见，国际贸易惯例对促进国际贸易正常有序地进行和确保其持续向前发展，起了非常重要的作用。

在国际贸易业务实践中，因各国法律制度、贸易惯例和习惯做法不同，因此，国际上对各种贸易术语的理解与运作互有差异，从而容易引起贸易纠纷。为了避免各国在对贸易术语解释上出现分歧和引起争议，有些国际组织和商业团体便分别就某些贸易术语做出统一的解释与规定，其中影响较大的主要有：

1.国际法协会制定的《1932年华沙-牛津规则》（Warsaw-Oxford Rules 1932）

2.美国一些商业团体制定的《美国对外贸易定义修订本》（Revised American Foreign Trade Definition）

3.国际商会制定的《国际贸易术语解释通则》（International Rules for the Interpretation of Trade Terms，INCOTERMS）

本书主要介绍《国际贸易术语解释通则》的情况。

三、《国际贸易术语解释通则 2010》

（一）《国际贸易术语解释通则 2010》简介

《国际贸易术语解释通则》是国际商会为统一各种贸易术语的不同解释于1936年制定的，其宗旨是为国际贸易中最普遍使用的贸易术语提供一套解释的国际规则，以避免因各国解释不同而出现的不确定性，或至少在相当程度上降低这种不确定性。为适应国际贸易实践发展的需要，国际商会先后于1953年、1967年、1976年、1980年、1990年和1999年对该通则进行过多次修订和补充。2010年，考虑到无关税区的不断扩大，商业交易中电子信息使用的增加，货物运输中对安全问题的进一步关注以及运输方式的变化等情况，国际商会再次对《国际贸易术语解释通则》进行修订，以便使这些规则适应当前国际贸易实践的发展。2010年7月公布的《国际贸易术语解释通则 2010》（以下简称《INCOTERMS 2010》）于2011年1月1日起生效，它是当今世界上影响最大的贸易术语，是重要的国际惯例之一。

我们在使用《INCOTERMS 2010》时，需要注意以下几点：

第一，在买卖合同中写入《INCOTERMS 2010》术语。如果想在合同中使用《INCOTERMS 2010》，应在合同中用类似词句做出明确表示，"所选用的国际贸易术语，包括写明地点，标明《INCOTERMS 2010》"。

第二，选择适合的国际贸易术语。对贸易术语的选择应适合于货物性质和运输方式，首先要考虑合同各方是否想给卖方或买方增加额外的义务。但是无论选择何种贸易术语，买卖双方都应该清楚，对其合同的解释很可能会受到使用的港口或地点特有的惯例的影响。

第三，尽可能地对地点和港口做出详细说明。只有合同各方写明港口或者地点，所选用的贸易术语才能发挥作用。而对港口或地点写得尽量确切，就更能凸显国际贸易术语的作用。例如："FCA 38 Cours Albert 1er，Paris，France INCOTERMS 2010"。

第四，切记，国际贸易术语并没有给出一个完整的买卖合同。国际贸易术语确实规定了买卖合同中哪方有安排运输、保险的义务，卖方何时向买方交货以及各方应该支付的费用，但是国际贸易术语没有说明应付价格或支付方式，它也没有涉及货物所有权的转让或违约后果。这些问题通常依据买卖合同的明确约定或合同的适用法律处理。合同各方应当清楚强制适用的本地法律可能推翻买卖合同的任何条款，包括所选择的国际贸易术语在内。

（二）《INCOTERMS 2010》的主要特点

相对于《INCOTERMS 2000》，《INCOTERMS 2010》的主要变化表现在以下几个方面：

1.新增加两个术语

新增加两个术语DAT（运输终端交货）和DAP（目的地交货），即用DAT取代了《INCOTERMS 2000》中的DEQ（目的港码头交货），用DAP取代了DAF（边境交货）、DES（目的港船上交货）和DDU（未完税交货）三个术语，且扩展至适用于一切运输方式。

2.11个术语分为特征鲜明的两大类

贸易术语的数量由原来的13种变为11种，分类由原来的EFCD四组变为两类：

第一类是适用于任何运输方式或多种运输方式的术语，包括EXW、FCA、CPT、CIP、DAT、DAP和DDP七个贸易术语。

第二类是适用于海运和内河水运的术语，包括FAS、FOB、CFR和CIF四个贸易术语。

3.国内贸易与国际贸易术语

国际贸易术语传统上用于货物跨越国界的国际货物买卖合同。但是，在世界许多地区，像欧盟一样的贸易同盟已使不同成员方间的边界形式显得不再重要，因此，《INCOTERMS 2010》的副标题"国际商会制定的适用国内和国际贸易的术语通则"正式确认这些术语对国际和国内货物买卖合同均可适用。因而，《INCOTERMS 2010》在多处明确说明，只有在适用时才产生遵守进出口手续要求的义务。

4.使用说明

在每个《INCOTERMS 2010》术语前，均有该术语的使用说明。使用说明解释了每个术语的要点，比如何时适用、风险何时转移和买卖双方如何分摊费用。使用说明不是《INCOTERMS 2010》的构成部分，但期望能帮助使用者在特定交易中准确、高效地选择合适的术语。

5.电子信息

通则以往版本曾经规定诸多文件可用电子数据信息替代。《INCOTERMS 2010》的A1和B1条款在各方约定或者符合惯例的情况下，赋予电子信息与纸质信息同等效力，这种表述便利了新电子程序在《INCOTERMS 2010》有效期内的发展。

6.保险合同

《INCOTERMS 2010》是《伦敦保险协会海运货物保险条款》修订以来的第一版国际贸易术语，并且已考虑了修订对保险条款的影响。《INCOTERMS 2010》将与保险相关的信息义务纳入涉及运输合同和保险合同的A3和B3条款。这些规定已从《INCOTERMS 2000》的A10和B10泛泛的条款中抽出。为了明确双方的保险相关义务，A3和B3中有关保险的用语也作了相应调整。

7.安检通关及其通关所需信息

现在人们对货物移动时的安全问题日益关注，要求确保除了其内在特性外，货物对人的生命和财产不得构成威胁，因此，《INCOTERMS 2010》在各术语的A2/B2和A10/B10条款中，明确了买卖各方完成或协助完成安检通关的义务，比如产销监管链信息。

8.码头作业费

按照《INCOTERMS 2010》CPT、CIP、CFR、CIF、DAT、DAP和DDP术语，卖方必须安排货物运输至指定目的地，运费虽由卖方支付，但买方为实际支付方，因为通常运费已包含在货物总价中。运输费用有时会包括在港口或集装箱码头设施内处理和移动货物的费用，而承运人或港口运营人很可能向买方索要这些费用。在这种情况下，买方会希望避免为同一服务支付两次费用：一次是在货物总价中向卖方支付，另一次是单独向承运人或港口运营人支付。为了避免此类问题的发生，《INCOTERMS 2010》相关术语的A6和B6条款中明确了此类费用的分摊。

9.链式销售

与特定产品的销售不同，在商品销售中，货物在运送至销售链终端的过程中常常被多次转卖。出现此种情况时，在销售链中端的卖方实际上不运送货物，因为处于销售链始端的卖方已经安排了运输，因此，处在销售链中间的卖方不是以运送货物的方式，而是以"取得"货物的方式，履行其对买方的义务。为了澄清此问题，《INCOTERMS 2010》术语中包括"取得运输中货物"的义务，并以其作为在相关术语中运输货物义务的替代义务。

（三）《INCOTERMS 2010》的分类

根据卖方承担义务的不同，可将11个贸易术语划分为下列两组：

1.适用于任何运输方式或多种运输方式的术语

这部分包括《INCOTERMS 2010》中的7个术语，即EXW、FCA、CPT、CIP、DAT、DAP和DDP。不论其选用何种运输方式，也不论它是否使用一种或多种运输方式，甚至没有海运时也可以使用这些术语。但是，重要的是要记住，当船舶用于部分运输时，可以使用这些术语。

2.适用于海运和内河水运的术语

　　这部分包括FAS、FOB、CFR和CIF这4个贸易术语。因为其交货地点和将货物交至买方的地点都是港口，因此被划分为适用于海运和内河水运的术语。后3个术语中省略了以船舷作为交货地点的表述，取而代之的是货物置于船上时构成交货。这样的规定更符合当今商业现实，且能避免那种已经过时的风险在一条假想垂直线上摇摆不定的情形出现。

　　《INCOTERMS 2010》中的11个贸易术语具体见表6-1。

表6-1　　　　　　　　　《INCOTERMS 2010》中的11个贸易术语

组别	术语缩写	术语英文名称	术语中文名称
适用于任何运输方式的术语	EXW	Ex Works	工厂交货
	FCA	Free Carrier	货交承运人
	CPT	Carriage Paid to	运费付至
	CIP	Cost and Insurance Paid to	运费和保险费付至
	DAT	Delivered at Terminal	运输终端交货
	DAP	Delivered at Place	目的地交货
	DDP	Delivered Duty Paid	完税后交货
适用于海运和内河水运的术语	FAS	Free alongside Ship	船边交货
	FOB	Free on Board	船上交货
	CFR	Cost and Freight	成本加运费
	CIF	Cost，Insurance and Freight	成本、保险费加运费

3.《INCOTERMS 2010》规定的买卖双方应承担的义务（见表6-2）

表6-2　　　　　　　《INCOTERMS 2010》规定的买卖双方应承担的义务

卖方义务		买方义务	
A1	卖方一般义务	B1	买方一般义务
A2	许可证、授权、安检通关和其他手续	B2	许可证、授权、安检通关和其他手续
A3	运输合同和保险合同	B3	运输合同和保险合同
A4	交货	B4	收取货物
A5	风险转移	B5	风险转移
A6	费用划分	B6	费用划分
A7	通知买方	B7	通知卖方
A8	交货凭证	B8	交货证据
A9	查对、包装、标记	B9	货物检验
A10	协助提供信息及相关费用	B10	协助提供信息及相关费用

第二节　常用的六种国际贸易术语

视频 6-3
常用的国际
贸易术语

一、适用于海运和内河水运的术语

这部分包括《INCOTERMS 2010》中的三个术语，FOB、CFR和CIF。这一类术语交货地点和将货物交至买方的地点都是港口，因此被划分为"适用于海运及内河水运的术语"。在FOB、CFR和CIF三个术语中，取消了以船舷作为交货地点的表述，取而代之的是货物置于"船上"时完成交货。

（一）FOB（Free on Board）　船上交货

1.FOB术语的含义

FOB的全称是Free on Board（insert named port of shipment），即船上交货（插入指定装运港），在《INCOTERMS 2010》中是指卖方以在指定装运港将货物装上买方指定的船舶或通过取得已交付至船上货物的方式交货。货物灭失或损坏的风险在货物交到船上时转移，同时买方承担自那时起的一切费用。

FOB术语要求卖方办理货物出口清关手续。但卖方无义务办理进口清关、支付任何进口税或办理任何进口海关手续。

该术语仅适用于海运或内河水运。图6-2是FOB图。

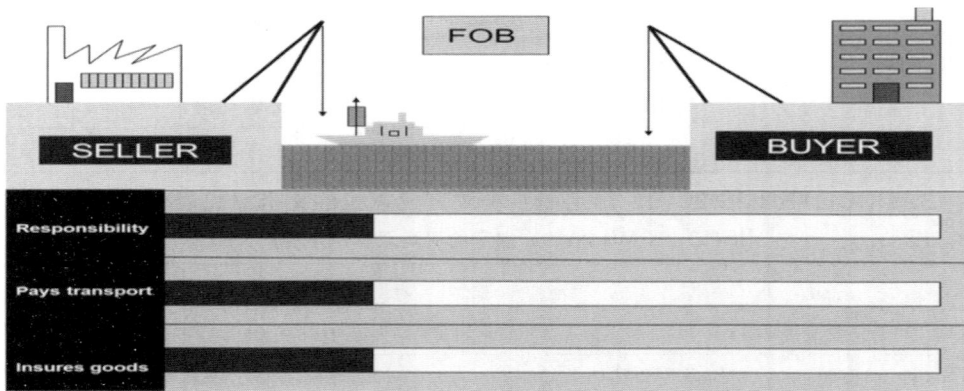

图6-2　FOB图

2.FOB术语买卖双方的义务

卖方义务：

（1）在合同规定的时间和装运港口，将符合合同规定的货物交到买方指派的船上，并及时通知买方。

（2）承担货物交至装运港船上之前的一切费用和风险。

（3）自负风险和费用，取得出口许可证或其他官方批准文件，并且办理货物出口所需的一切海关手续。

（4）提交商业发票和自费提供证明卖方已按规定交货的清洁单据或具有同等作

用的电子信息。

买方义务：

（1）订立从指定装运港运输货物的合同，支付运费，并将船名、装货地点和要求交货的时间及时通知卖方。

（2）根据买卖合同的规定受领货物并支付货款。

（3）承担受领货物之后所发生的一切费用和风险。

（4）自负风险和费用，取得进口许可证或其他官方证件，并办理货物进口所需的海关手续。

FOB买卖双方的义务见表6-3。

表6-3　　　　　　　　　　　　　FOB买卖双方的义务

卖方义务	买方义务
领取出口许可证，办理出口	领取进口许可证，办理进口
指定时间货物装上船，通知买方	租船订舱，通知卖方
提交相关单据或相等电子信息	接受交货凭证和货物，付款
承担货物装上船之前的一切风险和费用	承担货物装上船之后的一切风险和费用

3.使用FOB术语应注意的问题

（1）风险划分的改变

在《INCOTERMS 2010》中，对于风险划分的界限作了重大的修改。在《INCOTERMS 2000》中，船舷是FOB术语买卖双方风险划分的界限。"船舷为界"表明货物在装上船之前的风险，包括在装船时货物跌落码头或海中所造成的损失，均由卖方承担。货物上船之后，包括在运输过程中所发生的损坏或灭失，则由买方承担。而在《INCOTERMS 2010》中，为了更符合当今商业现实，且为了避免那种已经过时的风险在一条假想垂直线上摇摆不定的情形出现，在FOB、CFR、CIF中取消了以船舷作为风险转移点的表述，取而代之的是货物置于"船上"时构成风险转移。

【例6-2】一份FOB合同，A公司出售3 000吨小麦给B公司。A公司按规定的时间和地点将5 000吨散装小麦装船，其中3 000吨是卖给B公司的货。货抵目的港后由船公司负责分拨。A公司在装船后通知了B公司。受载船舶在途中遇险，使该批小麦损失3 000吨，其余2 000吨安全抵达目的港。买方要求卖方交货，卖方宣称卖给B公司的3 000吨小麦已全部灭失，而且按照FOB合同，货物风险已在越过装运港船舷时转移给B公司，卖方对此项损失不负任何责任。

【分析指导】本案例的争议在于：风险究竟有没有转移呢？

（2）交货方式问题

在《INCOTERMS 2010》中，FOB术语下卖方应将货物在船上交付或者取得已在船上交付的货物。此处使用的"取得"一词适用于商品贸易中常见的交易链中的链式销售。与特定产品的销售不同，在商品销售中，货物在运送至销售链终端的过程中常常被多次转卖。出现此种情况时，在销售链中间的卖方实际上不运送货物，因为处于销售链始端的卖方已经安排了运输，因此，处在销售链中间的卖方不是以运输货物的方式，而是以"取得"货物的方式，履行其对买方的义务。为了澄清此问题，《INCOTERMS 2010》术语中包括"取得运输中货物"的义务，并以其作为在相关术语中运输货物义务的替代义务。

（3）船货衔接问题

按FOB术语成交的合同，卖方负责在指定的装运港把货装在买方派来的船上，因此船货衔接就是一个重要的问题。如果船只提前或延迟到达指定的装运港，则船等货或货等船引起的费用损失均要由买方负担，因此在FOB合同中，必须对船货衔接问题作明确规定，可在合同中规定，如买方没能按期派船，包括未经卖方同意提前将船派到和延迟派到装运港，卖方有权拒绝交货，并由买方承担由此造成的各种损失和费用，如空舱费（Dead Freight）、滞期费（Demurrage）以及仓储费等。如成交数量不大，只需部分舱位或用班轮装运时，卖方可接受买方委托代为租船或订舱，但这纯属代办性质，运费仍由买方负担；如租不到船只或订不到舱位，其风险由买方自负。

（4）关于装船费用的划分问题

FOB合同买卖双方负担费用的划分是以货物交到船上为界。在班轮运输的情况下，由于班轮运费包括装船费用和在目的港的卸货费用，因此，装船费用实际上由买方负担。但是在买方用定程租船方式装运货物时，涉及与装船有关的理舱费和平舱费由谁负担的问题，需要买卖双方进行洽商。为了明确有关装船费用的划分，也可以在FOB术语后加列字母或缩写表示附加条件，即用FOB术语的变形来表示。常见的FOB术语变形有以下几种：

①FOB班轮条件（FOB Liner Terms），指装船费用如同班轮装运一样，即由船方负担。

②FOB吊钩下交货（FOB Under Tackle），指卖方将货物置于轮船吊钩所及之处，从货物起吊开始的装船费用由买方负担。

③FOB包括理舱（FOB Stowed，FOB.S.），指卖方负责将货物装入船舱并支付包括理舱费在内的装船费用。

④FOB包括平舱（FOB Trimmed，FOB.T.），指卖方负责将货物装入船舱并支付包括平舱费在内的装船费用。

⑤FOB包括理舱、平舱（FOB Stowed and Trimmed，FOB.S.T.），指卖方负责将货物装入船舱，并支付包括理舱费和平舱费在内的装卸费用。

使用贸易术语变形可以明确和改变买卖双方关于费用和手续的划分，但不改变交货地点和风险划分的界限。

《INCOTERMS 2010》对这些术语后添加的词句不提供任何指导性规定，建议买卖双方在合同中明确规定。

（二）CFR（Cost and Freight）*成本加运费*

1.CFR术语的含义

CFR的全称是Cost and Freight（insert named port of destination），即成本加运费（插入指定目的港），在《INCOTERMS 2010》中是指卖方在船上交货或以取得已经这样交付的货物方式交货。货物灭失或损坏的风险在货物交到船上时转移。卖方必须签订合同，并支付必要的成本和运费，将货物运至指定的目的港。卖方按照所选择的方式将货物交付给承运人时，即完成其交货义务，而不是货物到达目的地之时。

如适用时，CFR术语要求卖方办理出口清关，但卖方无义务办理进口清关、支付任何进口税或办理任何进口海关手续。

该术语仅适用于海运或内河水运。图6-3是CFR图。

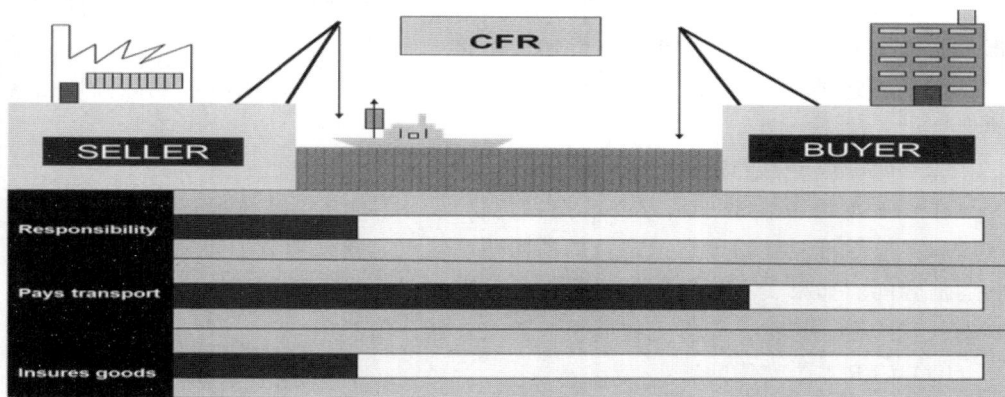

图6-3　CFR图

2.CFR术语买卖双方的义务

卖方义务：

（1）签订从指定装运港承运货物运往约定目的港的合同；在买卖合同规定的时间和港口，将符合合同要求的货物装上船并支付至目的港的运费；装船后及时通知买方。

（2）承担货物在装运港越过船舷之前的一切费用和风险。

（3）自负风险和费用，取得出口许可证或其他官方证件，并办理出口所需的一切海关手续。

（4）提交商业发票，及自费向买方提供买方在目的港提货所用的通常的运输单据，或具有同等作用的电子信息。

买方义务：

（1）接受卖方提供的有关单据，受领货物并按合同规定支付货款。

（2）承担货物在装运港越过船舷以后的一切风险。

（3）自负风险和费用，取得进口许可证或其他官方证件，并且办理货物进口所需的海关手续，支付关税及其他有关费用。

CFR买卖双方的义务见表6-4。

表6-4 CFR买卖双方的义务

卖方义务	买方义务
领取出口许可证，办理出口手续	领取进口许可证，办理进口手续
租船订舱，并在规定时间将货物装上船，通知买方	接受交货凭证和货物，付款
提交相关单据或对等电子信息	
承担货物装上船前的一切风险和费用	承担货物装上船后的一切风险和费用

3.使用CFR术语应该注意的问题

（1）CFR术语的两个关键点

由于风险转移和费用转移的地点不同，该术语有两个关键点。虽然合同通常都会指定目的港，但不一定都会指定装运港，而装运港是风险转移至买方的地方。如果装运港对买方具有特殊意义，特别建议双方在合同中尽可能准确地指定装运港。

（2）明确规定目的港指定地点

在CFR术语下，由于卖方要承担将货物运至目的港的具体地点的费用，特别建议双方应尽可能确切地在指定目的港内明确该点。建议卖方取得完全符合该选择的运输合同。如果卖方按照运输合同在目的港交付点发生了卸货费用，则除非双方事先另有约定，否则，卖方无权向买方要求补偿该项费用。

（3）CFR术语交货问题

在《INCOTERMS 2010》中，CFR术语下卖方需要将货物在船上交付，或以取得已经这样交付运往目的港的货物的方式交货。此外，卖方还需要签订一份运输合同，或者取得一份这样的合同。此处使用"取得"一词适用于商品贸易中常见的交易链中的链式销售。

（4）CFR术语下装船通知的重要性

装船通知也称装运通知（Shipping Advice），指的是出口商在货物装船后发给进口方的包括货物详细装运情况的通知，其内容通常包括货名、装运数量、船名、装船日期、合同或信用证号码等，其目的在于让进口商做好付款、购买保险或准备提货手续，在CFR术语下，卖方负责安排运输，而买方自行办理保险，因此《INCOTERMS 2010》强调卖方必须向买方发出已装船通知，以便买方采取收取货物通常所需要的措施。

按照国际惯例，如果卖方未能及时向买方发出已装船通知，致使买方未能及时办理保险，则货物在运输途中发生灭失或损坏，其风险仍由卖方承担。所以，CFR术语下的装船通知具有重要的作用。

【例6-3】我方一进出口公司按CFR条件与法国马赛一进口商签订一批抽纱台

布出口合同，价值8万美元。货物于1月8日上午装"昌盛"轮完毕，当天因外销员工作较忙，忘给买方发装船通知，到9号上班时才想起。法商收到我方通知向当地保险公司投保时，该保险公司已获悉"昌盛"轮已于9日凌晨在海上遇难而拒绝承保。法商向我方索赔利润及费用损失8 000美元，全套货运单据也经银行退回。我方钱货两空，损失惨重。

【分析指导】装船通知对风险转移的重要性。

（5）CFR术语下租船订舱问题

《INCOTERMS 2010》规定，在CFR术语下，卖方必须签订或取得运输合同，将货物自交货地内的约定交货地点运送至指定目的港或该目的港的交付点。必须按照通常条件订立合同，由卖方支付费用，经由通常航线，由通常用来运输该类商品的船舶运输。基于此，如果买方为了降低自身承担的风险，对船龄、船籍、船级、船型以及指定某航运公司的船只等提出限制性要求，卖方可以拒绝接受，如果卖方接受了买方限制性的条件，则必须严格执行。

（6）关于卸货费用的划分

在班轮运输情况下，由于班轮运费包括装船费用和在目的港的卸货费用，因此，CFR条件下的卸货费用实际上由卖方负担，但大宗商品的交易通常采用程租船运输。在多数情况下，船公司一般是不负担装卸费的，因此，在CFR条件下，买卖双方容易在装卸费由何方负担的问题上产生争议。船方是否承担装卸责任，即运费中是否包括装卸费用，要由租船合同另行规定。故买卖双方在商定买卖合同时，应明确装卸费用由谁负担。CFR术语中有关卸货费用负担通常采用CFR术语的变形来说明。常见的CFR术语变形有以下几种：

①CFR班轮条件（CFR Liner Terms）：指卸货费由承运人支付，实际上由卖方支付。

②CFR舱底交货（CFR Ex ship's Hold）：指买方负担将货物从舱底吊卸到码头的费用。

③CFR吊钩下交货（CFR Ex Tackle）：指卖方负责将货卸离船舶吊钩。如船不能靠泊在锚地卸货，买方须承担风险和费用租用驳船，在载货船的吊钩下接收货物。

④CFR卸到岸上（CFR Landed）：指卖方负责将货卸到岸上。如船不能靠泊在锚地卸货，卖方须承担风险和费用租用驳船。

使用贸易术语变形可以明确和改变买卖双方关于费用和手续的划分，但不改变交货地点和风险划分的界限。

《INCOTERMS 2010》对这些术语后添加的词句不提供任何指导性规定，建议买卖双方在合同中明确规定。

（三）CIF（Cost，Insurance and Freight）**成本、保险费加运费**

1.CIF术语的含义

CIF的全称是Cost，Insurance and Freight（insert named port of

视频6-4
CIF是到岸价术语吗

destination），即成本、保险费加运费（插入指定目的港）。在《INCOTERMS 2010》中 CIF 是指卖方在船上交货或以取得已经这样交付的货物方式交货。货物灭失或损坏的风险在货物交到船上时转移。卖方必须签订合同，并支付必要的成本和运费，以将货物运至指定目的港。卖方按照所选择的方式将货物交付给承运人时，即完成其交货义务，而不是货物到达目的地之时。

卖方还要为买方在运输途中货物的灭失或损坏风险办理保险。

CIF 术语要求卖方办理货物出口清关手续，但卖方无义务办理进口清关、支付任何进口税或办理任何进口海关手续。

该术语仅适用于海运和内河水运。图 6-4 是 CIF 图。

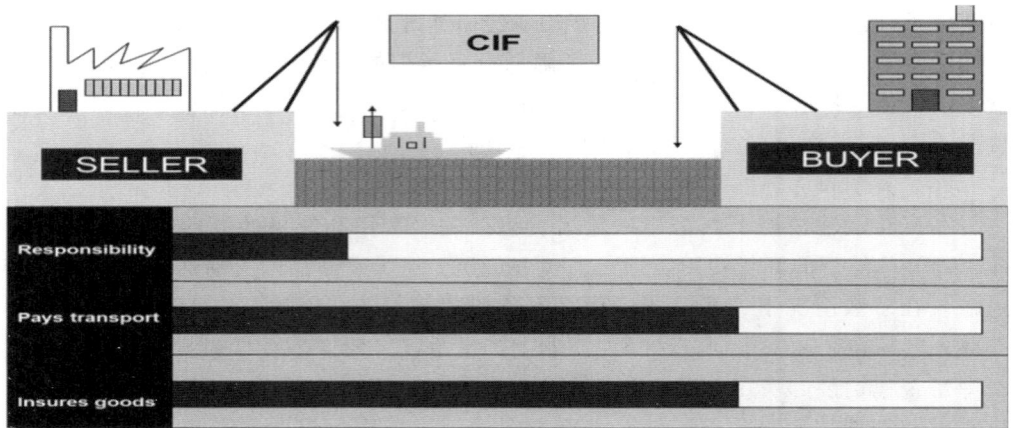

图 6-4　CIF 图

2.CIF 术语买卖双方的义务

卖方义务：

（1）签订从指定装运港承运货物的合同；在合同规定的时间和港口，将合同要求的货物装上船并支付至目的港的运费；装船后须及时通知买方。

（2）承担货物在装运港越过船舷之前的一切费用和风险。

（3）按照买卖合同的约定，自负费用办理水上运输保险。

（4）自负风险和费用，取得出口许可证或其他官方批准文件，并办理出口所需的一切海关手续。

（5）提交商业发票和在目的港所用的通常的运输单据，或对等的电子信息，并且自费向买方提供保险单据。

买方义务：

（1）接受卖方提供的有关单据，受领货物并按合同规定支付货款。

（2）承担货物在装运港越过船舷之后的一切风险。

（3）自负费用和风险，取得进口许可证或其他官方证件，并办理货物进口所需的海关手续。

CIF 买卖双方的义务见表 6-5。

表6-5 　　　　　　　　　　　　　　　　CIF买卖双方的义务

卖方义务	买方义务
领取出口许可证，办理出口手续	领取进口许可证，办理进口手续
租船订舱，办理保险缴纳保费，并在规定时间将货物装上船，通知买方	接受交货凭证和货物，付款
提交相关单据或对等电子信息	
承担货物装上船前的一切风险和费用	承担货物装上船后的一切风险和费用

3. 使用 CIF 术语应注意的问题

（1）CIF术语的两个关键点

风险转移和费用转移的地点是该术语的两个关键点。虽然合同通常都会指定目的港，但不一定都会指定装运港，而装运港是风险转移至买方的地方。如果装运港对买方具有特殊意义，特别建议双方在合同中尽可能准确地指定装运港。

（2）应明确规定目的港指定地点

CIF术语下，由于卖方要承担将货物运至目的港的具体地点的费用，特别建议双方应尽可能确切地在指定目的港内明确该地点。建议卖方取得完全符合该选择的运输合同。如果卖方按照运输合同在目的港交付点发生了卸货费用，则除非双方事先另有约定，卖方无权向买方要求补偿该项费用。

（3）CIF术语交货问题

在《INCOTERMS 2010》中，CIF术语下卖方需要将货物在船上交付，或以取得已经这样交付运往目的港的货物的方式交货。此外，卖方还需要签订一份运输合同，或者取得一份这样的合同。此处使用"取得"一词适用于商品贸易中常见的交易链中的链式销售。

（4）关于卸船费用的划分问题

同CFR术语一样的，CIF术语有关卸货费用的划分也是通过变形来说明的，主要包括：

①CIF 班轮条件（CIF Liner Terms）：指卸货费由承运人支付，实际上由卖方支付。

②CIF舱底交货（CIF Ex Ship's Hold）：指买方负担将货物从舱底吊卸到码头的费用。

③CIF 吊钩交货（CIF Ex Tackle）：指卖方负责将货卸离船舶吊钩。如船不能靠泊在锚地卸货，买方须承担风险和费用租用驳船，在载货船的吊钩下接收货物。

④CIF 卸到岸上（CIF Landed）：指卖方负责将货卸到岸上。如船不能靠泊在锚地卸货，卖方须承担风险和费用租用驳船。

使用贸易术语变形可以明确和改变买卖双方关于费用及手续的划分，但不改变交货地点和风险划分的界限。

《INCOTERMS 2010》对这些术语后添加的词句不提供任何指导性规定，建议买卖双方在合同中明确规定。

（5）CIF术语下租船订舱问题

与CFR术语一致。

（6）有关保险问题

在CIF合同中，卖方要为买方在运输途中货物的灭失或损坏风险办理保险。买方应该注意到，在CIF下卖方仅需投保最低险别，如买方需要更多保险保护的话，则需与卖方明确达成协议，或自行做出额外安排。《INCOTERMS 2010》对卖方的保险责任有如下规定：卖方必须按照合同规定，自付费用取得货物保险。该保险至少应符合《英国伦敦协会海运货物保险条款》（简称《协会货物条款》）或其他类似条款中的最低险别。保险应与信誉良好的承保人或保险公司订立。应使买方或其他对货物有可保利益者有权直接向保险人索赔。如果能投保的话，应买方要求，并由买方负担费用，卖方应办理任何附加险别。最低保险金额应包括合同规定价款另加10%（即110%），并应采用合同货币。在实际业务中，为了明确责任，我国外贸企业在与国外客户洽谈交易采用CIF术语时，一般都应在合同中具体规定保险金额、保险加成、保险险别和适用的保险条款。

（7）象征性交货问题

所谓象征性交货（Symbolic Delivery），是相对实际交货（Physical Delivery）而言的。前者指卖方只要按期在约定地点完成装运，并向买方提交合同规定的包括物权凭证在内的有关单证，就算完成了交货义务，而无须保证到货。后者则是指卖方要在规定的时间和地点，将符合合同规定的货物提交给买方或其指定人，而不能以交单代替交货。在象征性交货方式下，卖方是凭单交货，买方是凭单付款，只要卖方按时向买方提交了符合合同规定的全套单据，即使货物在运输途中损坏或灭失，买方也必须履行付款义务。反之，如果卖方提交的单据不符合要求，即使货物完好无损地运达目的地，买方仍有权拒付货款。由此可见，CIF交易实际上是一种单据的买卖。所以，装运单据在CIF交易中具有特别重要的意义。但是，必须指出，按CIF术语成交，卖方履行其交单义务，只是得到买方付款的前提条件，除此之外，卖方还必须履行交货义务。如果卖方提交的货物不符合要求，买方即使已经付款，仍然可以根据合同的规定向卖方提出索赔。

【例6-4】2018年，我国某出口公司对加拿大魁北克某进口商出口500吨三路核桃仁，合同规定价格为每吨5 800加拿大元CIF魁北克，装运期不得晚于10月31日，不得分批和转运并规定货物应于11月30日前到达目的地，否则买方有权拒收，支付方式为90天远期信用证。加方于9月25日开来信用证。我方于10月5日装船完毕，但船到加拿大东岸时已是11月25日，此时魁北克港已开始结冰。承运人担心船舶驶往魁北克后出不来，便根据自由转船条款指示船长将货物全部卸在哈利法克斯，然后从该港改装火车运往魁北克。待这批核桃仁运到魁北克已是12月2日。于是进口商以货物晚到为由拒绝提货，提出除非降价20%以弥补其损失。几经交涉，最终以我方降价15%结案，我公司共损失46万加拿大元。问：我方做法存在何种失误？

【分析指导】本案例中采用的贸易术语是何种交货性质的？

二、适用于任何运输方式或多种运输方式的术语

这部分包括《INCOTERMS 2010》中的三个术语，FCA、CPT、CIP。不论其选用何种运输方式，也不论它是否使用一种或多种运输方式，甚至没有海运时也可以使用这些术语。重要的是，在当船舶用于部分运输时，可以使用这些术语。

视频6-5
内陆城市开展国际贸易为何要选用货交承运人的贸易术语

（一）FCA（Free Carrier）货交承运人

1.FCA术语的含义

FCA的全称是Free Carrier（insert named place of delivery），即货交承运人（插入指定交货地点），在《INCOTERMS 2010》中是指卖方在卖方所在地或其他指定地点将货物交给买方指定的承运人或其他人。由于风险在交货地点转移至买方，特别建议双方尽可能清楚地写明指定交货地内的交付地点。如果双方希望在卖方所在地交货，则应将卖方所在地址明确为指定交货地。如果双方希望在其他地点交货，则必须确定不同的特定交货地点。如适用时，FCA要求卖方办理货物出口清关手续。但卖方无义务办理进口清关、支付任何进口税或办理进口的任何海关手续。

在《INCOTERMS 2010》术语中，承运人是签约承担运输责任的一方。

该术语可适用于任何一种运输方式，也可适用于多种运输方式。

2.FCA术语买卖双方的义务

卖方义务：

（1）在合同规定的时间、地点，将符合合同规定的货物置于买方指定的承运人控制之下，并及时通知买方。

（2）承担将货物交给承运人控制之前的一切费用和风险。

（3）自负风险和费用，取得出口许可证或其他官方批准文件，并办理货物出口所需的一切海关手续。

（4）提交商业发票或具有同等作用的电子信息，并自费提供常规的交货凭证。

买方义务：

（1）签订从指定地点承运货物的合同，支付有关的运费，并将承运人名称及有关情况及时通知卖方。

（2）根据买卖合同的规定受领货物并支付货款。

（3）承担受领货物之后发生的一切费用和风险。

（4）自负风险和费用，取得进口许可证或其他官方文件，并办理货物进口所需的海关手续。

FCA买卖双方的义务见表6-6。

表6-6   FCA买卖双方的义务

卖方义务	买方义务
办理出口手续	办理进口手续
在指定日期或期限内，货交承运人，通知买方	指定承运人并通知卖方
提供相关单据	接受货运单据，交付货款，受领货物
承担货物交给承运人前的一切风险和费用	承担货物交给承运人后的一切风险和费用

3.使用FCA术语应注意的问题

（1）卖方交货义务问题

若在卖方所在地交货，则卖方无义务提供运输工具，而应由买方指定的承运人或其代理人提供运输工具。但卖方有装载货物的义务，只有当卖方将货物装到指定的运输工具上并支付相应装货费用时，其交货义务才算完成。

若在任何其他情况下，则卖方有义务提供运输工具，负责将货物运到指定交货地点，使货物置于买方指定的承运人或其代理人或其他人的支配之下，此时卖方才完成交货义务。应该指出的是，卖方没有卸货的义务，货物运到指定地点后，在卸货前其交货义务即已完成。

卖方为了避免因交货地点不明确而增加的费用支出，应该在签订买卖合同时，约定卖方将货物交给承运人确定的地点并明确以何种方式向承运人交付或货物是否应装入集装箱内等。卖方可在货物价格中将承担的费用包括在内，防止造成损失。

（2）货物与运输工具衔接问题

在FCA合同中，由买方指定承运人和订立运输合同，卖方负责交货，货物与运输工具衔接是否顺利是一个非常重要的问题。在实际业务中，常常出现货物等待运输工具或运输工具等待货物的现象，这样会引起费用损失，费用损失由买方负担还是由卖方负担往往会产生争议。当买方请求卖方协助与承运人订立合同时，只要买方承担费用和风险，卖方也可以办理。当然，卖方也可以拒绝运输合同，如若拒绝，则应立即通知买方，以便买方另作安排。

（3）风险转移问题

尽管惯例规定，自约定的交货日期或约定的交货期间届满之日起，因买方未指定承运人或其他人，或者买方指定承运人或其他人未接管货物，货物灭失或损坏的风险由买方承担。卖方还要通过法院或仲裁机构的判决或裁决才能得到经济损失的补偿，给卖方带来许多麻烦。为了避免此类情况发生，卖方在签订买卖合同时可以规定："买方不及时指定承运人或其他人，或者买方指定的承运人或其他人不及时接管货物，卖方有权在交货期截止时起代指定承运人或其他人订立运输合同，因此而产生的风险和费用由买方承担。"

【例6-5】我国某出口企业按FCA Shanghai Airport条件向印度某进口商出口手表一批，货价5万美元，交货期为8月份，自上海空运至孟买。支付条件为：买方凭航空公司空运到货通知即期全额电汇货款。我出口企业于8月31日将货物运至机场由航空公司收货并出具了航空运单。我方随即向印度买方发去装运通知。航空公司于9月2日将货空运至孟买，并将到货通知等有关单据送至孟买某银行，该银行立即通知印商来收取单据并电汇货款。此时，国际市场手表价格下跌，印商以我方交货延迟为由拒绝付款提货。我方坚持对方必须立即付款，双方争执不下。问：我方是否交货延迟？买方是否应付款？

【分析指导】本案例中的贸易术语交货地点在哪里？

（二）CPT（Carriage Paid to）运费付至

1.CPT术语的含义

CPT的全称是Carriage Paid to（insert named place of destination），即运费付至（插入指定目的地），在《INCOTERMS 2010》中是指卖方将货物在双方约定地点（如双方已经约定了地点）交给卖方指定的承运人或其他人。卖方必须签订运输合同并支付将货物运至指定目的地所需的费用。在使用该术语时，当卖方将货物交付给承运人时，而不是当货物到达目的地时，即完成交货。

CPT术语要求卖方办理出口清关手续。但卖方无义务办理进口清关、支付任何进口税或办理进口相关的任何海关手续。

该术语可适用于任何一种运输方式，也可适用于多种运输方式。

2.CPT术语买卖双方的义务

卖方义务：

（1）订立将货物运往指定目的地的运输合同，并支付有关运费。

（2）在合同规定的时间、地点，将合同规定的货物置于承运人控制之下，并及时通知买方。

（3）承担将货物交给承运人控制之前的风险。

（4）自负风险和费用，取得出口许可证或其他官方批准文件，并办理货物出口所需的一切海关手续，支付关税及其他有关费用。

（5）提交商业发票和自费向买方提供在约定目的地提货所需的通常的运输单据，或具有同等作用的电子信息。

买方义务：

（1）接受卖方提供的有关单据，受领货物，并按合同规定支付货款。

（2）承担自货物在约定交货地点交给承运人控制之后的风险。

（3）自负风险和费用，取得进口许可证或其他官方证件，并办理货物进口所需的一切海关手续，支付关税及其他有关费用。

CPT买卖双方的义务见表6-7。

表6-7 **CPT买卖双方的义务**

卖方义务	买方义务
办理出口手续	办理进口手续
办理运输，支付运费，货交承运人，通知买方	接受货运单据，交付货款，受领货物
提供相关单据	
承担货物交给承运人前的一切风险和费用	承担货物交给承运人后的一切风险和费用

3.使用CPT术语应注意的问题

（1）卖方须及时发出交货通知

《INCOTERMS 2010》规定，卖方必须向买方发出已按照规定交货的通知；卖方必须向买方发出任何所需通知，以便买方能够为受领货物采取通常必要的措施。交货通知的作用在于使买方及时办理货物运输保险和办理进口手续、报关和接货。交货通知的内容通常包括合同号或订单号、信用证号、货物名称、货物数量、货物总值、运输标志、启运地、启运日期、运输工具名称及预计到达目的地的日期等。如果买方需要卖方提供特殊信息，应在买卖合同中约定或在信用证中进行规定。按照国际惯例，若卖方未按惯例规定发出或未及时发出交货通知，使买方投保无依据或造成买方漏保，货物在运输过程中一旦发生灭失或损坏，应由卖方承担赔偿责任。

（2）卖方须应买方请求提供投保信息

该贸易术语规定由卖方根据买方的请求，提供投保信息，这是卖方合同中的运输与保险合同中卖方的义务。买方在选择保险公司的地点和保险公司时完全是自由的，买方有可能选择卖方所在国的保险公司办理保险，所以要求卖方将指定保险公司的保险条款等情况提供给买方。按惯例规定，若买方请求卖方提供投保信息，卖方未能提供该信息，致使买方来不及或无法为货物投保，一旦货物在运输途中出现灭失或损坏，卖方应承担过错损害赔偿责任。

（3）该术语的两个关键点

风险转移和费用转移的地点是该术语的两个关键点，特别建议双方尽可能确切地在合同中明确交货地点（风险在这里转移至买方）以及指定的目的地（卖方必须签订运输合同至目的地）。如果运输到约定目的地涉及多个承运人，且双方不能就交货地点达成协议时，可以推定：当卖方在某个完全由其选择且买方不能控制的地点将货物交付给第一个承运人时，风险转移至买方。如双方希望风险晚些转移的话（如在某港或机场转移），则须在合同中订明。

由于卖方须承担将货物运到目的地具体地点的费用，特别建议双方尽可能确切地在指定目的地内明确地点。建议卖方取得完全符合该选择的运输合同。如果卖方按照运输合同在指定的目的地卸货发生了费用，除非双方另有约定，卖方无权向买方要求偿付。

（三）CIP（Carriage and Insurance Paid to）运费和保险费付至

1.CIP术语的含义

CIP 的全称是 Carriage and Insurance Paid to（insert named place of destination），即运费和保险费付至（插入指定目的地），在《INCOTERMS 2010》中是指卖方将货物在双方约定地点交给指定的承运人或其他人。卖方必须签订运输合同并支付将货物运至指定目的地所需的费用，还必须为买方在运输途中货物的灭失或损坏风险签订保险合同。

买方应该注意CIP术语只要求卖方投保最低限度的保险险别。如买方需要更高的保险险别，则需要与卖方明确地达成协议，或者自行做出额外的保险安排。

CIP术语要求卖方办理出口清关手续。但是卖方无义务办理进口清关、支付任何进口税或办理进口相关的任何海关手续。在使用CIP术语时，当卖方将货物交付给承运人时，而不是当货物到达目的地时，即完成交货。

该术语可适用于任何一种运输方式，也可适用于多种运输方式。

2.CIP术语买卖双方的义务

卖方义务：

（1）订立将货物运往指定目的地的运输合同，并支付有关运费。

（2）在合同规定的时间、地点，将合同规定的货物置于承运人控制之下，并及时通知买方。

（3）承担将货物交给承运人控制之前的风险。

（4）按照买卖合同的约定，自负费用投保货物运输险。

（5）自负风险和费用，取得出口许可证或其他官方批准文件，并办理货物出口所需的一切海关手续，支付关税及其他有关费用。

（6）提交商业发票和在约定目的地提货所用的常规运输单据或具有同等作用的电子信息，并且自费向买方提供保险单据。

买方义务：

（1）接受卖方提供的有关单据，受领货物，并按合同规定支付货款。

（2）承担货物在约定地点交给承运人控制之后的风险。

（3）自负风险和费用，取得进口许可证或其他官方批准文件，并且办理货物进口所需的一切海关手续，支付关税及其他有关费用。

CIP买卖双方的义务见表6-8。

表6-8　　　　　　　　　　　　CIP 买卖双方的义务

卖方义务	买方义务
办理出口手续	办理进口手续
办理运输，支付运费，货交承运人，办理保险，通知买方	接受货运单据，交付货款，受领货物
提供相关单据	
承担货物交给承运人前的一切风险和费用	承担货物交给承运人后的一切风险和费用

3.使用CIP术语应注意的问题

（1）关于办理保险的问题

按照《INCOTERMS 2010》的规定，在CIP贸易术语条件下由卖方负责办理货物保险，与保险人签订保险合同，支付保险费。在CIP条件下，卖方投保的性质与CIF条件一样都是卖方为买方利益保险，是卖方代替买方投保的性质，可以从投保险别的选择、保险金额的确定、保险期限和保险权利转让等几个方面充分说明这一点。

①投保险别的选择是由买卖双方根据使用不同运输方式而在合同中明确规定卖方投保的险别，也可以在信用证中规定卖方投保险别。如果买方未能提出任何投保的险别，卖方也必须按照不同运输方式货物保险条款中投保最低承保范围的险别（但不包括投保战争、罢工、暴动和民变险等特殊附加险），在买方提出请求并由其承担费用的条件下，卖方可以予以投保。

②保险金额的确定是由买卖双方按CIP合同的规定做一定的加成，至于加成率多少是根据买方要求加以确定的。如果买方未提出任何加成要求，卖方必须按CIP价款加成10%，并应当以买卖合同货币的币种投保。

③保险期限已在CIP贸易术语中做出明确规定。尽管保险条款规定保险人承担责任起讫是"仓至仓条款"，但在"仓至仓条款"中却有两个可保利益阶段，即在货物交给承运人或其他人接管时止为卖方可保利益阶段；在货物交给承运人或其他人接管时起直至到目的地指定收货地点时止为买方可保利益阶段，因此惯例规定，在CIP条件下，卖方投保期限为本术语买方承担风险区间和从买方接受交货时起，也就是买方可保利益阶段。

④保险权利转让是卖方投保的根本目的。按照CIP的规定，卖方必须使买方或任何其他对货物有可保利益的人有权直接向保险人索赔。为了实现上述目标，卖方在投保后，必须在保险单或其他保险单据上背书，实施保险权利转让。买方合法取得保险单据后，一旦货物在运输途中遭受承保范围内的风险，造成货物灭失或损坏，买方或任何其他对货物有可保利益的人有权持保险单据向保险公司索赔。

按照CIP贸易术语签订的进口合同，由国外的卖方办理保险。尽管在惯例中规定，卖方必须与信誉良好的保险人或保险公司订立保险合同，但是，在实际进口业务中，国外卖方为了节省保险费而选择资信较差的保险公司办理保险，如果货物发生重大损失，保险公司可能无力赔偿。

（2）订立运输合同问题

CIP贸易术语适合各种运输方式，包括空运、陆运、铁路运输和多式联运。卖方订立运输合同是有条件的，只限"按照通常方式经惯常路线"，按照通常条件订立运输合同。这里所指的"惯常路线"应该是从事此类贸易人士的经常性的或一般做法必经的路线。就是说，如果卖方在订立运输合同时，惯常路线发生不可抗力受阻，卖方对订立的运输合同可以免责，因此而造成的延迟交货或不交货，卖方不承担责任。

（3）装卸费和过境海关费用问题

在CIP条件下，卖方应该在合同规定日期或期间内将货物交给承运人或其他人或第一承运人接管。若交货地点在卖方所在地，卖方应该负担装货费；若在其他地点交货，则卖方不负担装货费。至于在目的地（港）的卸货费则由买方负担。按照惯例规定，根据运输合同应由卖方负担装货费和在目的地的任何卸货费是指CIP贸易术语采用班轮运输，运费中已包括装卸费用，均由托运人即卖方负担。

按照惯例规定，在CIP条件下，由卖方订立运输合同，需经第三国转运时，由买方或卖方负担经由国家海关的有关费用必须在买卖合同中加以明确，否则会产生争议。在《INCOTERMS 2010》中提出该类税费原则上由买方负担，这样与买方负责办理途经第三国的进口清关手续相协调。但是，有时根据运输合同的规定，卖方有可能需负担货物经第三国过境运输所产生的有关海关费用，这一点必须引起卖方的注意。

（4）该术语的两个关键点

风险转移和费用转移的地点不同是该术语的两个关键点。特别建议双方尽可能确切地在合同中明确交货地点（风险在这里转移至买方）以及指定的目的地（卖方必须签订运输合同至目的地）。如果运输到约定目的地涉及多个承运人，且双方不能就交货地点达成协议时，可以推定：当卖方在某个完全由其选择且买方不能控制的地点将货物交付给第一个承运人时，风险转移至买方。如双方希望风险晚些转移的话（如在某港或机场转移），则需要在合同中订明。

由于卖方须承担将货物运到目的地具体地点的费用，因此特别建议双方尽可能确切地在指定目的地内明确地点，建议卖方取得完全符合该选择的运输合同。如果卖方按照运输合同在指定的目的地卸货发生了费用，除非双方另有约定，否则卖方无权向买方要求偿付。

第三节　其他国际贸易术语

一、适用于海运和内河水运的术语

这部分包括《INCOTERMS 2010》中的FAS术语。

1.FAS术语的含义

FAS的全称是 Free alongside Ship（insert named port of shipment），即船边交货（插入指定目的港）。在《INCOTERMS 2010》中是指当卖方在指定的装运港将货物交到买方指定的船边（如置于码头或驳船上）时，即完成交货。买方必须承担自那时起货物灭失或损坏的一切风险。

FAS术语要求卖方办理出口清关手续。但卖方无义务办理进口清关、支付任何进口税或办理任何进口海关手续。

该术语仅适用于海运或内河运输。

2.FAS术语中买卖双方的义务

卖方义务:

(1) 在合同规定的时间和装运港口,将符合合同规定的货物交到买方所派船只的旁边,并及时通知买方。

(2) 承担货物交至装运港船边之前的一切费用和风险。

(3) 提交商业发票或具有同等作用的电子信息,并且自费提供常规的交货凭证。

(4) 自负风险和费用,取得出口许可证或其他官方批准证件,并办理货物出口所需的一切海关手续。

买方义务:

(1) 订立从指定装运港口运输货物的合同,支付运费,并将船名、装货地点和要求以及交货的时间及时通知卖方。

(2) 在合同规定的时间、地点受领卖方提交的货物,并按合同规定支付货款。

(3) 承担受领货物之后所发生的一切费用和风险。

(4) 自负费用和风险,取得进口许可证或其他官方批准证件,并且办理货物进口的一切海关手续。

3.使用FAS术语应注意的问题

(1) 关于装货地点

由于卖方承担在特定地点交货前的风险和费用,而且这些费用和相关作业可能因各港口惯例不同而变化,特别建议双方尽可能清楚地约定指定港口内的装货点。另外,当货物装在集装箱里时,卖方通常将货物在集装箱码头移交给承运人,而非交到船边。这时,FAS术语不合适,而应当使用FCA术语。

(2) 关于交货方式

相比《INCOTERMS 2000》,在《INCOTERMS 2010》中,对交货作了新的补充,即除了2000年版"卖方必须在买方指定的装运港内的装船点,将货物置于买方指定的船舶旁边"外,又增加了"以取得已经在船边交付的货物的方式交货"。此处使用的"取得"一词适用于商品贸易中常见的交易链中的链式销售(String Sales)。与特定产品的销售不同,在商品销售中,货物在运送至销售链终端的过程中常常被多次转卖。出现此种情况时,在销售链中端的卖方实际上不运送货物,因为处于销售链始端的卖方已经安排了运输,因此,处在销售链中间的卖方不是以运输货物的方式,而是以"取得"货物的方式,履行对其买方的义务。为了澄清此问题,《INCOTERMS 2010》术语中包括"取得运输中货物"的义务,并以其作为在相关术语中运输货物义务的替代义务。

(3) 1990年《美国对外贸易定义修订本》(以下简称《定义》) 对FAS术语的不同解释

①交货地点和适用的运输方式不同

《定义》中的FAS是指Free along Side,说明本定义下FAS适用于各种运输方式，包括在轮船等运输工具旁边交货，而《INCOTERMS 2010》的 FAS 只适合海运和内河水运。在《定义》下，只有在 FAS 后面加 Vessel，即 FAS Vessel（在船边或指定的码头交货），才包括船边交货。

②办理出口手续及相关费用的承担不同

《定义》下由买方支付因领取由原产地及/或装运地国家签发的为货物出口或在目的地进口所需的各种证件（但清洁的码头收据或轮船收据除外）而发生的一切费用。买方还要支付出口税及因出口而征收的其他税捐费用，而在《INCOTERMS 2010》中 FAS 由卖方办理上述手续和承担上述费用。

二、适用于任何运输方式或多种运输方式的术语

这部分包括《INCOTERMS 2010》中的四个术语，EXW、DAT、DAP 和 DDP。

（一）EXW（Ex Works）**工厂交货**

1.EXW 术语的含义

EXW 的全称是 Ex Works（insert named place of delivery），即工厂交货（插入指定交货地点），在《INCOTERMS 2010》中是指当卖方在其所在地或其他指定地点（如工厂、车间货仓库等）将货物交由买方处置时，即完成交货。卖方不需将货物装上任何前来接收货物的运输工具，需要清关时，卖方也无须办理出口清关手续。

该术语可适用于任何一种运输方式，也可适用于多种运输方式。

2.EXW 术语买卖双方的义务

卖方义务：

（1）在合同规定时间、地点，将符合合同要求的货物置于买方的处置之下。

（2）承担将货物交给买方处置之前的一切费用和风险。

（3）提交商业发票或具有同等作用的电子信息。

买方义务：

（1）在合同规定的时间、地点，受领卖方提交的货物，并按合同规定支付货款。

（2）承担受领货物之后所发生的一切费用和风险。

（3）自负费用和风险。取得出口和进口许可证或其他官方批准证件，并办理货物的出口和进口的一切海关手续。

3.使用 EXW 术语应注意的问题

（1）国内贸易问题

按 EXW 贸易术语达成的交易，在性质上类似于国内贸易。因为卖方是在本国的内地完成交货，其所承担的风险、责任和费用也都局限于出口国内，卖方不必过问货物出境、入境及运输、保险等事项，由买方自己安排车辆或其他运输工具到约定的交货地点接运货物，所以，在卖方与买方达成的契约中可不涉及运输和保险的问题。

EXW 适合国内贸易，而 FCA 一般更适合国际贸易。

（2）装货义务问题

卖方对买方没有装货的义务，即使实际上卖方也许更方便这么做。如果卖方装货，也是由买方承担相关风险和费用。当卖方更方便装货时，FCA 一般更为合适，因为该术语要求卖方承担装货义务（当交货地点是卖方所在地时），以及与此相关的风险和费用。

（3）出口清关问题

按这一术语成交，买方要承担办理货物出口和进口的清关手续的义务，所以还应考虑在这方面有无困难。如果买方不能直接或间接地办理出口和进口手续，则不应采用这一术语成交。另外，买方仅有限度地承担向卖方提供货物出口相关信息的责任。但是，卖方则可能出于缴税或申报等目的，需要这方面的信息。

由于在 EXW 条件下，买方要承担过重的义务，所以对外成交时，买方不能仅仅考虑价格低廉，还应认真考虑可能遇到的各种风险以及运输环节等问题，要权衡利弊，注意核算经济效益。

（二）DAT（Delivered at Terminal）运输终端交货

1.DAT术语的含义

DAT 的全称是 Delivered at Terminal（insert named terminal at port or place of destination），即运输终端交货（插入指定港口或目的地的运输终端），在《INCOTERMS 2010》中是指当卖方在指定港口或目的地的指定运输终端将货物从抵达的载货运输工具上卸下，交给买方处置时，即为交货。卖方承担将货物送至指定港口或目的地的运输终端并将其卸下期间的一切风险。

"运输终端"意味着任何地点，而不论该地点是否有遮盖，例如码头、仓库、集装箱堆积场或公路、铁路、空运货站。卖方承担将货物送至指定港口或目的地的运输终端并将其卸下的一切风险。

DAT要求卖方办理出口清关手续。但卖方无义务办理进口清关、支付任何进口税或办理任何进口海关手续。

该术语可适用于任何一种运输方式，也可适用于多种运输方式。

2.DAT术语买卖双方的义务

卖方义务：

（1）订立将货物按照通常路线和习惯方式运往进口国约定地点的运输合同，并支付运费。

（2）在合同规定的时间、地点，将货物置于买方控制之下。

（3）承担在指定港口或目的地运输终端约定地点将从运输工具上卸下的货物交给买方控制之前的一切费用和风险。

（4）自负费用和风险，取得出口许可证和其他官方文件，并办理货物出口的一切海关手续。

（5）提交商业发票或具有同等作用的电子信息，并自负费用提供通常的交货凭证。

买方义务：

（1）接受卖方提供的有关单据，在指定的运输终端受领货物，并支付货款。

（2）承担受领货物后发生的一切费用和风险。

（3）自负费用和风险，取得进口许可证和其他官方文件，并办理货物进口的一切海关手续。

3.使用DAT术语应注意的问题

（1）关于DAT与《INCOTERMS 2000》的DEQ异同点。在《INCOTERMS 2010》中，DAT代替了DEQ。比较来说，在保留DEQ一些解释的同时，DAT也作了一些变化。相同点是使用DAT和DEQ时，货物已经从到达的运输工具卸下，交由买方处置，二者都要求卖方为货物办理出口清关（仅当需要时），但卖方无义务办理任何货物进口清关，支付任何进口税费或者办理进口的任何相关海关手续。但DAT与DEQ不同的是，DEQ只适用于海运、内河运输或多式联运且在目的港码头卸货的运输方式，DAT适合所有的运输方式，DAT中的指定终端很可能是港口，因此该术语可完全适用于《INCOTERMS 2000》的DEQ适用的场合，而且在集装箱运输中，DAT较之前的DEQ更加方便实用。因为在集装箱货物运输中，可能集装箱会在某港口卸下后进入堆场并等待再次运输，而并非直接卸在卸货港码头。这种情况下的交货，是原来的DEQ所不涉及的。

（2）费用的划分。根据《INCOTERMS 2010》的规定：卖方必须支付与货物有关的一切费用，直至已按照规定交货为止（按照规定应由买方支付的费用除外），及交货前发生的，货物出口所需海关手续费用，出口应缴纳的一切关税、税款和其他费用，以及货物从他国过境运输的费用。货物从他国过境运输的费用一般是由卖方承担的。

（3）关于交货地点。由于卖方承担在特定地点交货前的风险，特别建议双方尽可能确切地约定运输终端，或如果可能的话，约定港口或目的地的运输终端内的特定的地点。建议卖方取得的运输合同应与所做选择确切吻合。但是如果双方希望由卖方承担将货物由运输终端运输和搬运至另一地点的风险和费用，则应当使用DAP或DDP术语。

（三）DAP（Delivered at Place）目的地交货

1.DAP术语的含义

DAP的全称是Delivered at Place（insert named place of destination），即目的地交货（插入指定目的地），在《INCOTERMS 2010》中是指当卖方在指定目的地将仍处于抵达的运输工具上，且已做好卸载准备的货物交由买方处置时，即为交货。卖方必须承担货物运到指定地点的一切风险。

DAP要求卖方办理出口清关手续。但是卖方无义务办理进口清关、支付任何进口税或办理任何进口海关手续。

2.DAP术语买卖双方的义务

卖方义务：

（1）订立将货物按照通常路线和习惯方式运往进口国约定地点的运输合同，并支付运费。

（2）在合同规定的时间、地点，将货物置于买方控制之下。

（3）承担在指定地点将尚未从运输工具上卸下的货物交给买方控制之前的一切费用和风险。

（4）自负费用和风险，取得出口许可证和其他官方文件，并办理货物出口的一切海关手续。

（5）提交商业发票或具有同等作用的电子信息，并自负费用提供常规的交货凭证。

买方义务：

（1）接受卖方提供的有关单据，在指定的运输终端受领货物，并支付货款。

（2）承担受领货物后发生的一切费用和风险。

（3）自负费用和风险，取得进口许可证和其他官方文件，并办理货物进口的一切海关手续。

3.使用DAP术语应注意的问题

（1）DAP与《INCOTERMS 2000》的DAF、DES、DDU。《INCOTERMS 2010》删去了《INCOTERMS 2000》中的DAF、DES、DDU，而用DAP取代了这三个术语。DAP适用于任何运输方式，在该术语下，运输工具仍然可以是船舶，指定的目的地可以是港口。可见，新的DAP术语完全可以取代上述术语。

（2）关于卸货义务。不同于DAT卖方需要将货物从抵达的运输工具上卸下交由买方处置，DAP只需要做好卸货准备无须卸货即完成交货。由于卖方承担在特定地点交货前的风险，特别建议双方尽可能清楚地约定指定目的地内的交货地点，建议卖方取得完全符合该选择的运输合同。如果卖方按照运输合同在目的地发生了卸货费用，除非双方另有约定，否则卖方无权向买方要求偿付。

（3）买卖双方的通知义务。DAP条件成交，因同卖方自费订立运输合同或派船送货，故卖方应将船舶预期到达时间通知买方，方便买方做好受领货物的准备，如买方有权确定交货时间和受领货物的地点时，也应当给予卖方充分的通知，方便货物交接工作的顺利进行，如买方未按规定给予通知，或未按时受领货物，则由此引起的额外费用和风险，应由买方承担。

（四）DDP（Delivered Duty Paid）完税后交货

1.DDP术语的含义

DDP的全称是Delivered Duty Paid（insert named place of destination），即完税后交货（插入指定目的地），在《INCOTERMS 2010》中是指卖方在指定的目的地将仍处于抵达的运输工具上，但已完成进口清关，且可供卸载的货物交由买方处置时，即为交货。卖方承担将货物运至目的地之前的一切风险和费用，并且有义务完成货物出口和进口清关，支付所有出口和进口的关税和办理所有海关手续。

DDP术语下卖方承担最大责任。若卖方不能直接或间接地取得进口许可证，则不应使用此术语。除非买卖合同中另行明确规定，任何增值税或其他应付的进口税款由卖方承担。

该术语适用于任何一种运输方式，也可适用于多种运输方式。

2.DDP术语买卖双方的义务

卖方义务：

（1）订立将货物按惯常路线和习惯方式运往指定目的地的运输合同，并支付有关运费。

（2）在合同规定的时间、地点，将合同规定的货物置于买方的处置之下。

（3）承担在指定目的地的约定地点将货物置于买方处置下之前的风险和费用。

（4）自负风险和费用，取得出口和进口许可证及其他官方批准证件，并且办理货物出口和进口所需的海关手续，支付关税及其他有关费用。

（5）提交商业发票和自负费用，提交提货单或买方为提取货物所需的常规的运输单证，或具有同等作用的电子信息。

买方义务：

（1）接受卖方提供的有关单据，在目的地约定地点受领货物，并按合同规定支付货款。

（2）承担在目的地约定地点受领货物之后的风险和费用。

（3）根据卖方的请求，并由卖方负担风险和费用的情况下，给予卖方一切协助，使其取得货物进口所需的进口许可证或其他官方批准证件。

3.使用DDP术语应注意的问题

（1）进口手续与清关问题。在DDP交货条件下，卖方是在办理好进口报关手续之后，在指定目的地交货的，这实质上是卖方已将货物运进了进口方的国内市场，这与其他在当地市场就地销售货物的卖方并无多大区别。若卖方不能直接或间接地取得进口许可证，则不应使用此术语。如双方希望买方承担所有进口清关的风险和费用，则应使用DAP术语。除非买卖合同中另行明确规定，否则，任何增值税或其他应付的进口税款由卖方承担。

（2）卖方办理保险事宜。DDP卖方本无须办理保险的义务，但由于DDP术语是卖方承担责任、费用及风险最大的术语，为了能在货物受损或灭失时及时得到经济补偿，卖方应该办理货运保险。选择险别的原则，要考虑货物的性质、运输方式等来灵活决定。

（3）关于交货地点和卸货费。由于卖方承担在特定地点交货前的风险，特别建议双方尽可能清楚地约定指定目的地内的交货地点。建议卖方取得完全符合该选择的运输合同。如果卖方按照运输合同在目的地发生了卸货费用，除非双方另有约定，否则卖方无权向买方要求偿付。

第四节 国际贸易术语的选用与注意事项

使用不同的贸易术语买卖双方承担不同的义务。采用何种贸易术语，既关系到双方的利益所在，也关系到能否顺利履约，所以在洽谈交易时，双方应恰当地选择贸易术语。目前在国际贸易中，会较多地使用在装运港或装运地交货的贸易术语，即 FOB、CFR、CIF 与 FCA、CPT、CIP。

一、FOB、CFR、CIF 与 FCA、CPT、CIP 的比较

（一）FOB、CFR、CIF 三种术语与 FCA、CPT、CIP 三种术语的共同点

（1）买卖合同均为装运合同；

（2）均由出口方负责出口报关，进口方负责进口报关；

（3）买卖双方所承担的运输、保险责任互相对应，即 FCA 和 FOB 一样，由买方办理运输，CPT 和 CFR 一样，由卖方办理运输，而 CIP 和 CIF 一样，由卖方承担办理运输和保险的责任。

（二）FOB、CFR、CIF 三种术语与 FCA、CPT、CIP 三种术语的不同点

1.适用的运输方式不同

FOB、CFR、CIF 三种术语仅适用于海运和内河水运，其承运人一般只限于船公司；而 FCA、CPT、CIP 三种术语适用于各种运输方式，包括多式联运，其承运人可以是船公司、铁路局、航空公司，也可以是安排多式联运的联合运输经营人。

2.交货和风险转移的地点不同

FOB、CFR、CIF 的交货地点均为装运港，风险均在货物装到船上时从卖方转移至买方。而 FCA、CPT、CIP 的交货地点，需视不同的运输方式和不同的约定而定，它可以是在卖方处由承运人提供的运输工具上，也可以在其他地点交给承运人或其代理人。至于货物灭失或损坏的风险，则于卖方将货物交由第一承运人保管时，即自卖方转移至买方。

3.装卸费用负担不同

按 FOB、CFR、CIF 术语，卖方承担货物在装到船上时止的一切费用。但由于货物装船是一个连续作业，各港口的习惯做法又不尽一致，所以，在使用程租船运输的 FOB 合同中，应明确装船费由何方负担，在 CFR 和 CIF 合同中，则应明确卸货费由何方负担。而在 FCA、CPT、CIP 术语下，如涉及海洋运输，并使用程租船装运，卖方将货物交给承运人时所支付的运费（CPT、CIP 术语），或由买方支付的运费（FCA 术语），已包含了承运人接管货物后在装运港的装船费和目的港的卸货费。这样，在 FCA 合同中的装货费的负担和在 CPT、CIP 合同中的卸货费的负担问题均已明确。

4.运输单据不同

在 FOB、CFR、CIF 术语下，卖方一般应向买方提交已装船清洁提单。而在 FCA、CFR、CIP 术语下，卖方提交的运输单则视不同的运输方式而定。如在海运和内河运输方式下，卖方应提供可转让的提单，有时也可提供不可转让的海运单和内河运单；如在铁路、公路、航空运输或多式联运方式下，则应分别提供铁路运单、公路运单、航空运单或多式联运单据。

二、选用贸易术语应注意的问题

如果贸易术语选用不当，可能会造成进出口合同履行中的种种隐患，甚至使企业由此承担巨大的经济损失。贸易术语的合理选用已经成为国际贸易中交易磋商及合同履行的首要问题。在进出口业务中，贸易术语的选用主要考虑下列因素：

视频 6-6
选用贸易术语的技巧有哪些

1. 安排运输的能力

如果进出口双方中的一方有足够的能力安排运输事宜，且经济上又比较划算，在能争取最低运费的情况下，可争取采用自行安排运输的贸易术语。例如，出口企业可争取使用 CFR、CIF 或 CPT、CIP 等术语，而进口企业则可尽力争取使用 FOB、FCA 或 FAS 等术语。如果其中一方无意承担运输或保险责任，则尽量选用由对方负责此项责任的术语。我国在进口贸易中，大多使用 FOB 或 FCA 术语。在出口贸易中，则争取按 CIF 或 CIP 方式成交，这有利于本国远洋运输业和保险业的发展，增收减支。

2. 有利于发展双方的合作关系

在国际市场竞争中，贸易术语可以随着行情的变化成为出口企业争取客户的重要手段。出口企业往往为了调动对方的购货积极性，采用对进口商较为有利的 DAT、DAP 或 DDP 等目的地交货术语。有些国家规定进口贸易必须在本国投保，有些买方为了谋求保险费的优惠，与保险公司订有预保合同，以扶持本国保险或运输行业的发展，则我方可同意按 CFR 和 CPT 方式出口。在大宗商品出口时，国外买方为谋求以较低运价租船，卖方也可按 FOB 或 FCA 方式与之成交，因此，交易双方也须了解本国及对方国家是否有类似的规定，并作为贸易术语选择的重要因素之一。

3. 运输方式

FOB、CFR、CIF 只适合于海洋运输和内河水运。在航空运输和铁路运输情况下，应采取 FCA、CPT、CIP 术语。对于海洋运输，在以集装箱方式运输时，出口商在将货交给承运人后即失去了对货物的控制，因而作为出口方，应尽量采用 FCA、CPT、CIP 方式成交。此类贸易术语还有利于出口方提早转移风险，提前出具运输单据，早日收汇，加快资金周转。

4. 风险规避

在出口贸易中，出口企业尽量采用 CIF、CIP 术语成交，由卖方负责签订运输合同，保证运输工具与货物的衔接，因为卖方对运输公司和货代状况比较了解，降低了无单放货的可能性。在进口贸易中，进口企业原则上应采用 FOB 或 FCA 方式，由买方自行订立运输合同、自行投保，以避免出口方与承运方勾结，利用提单骗取货款。

5. 运费和附加费的变动趋势

运费和附加费也是货价的构成因素之一，在选用贸易术语时还要考虑到租船市场运价的变化，把运费看涨或看跌的风险考虑到货价中。一般来说，如果运费和附加费（例如燃油费）等看涨时，为避免承担有关成本，可选择由对方安排运输的术语，如进口时可选用 CIF、CFR、CIP、CPT 或 DAT、DAP、DDP 术语，出口时可选用 FAS、FOB、FCA 术语；当有关运费和附加费看跌时，则相反。

6.运输路线

运输路线不仅关系到运费的高低，更重要的是关系到风险的大小和有关保险事宜的办理。如果出口企业不愿意承担过多风险，不要选择 DAT、DAP、DDP 术语；相反，如果进口企业不愿意承担货物在运输途中的风险，则可选用以上三个术语。

7.货源情况

选择贸易术语时，还需要考虑货物的特性、成交量的大小并选择相应的运输工具。如果货物需要特定的运输工具，而出口企业无法完成时，可选用 FOB、FAS、FCA 术语，交由进口企业负责安排运输。如果成交量太小而又无班轮直达运输时，其中一方企业如果负责安排运输则费用太高且风险也加大，最好选用由对方负责安排运输的术语。当然，进出口企业还需要考虑本国租船市场的行情。

8.通关的难易程度

在国际贸易中，办理货物的通关手续是进出口双方的重要责任。通常由进口商负责进口通关，由出口商负责出口通关。但是按照《INCOTERMS 2010》的规定，EXW 术语进出口通关工作都由进口商负责，而 DDP 术语项下进出口通关工作都由出口商负责。所以，当选用这两个术语时，负责通关工作的一方必须详细了解对方国家通关工作的政策规定、手续和费用负担等事宜，如果没有能力完成此项工作，应尽量选用其他的术语，例如，进口商可将 EXW 改为 FCA。

9.外汇管制情况

在使用 EXW、DAT、DAP 或 DDP 等术语出口时，如果国内存在外汇管制问题，卖方将遇到很多困难和风险，因此，对于存在外汇管制的国家，尽量少用上述术语成交。一般在外汇管制的国家或地区可要求进口商使用 FAS、FOB 等术语进口，出口时可要求出口商使用 CIF 或 CFR 术语成交。

本章小结

1.国际贸易术语是国际货物买卖合同中的重要组成部分，在合同价格条款中使用贸易术语，明确了双方在货物交接方面各自应承担的责任、费用和风险，说明了商品的价格构成，从而简化了交易磋商的手续，缩短了成交时间。

2.在《INCOTERMS 2010》中，贸易术语的数量由原来的 13 种变为 11 种。分类由原来的 EFCD 四组变为两类：第一类是适用于任何运输方式或多种运输方式的术语，包括 EXW、FCA、CPT、CIP、DAT、DAP 和 DDP 七个贸易术语；第二类是适用于海运和内河水运的术语，包括 FAS、FOB、CFR 和 CIF 四个贸易术语。

3.用 DAT 取代了《INCOTERMS 2000》中的 DEQ（目的港码头交货），DAP 取代了 DAF（边境交货）、DES（目的港船上交货）和 DDU（未完税交货）三个术语，且扩展至适用于一切运输方式。

4.在《INCOTERMS 2010》中，FOB、CIF和CFR这三个术语中省略了以船舷作为交货地点的表述，取而代之的是货物置于船上时构成交货。这样的规定更符合当今商业现实，且能避免那种已经过时的风险在一条假想垂直线上摇摆不定的情形出现。

5.在出口的时候，贸易术语的选择非常重要，如果选用不当，可能会造成进出口合同履行中的种种隐患，甚至使企业由此承担巨大的经济损失，因此要注意比较各种贸易术语的异同点，从而在对外贸易的时候能够选择有利于自身的术语，以降低自己要承担的风险和费用。

练习题

第六章单选题

第六章多选题

第六章判断题

第六章案例分析题

第六章习题参考答案

第七章

国际货物买卖合同的磋商与签订

学习目标

- 了解国际货物买卖合同的含义、特点及形式
- 了解国际货物买卖合同的内容
- 了解国际货物买卖合同适用的各类法律规范
- 掌握《联合国国际货物买卖合同公约》以及英美法系和大陆法系中关于发盘与接受、撤回或撤销的规定
- 掌握询盘、发盘、还盘、接受的成立与无效的条件

第一节　国际货物买卖合同概述

一、国际货物买卖合同的含义

根据《联合国国际货物销售合同公约》（以下简称《公约》）的规定，国际货物买卖合同是指营业地处于不同国家境内的买卖双方当事人之间，一方提供货物，收取价金，另一方接受货物，支付货款的协议。它是确定当事人权利和义务的依据。国际货物买卖合同中的供货方是出口商，或称卖方，受货方是进口商，或称买方。

二、国际货物买卖合同的特点

作为买卖合同，国际货物买卖合同与国内货物买卖合同在许多地方是一致的。二者都是出卖人转移标的物的所有权，买受人支付价款的合同，具有买卖合同的一般特征。但是，二者也存在着许多不同之处。

（一）国际性

国际性即国际货物买卖合同当事人，即货物的卖方和买方，按照《公约》的标准，只要买卖双方当事人的营业地是处于不同的国家，即使他们国籍相同，他们之间订立的货物买卖合同仍被认为是国际货物买卖合同。反之，如果买卖双方的营业

地在同一国家，即使其国籍不同，他们所订立的合同也不能被认为是国际货物买卖合同。

确定一个货物买卖合同是否具有国际性，关键是要确定当事人的营业地。所谓营业地，是指固定的、永久性的、独立进行营业的场所。代表机构所在地的处所（如外国公司在我国的常驻代表机构）就不是《公约》意义上的"营业地"。这些机构的法律地位实际上是代理关系中的代理人，它们是代表其本国公司进行活动的。这样，我国当事人和外国公司驻我国的常驻代表签订的货物买卖合同，仍然具有《公约》意义上的"国际性"。

（二）国际货物买卖合同的标的物是货物

现代国际贸易包括的范围很广，除了各种有形动产可以买卖外，某些无形财产，如专利权、商标权等也可以成为国际贸易的标的物。由于货物具体内容和界限较难界定，《公约》采用了"排除法"来确定货物买卖的范围，即把某些种类的货物买卖合同排除在公约的适用范围之外，在《公约》第2条中规定了不适用的买卖范围：

（1）购供私人、家人或家庭使用的货物的销售，除非卖方在订立合同前任何时候或订立合同时不知道而且没有理由知道这些货物是如何使用的。

（2）经由拍卖的销售。

（3）根据法律执行的销售。

（4）公债、股票、投资证券、流通票据的销售。

（5）船舶、船只、气垫船或飞机的销售。

（6）电力的销售。

在以上六种被排除适用《公约》的买卖合同的标的物中，有的不属于货物的范畴，如公债、股票、投资证券、流通票据等，电力在许多国家也不被列入货物的范畴；有的属于特殊贸易的标的物，这些特殊买卖要统一起来比较困难，如供私人、家人或家庭使用而购买的货物，属于消费品买卖。大多数国家都注意保护消费者的利益，制定有保护消费者的法律，而且都是强制性的法律，为了避免冲突，《公约》将其排除在外。由于拍卖情况比较复杂，各国对拍卖也都制定有自己的专门法律，拍卖一般要受拍卖发生地国家法律的约束，因此，《公约》将拍卖留待拍卖发生地国家的法律去管辖。对于依执行令状或法律授权的买卖，与一般国际货物买卖有根本的差别，当事人之间无法洽谈合同的条款，而且买卖的方式和合同效力要受有关国家的特殊法律规则的支配；船舶、飞机等的买卖也要受各国国内法的约束，同样难以统一，因此都被排除在《公约》的适用范围之外。

（三）国际货物买卖涉及的法律关系复杂，风险高

由于国际货物买卖是跨越一国国界的贸易活动，合同所涉及的交易数量和金额通常都比较大，合同的履行期限也比较长，又采用与国内买卖不同的结算方式，故相比国内货物买卖合同复杂得多。

在进出口活动中，买卖双方多处于不同的国家和地区，买卖的货物多由负责运输的承运人转交，多利用银行收款或由银行直接承担付款责任，因此，双方当事人要与运输公司、保险公司或银行发生法律关系，长距离运输会遇到各种风险，使用外汇支付货款和采用国际结算方式，可能发生外汇风险，此外，还涉及有关政府对外贸易法律和政策的改变，因此，国际货物买卖合同是当事人权利、义务、风险责任的综合体。

（四）法律适用的多样性

在国际货物买卖中，买卖双方面临着法律适用多样性的问题。国内货物买卖合同中一般只适用本国法律即可，而国际货物买卖合同从签订到履行要涉及国内法、国际法等一系列法律规范。

第二节　国际货物买卖合同的形式和内容

一、国际货物买卖合同的形式

各国法律对国际货物买卖合同的形式要求不尽相同，但目前大多数国家的法律对货物买卖合同的形式没有做出特定的要求，当事人以口头方式、书面方式或以某种行为订立的合同，都被认为是合法和有效的。《公约》也规定："销售合同无须以书面订立或书面证明，在形式方面也不受任何其他条件的限制。销售合同可以用任何方法证明。"由此可见，《公约》对合同形式没有限制。在国际贸易中，订立合同的形式有下列三种：一是书面形式；二是口头形式；三是以实际行动表示。

视频 7-1
确认书有哪些表现形式

（一）书面形式

书面形式包括合同书、信件以及数据电文（如电报、电传、传真、电子数据交换和电子邮件）等可以有形地表现所载内容的形式。

（二）口头形式

采用口头形式订立的合同，又称口头合同或对话合同，是指当事人之间通过当面谈判或通过电话方式达成协议而订立的合同。口头合同因无文字依据，空口无凭，一旦发生争议，往往造成举证困难，不易分清责任。

（三）以实际行动表示

实际行动表示是上述两种形式之外的订立合同的形式，即以行为方式表示接受而订立的合同。例如，根据当事人之间长期交往中形成的习惯做法，或发盘人在发盘中已经表明受盘人无须发出接受通知，可直接以行为做出接受而订立的合同，均属此种形式。

上述订立合同的三种形式，从总体上来看，都是合同的法定形式，因而均具有相同的法律效力，当事人可根据需要，酌情做出选择。

《中华人民共和国合同法》规定：当事人订立合同，有书面形式、口头形式和其他形式。这种规定与我国过去相关法律中国际货物买卖合同只能以书面形式订立的规定有很大差别，标志着在国际货物买卖合同形式方面，我国最终与国际通行做法相一致。

尽管当事人以口头方式、书面方式或以实际行动订立的合同，都被认为是合法和有效的，但由于国际货物买卖过程中涉及的环节多，过程复杂，因此，在买卖双方订立合同时采用书面形式还是十分必要的。首先，书面合同可直接作为合同成立的证据。根据法律要求，合同是否成立，必须要有证明，而通过口头磋商达成的交易，举证一般难以做到，一旦双方发生争议，需要提交仲裁或诉讼时，如果没有充足的证据，则很难得到法律保护。其次，书面合同有时可作为合同生效的条件。交易双方在发盘或接受时，如声明以签订一定格式的书面合同为准，则在正式签订书面合同时合同方为成立。最后，书面合同可作为合同履行的依据。书面合同中明确规定了买卖双方的权利和义务，作为合同履行的依据，因此，我国进出口企业对外订立的买卖合同，最好采用书面形式。

关于书面合同的名称并无统一规定，其格式的繁简也不一致。在国际货物买卖中，可能出现的书面合同形式包括正式合同（Contract）、确认书（Confirmation）、协议书（Agreement）和备忘录（Memorandum）等多种形式。在我国进出口贸易实践中，书面合同的形式包括合同、确认书和协议书等，主要使用合同和确认书两种形式。从法律效力来看，这两种形式的书面合同没有区别，具有同等的约束力，只是格式和内容的繁简有所差异。合同又可分为销售合同（Sales Contract）和购买合同（Purchase Contract）。前者是指卖方草拟提出的合同，后者是指买方草拟提出的合同。确认书是合同的简化形式，它又分为销售确认书（Sales Confirmation）和购买确认书（Purchase Confirmation）。前者是卖方出具的确认书，后者是买方出具的确认书。

二、书面合同的内容

国际销售合同是营业地在不同国家的当事人自愿按照一定条件买卖某种商品以达成的协议。为了提高履约率，在规定合同内容时，应当考虑周全，力求使合同中的条款明确、具体、严密和相互衔接，且与磋商内容要一致，以利于合同的履行，特别是一些基本条款，主要包括成交商品的品名、品质、数量、包装、价格、运输、保险、支付、检验、索赔、不可抗力和仲裁等。在实践中，国际货物买卖合同的内容通常包括约首、正文和约尾三个部分。

（一）约首

合同中的约首部分是合同的序言部分，主要包括以下内容：

（1）合同名称：合同的名称应正确体现合同的内容，进口人制作的合同通常称为购买合同。出口人制作的合同通常称为销售合同或销售确认书。

（2）订约日期和地点：订约日期应为合同生效日期。根据《中华人民共和国合同法》的规定：接受通知到达发盘人时生效。如合同未另行规定生效条款，订约日期即为合同的生效日期。订约地点有时可决定合同适用的法律。有的国家规定涉外经济合同适用缔结地的法律，有的国家规定适用与合同有最密切联系的国家的法律，而合同的订约地点是确定是否有密切联系的重要因素。根据《中华人民共和国合同法》的规定：接受生效的地点为合同成立的地点。

（3）当事人名称、地址：当事人的全名和详细地址应在合同中正确载明，除了可以识别当事人外，在发生纠纷时，可作为确定诉讼管辖的重要依据，也便于在必要的时候进行联系。

（4）前文：前文措辞必须与合同名称一致。如采用合同书形式，则前文应使用第三人称语气，例如"本合同由×××与×××订立"或类似词句。下面的例子就是合同约首部分：

　　　正文　　　　　　　　　合同　NO._____

（ORIGINAL）　　CONTRACT　　　Date_____

卖方_____　　Cable Address：

（The Sellers）　　　　　　　Telex：

　　　　　　　　　　　　　　Fax：

买方_____　　　　Cable Address：

（The Buyers）　　　　　　　Telex：

　　　　　　　　　　　　　　Fax：

兹经买卖双方友好协商，同意按下列条件与条款签订本合同

（The buyers and the sellers have through friendly consultations mutually agree to conclude this contract in accordance with the following terms and conditions）

（二）正文

正文是合同的主体，详细列明各项交易条件。具体内容如下：

（1）商品名称：在国际货物买卖合同中，商品名称条款的规定应明确、具体，适合商品的特点。在采用外文名称时，应做到译名准确，与原名意思保持一致，避免含混不清。

（2）品质条款：合同中商品的品质条款应列明商品的等级、标准、规格和商标等内容，如果是凭样品买卖，则要列明样品的编号和寄送日期。

（3）商品的数量条款：交易双方在数量条款中，一般订明买卖的具体数量和计量单位，按重量计量的商品还应包括重量的规定方法。例如，3 000公吨，允许有5%的溢短装。

（4）商品的包装条款：它主要是对包装材料、包装方式的规定，如麻袋、纸箱等，通常还要说明包装的数量以及如何包装。例如，单层新麻袋，每袋净重约25千克，双层线机器封口。

（5）商品的价格条款：它主要包括单价和总值两项内容，单价由计价货币、单价、计量单位和贸易术语构成。例如，每公吨870美元FOB大连。

（6）商品的装运条款：它应包括装运时间、装运港（地）、目的港（地）和分批装运或转运等内容。例如，2018年10月/11月/12月份装运，允许分批和转运。

（7）商品的支付条款：买卖合同中的支付条款要明确规定结算方式，其结算方式主要有汇付、托收和信用证等。

汇付方式通常用于预付货款和赊账交易。为明确责任，在买卖合同中应当规定汇付的时间、具体的汇付方法和金额等。例如，买方收到本合同所列单据后，应于10天内电汇付款。

凡以托收方式结算货款的交易，在买卖合同的支付条款中，必须明确规定交单条件、付款责任、承兑责任和付款期限等内容。例如，买方对卖方开具的见票后10天付款的跟单汇票，于提示时予以承兑，并于汇票到期日即预付款，承兑后交单。

凡以信用证支付方式结算货款的交易，在买卖合同中应明确规定开立信用证的时间、信用证的种类、信用证议付的时间和地点等内容。例如，买方应通过卖方所接受的银行于装运月份前30天开出不可撤销的即期信用证，于装运日后20天在中国银行议付。

（8）货运保险条款：这一条款须明确规定由谁办理保险，确定投保险别和保险金额，并注明以何种保险条款为依据以及该条款的生效日期。例如，保险由卖方按发票金额的110%投保一切险和战争险，以中国人民保险公司2011年1月1日的有关海洋运输货物保险条款为准。

（9）商品检验检疫条款：它一般包括检验权的规定、检验或复验的时间和地点、检验机构、检验项目和检验证书等内容。例如，买卖双方同意以装运港（地）中国出入境检验检疫局签发的质量和重量检验证书作为信用证项下议付的单据之一。买方有权对货物的质量和重量进行复验，复验费由买方负担。如发现质量或重量与合同规定不符，买方有权向卖方索赔，并提供经卖方同意的公证机构出具的检验报告。索赔期限为货物到达目的港（地）后180天内。

（10）不可抗力条款：它主要规定不可抗力的范围、不可抗力处理的原则和方法，还应包括不可抗力事故发生后通知对方的期限、方法以及出具证明机构等内容。例如：因不可抗力事件，使卖方不能在合同规定期限内交货或不能交货，卖方不负责任，但卖方必须立即以电报通知买方。如买方提出要求，卖方应以挂号函向买方提供由中国国际贸易促进委员会或有关机构出具的发生事件的证明文件。

（11）索赔条款：贸易合同中的索赔条款一般规定索赔的时效和责任的界定。例如，倘若买方提出索赔，凡属品质异议，须于货到目的地口岸之日起30天内提出；凡属数量异议，须于货到目的地口岸之日起15天内提出。对货物所提出的任何异议，属于保险公司、轮船公司、其他有关运输机构或邮递机构负责，卖方不负任何责任。

（12）仲裁条款：它的内容一般包括仲裁地点、仲裁机构、仲裁规则和裁决的效力。在规定仲裁地点时，一般情况下，我方首先争取规定在我国仲裁。例如，凡因本合同引起的或与本合同有关的任何争议，均应提交中国国际经济贸易仲裁委员会，并按照申请仲裁时现行有效的仲裁规则进行仲裁。仲裁裁决是终局的，对双方均有约束力。

（三）约尾

约尾通常包括合同使用的文字及其效力、合同的份数、附件及其效力、订约双方当事人的签字等项内容。

以下是国际货物买卖合同范本。

国际货物买卖合同范本
外贸合同 Contract

编号 No.：

日期 Date：

签约地点 Signed at：

卖方 Sellers：

地址 Address：　　　　　　邮政编码 Postal Code：

电话 Tel：　　　　　　传真 Fax：

买方 Buyers：

地址 Address：　　　　　　邮政编码 Postal Code：

电话 Tel：　　　　　　传真 Fax：

买卖双方同意按下列条款由卖方出售，买方购进下列货物：

The seller agrees to sell and the buyer agrees to buy the undermentioned goods on the terms and conditions stated below.

1. 货号 Article No.：

2. 品名及规格 Description&Specification：

3. 数量 Quantity：

4. 单价 Unit Price：

5. 总值：

数量及总值均有＿＿＿＿＿＿＿＿%的增减，由卖方决定。

Total Amount：

With＿＿＿＿＿＿＿＿% more or less both in amount and quantity allowed at the sellers option.

6. 生产国和制造厂家 Country of Origin and Manufacturer：

7. 包装 Packing：

8. 唛头 Shipping Marks：

9. 装运期限 Time of Shipment：

10. 装运口岸 Port of Loading：

11. 目的口岸 Port of Destination：

12. 保险：由卖方按发票全额 110% 投保至＿＿＿＿＿＿＿＿为止的＿＿＿＿＿＿＿＿险。

Insurance: To be effected by sellers for 110% of full invoice value covering＿＿＿＿＿＿＿＿up to＿＿＿＿＿＿＿＿only.

13.付款条件：

买方须于_____年____月____日将保兑的、不可撤销的、可转让可分割的即期信用证开到卖方。信用证议付有效期延至上列装运期后15天在中国到期，该信用证中必须注明允许分运及转运。

Payment：

By confirmed， irrevocable， transferable and divisible L/C to be available by sight draft to reach the sellers before _____/_____/_____ and to remain valid for negotiation in China until 15 days after the aforesaid time of shipment. The L/C must specify that transhipment and partial shipments are allowed.

14.单据 Documents：

15.装运条件 Terms of Shipment：

16.品质与数量、重量的异议与索赔 Quality/Quantity Discrepancy and Claim：

17.人力不可抗拒因素：

由于水灾、火灾、地震、干旱、战争或协议一方无法预见、控制、避免和克服的其他事件导致不能或暂时不能全部或部分履行本协议，该方不负责任。但是，受不可抗力事件影响的一方须尽快将发生的事件通知另一方，并在不可抗力事件发生15天内将有关机构出具的不可抗力事件的证明文件寄交对方。

Force Majeure：

Either party shall not be held responsible for failure or delay to perform all or any part of this agreement due to flood， fire， earthquake， draught， war or any other events which could not be predicted， controlled， avoided or overcome by the relative party. However， the party affected by the event of Force Majeure shall inform the other party of its occurrence in writing as soon as possible and thereafter send a certificate of the event issued by the relevant authorities to the other party within 15 days after its occurrence.

18.仲裁：

在履行协议过程中，如产生争议，双方应友好协商解决。若通过友好协商未能达成协议，则提交中国国际贸易促进委员会对外贸易仲裁委员会，根据该会仲裁程序暂行规定进行仲裁。该委员会决定是终局的，对双方均有约束力。仲裁费用（除另有规定外）由败诉一方负担。

Arbitration：

All disputes arising from the execution of this agreement shall be settled through friendly consultations.In case no settlement can be reached， the case in dispute shall then be submitted to the Foreign Trade Arbitration Commission of the China Council for the Promotion of International Trade for Arbitration in accordance with its Provisional Rules of Procedure.The decision made by this commission shall be regarded as final and binding upon both parties. Arbitration fees shall be borne by the losing party， unless otherwise awarded.

19. 备注 Remark：

卖方 Sellers：　　　　　　　　　买方 Buyers：

签字 Signature：　　　　　　　　签字 Signature：

第三节　交易前的准备

一、出口交易前的准备工作

在出口贸易中，交易对象都是国外商人，而国际市场情况又是错综复杂和变化多端的，因此，在开展出口业务时，一定要充分做好各项前期准备工作。这些准备工作主要包括：对国际市场进行调查研究；寻找客户和建立业务关系；落实货源、制订出口商品的生产（收购）计划；制订出口商品经营方案；开展出口促销活动等。

（一）国际市场调研

这里所说的国际市场调研，是指出口商所进行的以国外客户的信息为中心的调查研究活动。该活动要解决的问题有：现有客户由哪些人或组织构成？潜在市场顾客由哪些人或组织构成？这些顾客需要购买哪些产品或服务？顾客为什么购买此产品或服务？顾客在何时何地以及如何购买？国际市场调研的具体内容主要包括两个方面：一是关于市场的调研；二是关于客户的调研。

1. 关于市场的调研

在对外洽谈之前，企业应对国外市场做深入、细致、准确、多方面的调查研究，以便从中择优选取适当的目标市场。这些调研主要包括：对进口国别（地区）的调研、对商品市场的调研、对商品销售情况的调研。

2. 关于客户的调研

关于客户的调研，也就是对交易对象的调查研究，主要是调查已经或有可能经营本企业出口产品的客户或潜在客户的资信情况、经营范围、经营能力以及客户与我国的贸易往来情况等，以便于企业根据自身的特点有区别地选择和利用客户。

（二）制订出口商品经营方案

外贸企业在对国际市场调查研究的基础上，一般均应对所经营的出口商品制订经营方案。出口商品经营方案是根据国家的方针政策和本企业的经营意图对该出口商品在一定时期内所做出的全面业务安排。一个企业在分析市场、选定自己的目标市场以后，就要针对目标市场的需求、影响市场销售的不可控的宏观因素以及本企业可以控制的销售因素，最有效地利用本身的人力、物力资源，趋利避害、扬长避短，设计企业的销售策略，制订最佳的综合销售方案，即出口商品经营方案，以便达到企业的预期目标。

（三）落实货源

组织货源是出口交易前的必要工作，没有货源就无法交货，根本谈不上出口。

对制造企业或其他非专业外贸公司而言，要制订好出口商品的生产计划，生产适应目前国际市场需要的产品，同时应试制新品种，扩大出口货源。对专业外贸公司而言，则要制订收购计划。

（四）开展出口促销

出口促销活动包括的内容很多，主要有商标注册、广告宣传、展览会促销和自建网站宣传。

（五）建立业务关系

出口商通常在寻找新的进口商前，先根据本方的营销策略，对潜在市场的基本情况进行一些调查研究。如果潜在市场的基本情况符合本方的要求，就将这个市场定为目标市场，并在目标市场上寻找潜在的进口商作为交易对象，与之建立业务关系。

二、进口交易前的准备工作

进口交易前的准备工作包括两个方面：一方面，必须进行市场调研，如对欲订购的商品的调研、对产品的国际市场价格的调研、对国际市场供应情况的调研、对客户资信情况的调研，在调研的基础上选择客户并与之建立业务关系。另一方面，进口商品有许多必要的基础手续需要办理，如取得进出口经营权、办理海关登记注册、申请进口配额、申请进口许可证、领取进口付汇核销单、制订进口经营方案等。

（一）市场调研

在进口交易之前，进口商必须对国内外市场进行充分的调研，才能确保进口交易的顺利进行，并实现预期的经济收益和社会效益。因为同国内贸易相比，进口贸易具有更高的风险。在绝大多数情况下，进口商不仅承受在国际市场上采购进口商品所面临的一系列风险，还承受在国内市场上销售该产品的风险。

进口交易前的市场调研是进口商在进口贸易准备工作中面临的首要任务。一般而言，应围绕以下信息的获取展开：（1）国内市场上该产品的需求情况和用户信息；（2）主要生产国和主要生产厂商的供应情况；（3）拟进口商品的国际市场价格水平和具体质量标准；（4）拟与之建立关系的客户的资信状况与业务经营能力；（5）与进口该产品相关的政策和管理规定等。

1.国内市场调研

开展进口贸易的最终目的是满足国内市场的需要，因此，进口商开展进口贸易前，首先要做好国内市场调研。进口商进行国内市场调研，主要是调研国内市场上某拟进口产品的需求情况和用户信息，落实国内使用单位，同时还要对与进口该产品相关的国内政策和管理规定展开调研。

2.国际市场调研

受商品产地、生产周期、产品销售周期、消费习惯和水平因素的影响，国际市场上我方欲购商品的供给与需求状况也会不断变化。为保证我方进口货源充足和其他有利条件，有必要对世界各地进口市场的供求状况进行详细研究，以便做出最有利的选择。

（二）建立业务关系

一笔具体的进口交易磋商通常是从进口商的一方向潜在的客户发函，建立业务关系开始，其后经过询盘、发盘、还盘、接受等磋商过程，最终达成交易。选择贸易伙伴直接关系着进口业务的得失与成败，是交易前的准备工作中至关重要的环节。进口商应通过各种途径从各个方面对国外供应商进行全面了解，从而选择最合适、成交可能性最大的客户，并与之建立业务关系。

（三）办理进口相关手续

在进口贸易前，除进行前面所述的市场调研、与国外客户建立业务关系外，还须办理许多必要的手续，如取得进出口经营权、办理海关注册登记手续、申请进口许可证、申请进口配额、申请外汇账户与领取进口付汇核销单等。取得进出口经营权和办理海关注册登记手续的内容参见出口贸易流程。

（四）制订进口经营方案

进口经营方案是指在对进口商品进行市场调研和成本核算的基础上为进口交易制订的经营方案和为实施这种方案而采取的各种措施。进口经营方案的主要内容包括：进口交易对象的选择、进口商品的品质和数量、进口的时间、进口价格、支付方式及贸易方式的掌握等。一般只对大宗商品的进口制订一个完整的进口经营方案，对少量商品的进口，可以不制订书面的经营方案或制订一个简单的方案即可。需要注意的是，在执行方案的过程中，应注意经常检查方案的执行情况、定期总结经营，及时修订方案中不再适用的内容。

第四节　合同的签订

在买卖双方签订合同前，通常要经过反复磋商。通过磋商环节，买卖双方消除分歧，使交易条件变得更加清晰，为买卖合同的最终达成奠定基础。所以，交易磋商是买卖双方进行交易的一个重要步骤。

交易磋商一般要经过：询盘（Inquiry）、发盘（Offer）、还盘（Counter Offer）和接受（Acceptance）四个环节。但是，并非所有的交易程序都必须经过这四个阶段，询盘与还盘在交易中不是必要的程序，发盘与接受则是必不可少的过程。

一、询盘

（一）询盘的含义

询盘又称询价，是指交易的一方准备购买或出售某种商品，向对方询问买卖该商品的有关交易条件。询盘的内容可涉及价格、规格、品质、数量、包装、装运以及索取样品等，但大多数情况下只是询问价格。所以，业务上常把询盘称作询价。

询盘从发出的对象上可分为买方询盘和卖方询盘两种形式。

（1）买方询盘，习惯上又被称为"邀请发盘"，如对"中国松香WW级有兴趣，请报价"（Interested in Chinese Rosin WW Grade please quote）。

（2）卖方询盘，习惯上又被称为"邀请递盘"，如"可供BD 850试验台，请递盘"（Can supply Test Bench Model BD 850 please bid）。

（二）使用询盘时应注意的事项

由于询盘不具有法律效力，所以可作为与对方的试探性接触，询盘人可以同时向若干个交易对象发出询盘。

在实际工作中，可以借询盘的特点了解行情，通过对方对询盘的态度分析其交易心理，摸清情况，以便调整策略和目标，在交易磋商中占据主动。但是，为了建立和保持企业良好的商业信誉，应尽可能避免只询盘而不购货、不售货的情况发生。

二、发盘

（一）发盘的含义

发盘又叫发价或报价，法律上叫要约。《联合国国际货物销售合同公约》规定，"凡向一个或一个以上的特定的人提出的订立合同的建议，如果其内容十分确定并且表明发盘人有在其发盘一旦得到接受就受其约束的意思，即构成发盘"。

视频 7-2
如何区分实盘与虚盘

发盘可以由买方提出，也可以由卖方提出；可以是书面的，也可以是口头的。

（二）构成有效发盘的要件

1.发盘必须向一个或一个以上特定的人提出

发盘应向一个或一个以上特定的人提出，即发盘中要指明特定的受盘人的名称。出口商向国外广泛散发商品目录、价格表等，一般不构成发盘。

2.发盘的内容必须十分确定（Sufficiently Definite）

《联合国国际货物销售合同公约》规定，所谓十分确定，即发盘中所列的条件必须是完整的、明确的。《联合国国际货物销售合同公约》规定，发盘至少包括三个要素：①标明商品的名称；②明示（或默示）地规定商品的数量或规定确定商品数量的方法；③明示（或默示）地规定商品的价格或规定确定商品价格的方法。也就是说，根据《联合国国际货物销售合同公约》的规定，一项发盘只要包括商品的名称、数量和价格（或数量、价格的确定方法）就属于"内容是完整的"。

3.表明发盘人在发盘得到接受时承受约束的意旨

受约束的意思即在发盘被有效接受时合同即告成立。受盘人只要接受了发盘的条件，发盘人就要承担与受盘人订立合同的法律责任。

4.发盘必须送达受盘人

根据《联合国国际货物销售合同公约》的规定，发盘于送达受盘人时生效。如果发盘在传递中遗失以致受盘人未能收到，则该发盘无效。

（三）**发盘的有效期**（Time of Validity / Duration of Offer）

发盘的有效期是指发盘中规定的受盘人做出接受的期限。在进出口贸易中，发盘通常都规定有效期，超过了规定的有效期限，发盘人就不再受该发盘的约束。

在实际业务中，发盘有效期的规定方法通常有以下两种：

1. 明确规定有效期

明确规定有效期并非构成发盘不可缺少的条件。

（1）规定最迟接受的期限。规定最迟接受的期限时，可同时限定以接受送达发盘人或以发盘人所在地的时间为准，如"发盘限6月15日复到有效"。

（2）规定一段接受的期间。发盘的有效期需规定一段接受的期间，如"本发盘有效期为7天"。

2. 未明确规定有效期

未明确规定有效期应理解为在合理时间（Reasonable Time）内有效。

口头发盘应当场表示接受。《联合国国际货物销售合同公约》规定：采用口头发盘时，除发盘人发盘时另有声明外，受盘人只有当场表示接受方为有效。

（四）**发盘生效的时间**

按照《联合国国际货物销售合同公约》第15条的解释，"发盘于送达受盘人时生效"。就是说发盘虽已发出，但在送达受盘人之前并不产生对发盘人的约束力，受盘人也只有在接到发盘后，才可考虑接受与否的问题。

发盘生效的时间有几种不同的情况：

（1）以口头方式做出的发盘，其法律效力自对方了解发盘内容时生效。

（2）以书面形式做出的发盘，其生效时间有不同的观点：

①投邮主义（Despatch Theory），或称发信主义，认为发盘人将发盘发出的同时，发盘就生效。

②到达主义（Arrival Theory），或称受信主义，认为发盘必须到达受盘人时才生效。根据《联合国国际货物销售合同公约》的规定，发盘送达受盘人时生效。《联合国国际货物销售合同公约》和《中华人民共和国合同法》采用到达主义。

（五）**发盘的撤回**

发盘的撤回是指发盘人发出发盘之后，在其尚未到达受盘人之前，即在发盘尚未生效之前，将发盘收回，使其不发生效力。由于发盘没有生效，因此发盘原则上可以撤回。对此，《联合国国际货物销售合同公约》规定："任一项发盘（即使一项不可撤销的发盘）都可以撤回，只要撤回的通知在发盘到达受盘人之前或与其同时到达受盘人。"业务中如果我们发现发出的发盘有误即可按公约的精神采取措施以更快的通信联络方式将发盘撤回（发盘尚未到达受盘人之前）。如：以信函的方式所做的发盘，在信函到达之前，即可用电报或传真方式将其撤回。发盘能够得以撤回的一个重要的理论依据是发盘要到达受盘人才能生效，在生效之前可以撤回。

（六）**发盘的撤销**

发盘的撤销是指发盘人在其发盘已经到达受盘人之后，即在发盘已经生效的情况下，将发盘取消，废除发盘的效力。在发盘撤销这个问题上，英美法系国家和大陆法系国家存在着原则上的分歧。《联合国国际货物销售合同公约》为协调解决两大法系在这一问题上的矛盾，一方面规定发盘可以撤销，另一方面对撤销发盘进行了限制。《联合国国际货物销售合同公约》第16条第1款规定："在合同成立之前，发盘可以撤销，但撤销通知必须于受盘人做出接受表示之前送达受盘人。"而《联合国国际货物销售合同公约》第16条第2款则规定："下列两种情况下，发盘一旦生效，即不得撤销：第一，发盘中已经载明了接受的期限，或以其他方式表示它是不可撤销的。如果规定了有效期限，则表明了在该期限内发盘人不会反悔，发盘人和受盘人同时都应受到这个有效期限的约束。第二，受盘人有理由信赖该发盘是不可撤销的，并已经本着对该项发盘的信赖行事。"

《联合国国际货物销售合同公约》的这些规定主要是为了维护受盘人的利益、保障交易的安全。我国是《联合国国际货物销售合同公约》的缔约方，我国企业在同营业地处于其他缔约方的企业进行交易时，一般均适用《联合国国际货物销售合同公约》的规定，因此，我们必须对《联合国国际货物销售合同公约》的上述规定予以特别的重视和了解。

（七）发盘效力的终止

发盘效力的终止是指发盘法律效力的消失，它具有两方面的含义：首先，发盘人不再受发盘的约束。其次，受盘人失去了接受该项发盘的权利。发盘效力的终止原因，一般有以下几个方面：

（1）在发盘规定的有效期内未被接受，或虽未规定有效期，但在合理时间内未被接受，则发盘的效力即告终止。

（2）发盘被发盘人依法撤销。

（3）发盘被受盘人拒绝或还盘之后，即于拒绝或还盘通知送达发盘人时，发盘的效力即告终止。

（4）发盘人发盘之后，发生了不可抗力事件，如所在国政府对发盘中的商品或所需外汇发布禁令等。在这种情况下，按出现不可抗力事件可免除责任的一般原则，发盘的效力即告终止。

（5）发盘人或受盘人在发盘被接受前丧失行为能力（如得精神病等），则该发盘的效力也可终止。

三、还盘

（一）还盘的含义

还盘是指受盘人在接到发盘后，不同意或不完全同意发盘人在发盘中提出的条件，为进一步磋商交易，对发盘提出修改意见。还盘可以用口头方式也可用书面方式。

（二）还盘的性质

根据《联合国国际货物销售合同公约》的规定，受盘人对货物的价格、付款、品质、数量、交货时间与地点、一方当事人对另一方当事人的赔偿责任范围或解决争端的办法等条件提出添加或更改，均作为实质性变更发盘条件。

还盘的法律后果是对发盘的拒绝或否定。一项发盘一旦被受盘人还盘，原发盘即失去效力，原发盘人也不再受其约束。所以还盘人不得在还盘后再接受原发盘，即使在原发盘的有效期内也是如此，除非原发盘人对该项"接受"给予确认。

【例7-1】我国某公司于5月20日以电传发盘，并规定"限5月25日复到有效"。国外客户于5月23日复电至该公司，要求将即期信用证改为远期信用证（见票后30天）。该公司正在研究中，次日又接到对方当天发来的电传，表示无条件接受该公司5月20日的发盘。问：此笔交易是否达成？

【分析指导】此项交易没有达成。根据《联合国国际货物销售合同公约》的规定，受盘人对价格、付款、品质、数量、交货时间和地点等条件的修改视为实质性变更发盘条件，视为还盘。而还盘一经做出，原发盘即告失效，对原发盘人不再具有约束力。本案例中，国外客户5月23日电复要求将即期信用证改为远期信用证（见票后30天），是对付款方式的修改，是一项实质性修改，应视为还盘，这使得我国某公司5月20日的发盘失效，因此，国外客户5月24日对失效的发盘做出接受，并不能达成交易，合同不成立。此笔交易若要达成，需要原发盘人——我国某公司的确认。

四、接受

（一）接受的含义

所谓接受，是指受盘人在发盘的有效期内，无条件地同意发盘中所提出的各项交易条件，愿意按这些条件和对方达成交易的一种表示。可见，接受的实质是对发盘表示同意。接受与发盘一样，既是一种商业行为，又是一种法律行为。

（二）构成接受的要件

1.接受必须由受盘人做出

接受必须是由受盘人做出，其他人对发盘表示同意，不能构成接受。

【例7-2】中国香港某中间商A，就某商品以电传方式邀请我方发盘，我方于6月8日向中间商A发盘并限6月15日复到有效。当月12日，我方收到美国商人B按我方发盘条件开来的信用证，同时收到中间商A的来电称："你8日发盘已转美国B商。"经查该商品的国际市场价格猛涨，于是中间商A将信用证退回开证银行，再按新价直接向美商B发盘，而美商B以信用证于发盘有效期内到达为由，拒绝接受新价并要求我方按原价发货，否则将追究我方的责任。问：对方的要求是否合理？为什么？

【分析指导】对方的要求不合理。根据法律规定，接受生效的构成要件的第一条，即接受或者承诺必须由受盘人做出，第三人不能代替受盘人做出接受或者承诺。本案中，我方发盘中特定的受盘人是香港某中间商A，由其发出的接受通知才具有接受的效力。因而，6月12日我方收到美国B商开来的信用证（以行动表示的接受），不是一项有效的接受，因此，合同并未成立。只有美商 B 对我方新的发盘做出有效接受时，合同才能宣告成立。所以，在合同未成立的情况下，B 商就要求我方发货是不合理的。

2.接受必须表示出来

如果受盘人在思想上愿意接受对方的发盘，但默不作声或不做出任何其他行动表示其对发盘的同意，在法律上并不构成有效的接受。

受盘人表示接受的方式有：①用声明（Statement）做出表示，即受盘人用口头或书面形式向发盘人表示同意发盘；②用行为（Performing an Act）做出表示，通常指由卖方发运货物或由买方支付价款来表示。

3.接受必须是同意发盘提出的交易条件（即接受必须与发盘相符）

接受的内容必须是无条件的，且必须是对发盘的实质性内容的同意。如果要达成交易，成立合同，根据传统的法律规则，受盘人应当无条件地、全部同意发盘的条件。对发盘做出实质性修改视为还盘，但对于非实质性修改（Non-material Alteration），除发盘人在不过分延迟的期间内表示反对其间的差异外，一般视为有效接受，而且合同的条件以该发盘和接受中所提出的某些更改为准。

【例 7-3】国外小麦出口商向我国某外贸公司报出小麦价格，在发盘中除列出各项必要条件外，还表示"编织袋包装运输"。在发盘有效期内我方复电表示接受，并称"用最新编织袋包装运输"。外商收到上述复电后即着手备货，并准备在双方约定的 7 月份装船。之后 3 月份小麦价格从每吨 420 美元暴跌至 350 美元左右。我方给对方去电称："我方对包装条件进行了变更，你方未确认，合同并未成立。"而出口商则坚持认为合同已经成立，双方为此发生了争执。分析此案应如何处理，简述你的理由。

【分析指导】由于包装不属于发盘或还盘实质性条件，因此我方的回复不构成一项还盘，外商不必对此做出回答。合同已经按照原发盘内容和接受中的某些修改为交易条件成立。所以我方以外商对修改包装条件未确认为理由否认合同的成立是不正确的。

4.接受必须在发盘规定的时效内做出

发盘中通常都规定了有效期，受盘人必须在发盘规定的有效期内（若发盘未规定具体有效期，则在"合理时间"内）做出接受的表示并送达发盘人，才具有法律效力。

接受即意味着合同的成立，一项合同，除买卖双方就交易条件通过发盘并接受而达成协议后，还须满足以下条件：合同的内容必须合法，合同必须有对价或约因，合同当事人必须具有签约能力，合同必须符合法律规定的形式，合同当事人的意思表示必须真实。

（三）接受生效的时间

接受是一种法律行为，这种行为何时生效，各国法律有不同的规定。

在接受生效的时间问题上，英美法系与大陆法系存在着严重的分歧。英美法系采用"投邮生效"的原则，即接受通知一经投邮或交给电报局发出，则立即生效；大陆法系采用"到达生效"的原则，即接受通知必须送达发盘人时才能生效。在《联合国国际货物销售合同公约》第18条第2款明确规定，接受通知送达发盘人时生效。

此外，接受还可以在受盘人采取某种行为时生效。《联合国国际货物销售合同公约》第8条第3款规定，根据发盘或依照当事人之间已确定的习惯做法或惯例，受盘人可以做出某种行为来表示接受，无须向发盘人发出接受通知。例如：发盘人在发盘中要求"立即装运"，受盘人可做出立即发运货物的行为对发盘表示同意，而且这种以行为表示的接受，在装运货物时立即生效，合同即告成立，发盘人就应受其约束。

由于我国规定，接受合同必须以通知的方式送达发盘人，而不能直接采取某种行动。所以，《中华人民共和国合同法》对此项事宜做出了进一步规定，当事人采用合同书形式订立合同的，在双方当事人签字或盖章时合同成立。当事人采用信件、数据电文等形式订立合同的，可以在合同成立之前要求签订确认书，签订确认书时合同成立。

《中华人民共和国合同法》还规定，接受生效的地点为合同成立的地点。除当事人另有约定外，采用数据电文形式订立合同的，收件人的主营业地为合同成立的地点。没有主营业地的，其经常居住地为合同成立的地点。当事人如采用合同书形式订立合同的，双方当事人签字或者盖章的地点是合同成立的地点。

（四）逾期接受（Late Acceptance）

在国际贸易中，由于各种原因，导致受盘的接受通知有时晚于发盘人规定的有效期送达，这在法律上称为逾期接受。对于这种逾期接受，发盘人不受其约束，发盘不具法律效力，但也有例外的情况。《联合国国际货物销售合同公约》第21条规定，逾期接受在下列两种情况下仍具有效力：

第一，发盘人毫不迟延地用口头或书面的形式将此种意思通知受盘人。

第二，如果载有逾期接受的信件或其他书面文件表明，它在传递正常的情况下是能够及时送达发盘人的，那么这项逾期接受仍具有接受的效力，除非发盘人毫不迟延地用口头或书面方式通知受盘人他认为发盘已经失效。

【例7-4】我国某外贸公司与一外商洽谈一笔交易，该公司4月7日的电报发盘中规定："限4月12日复到有效。"该电报发盘于4月9日到达对方。对方于4月10日以电报表示接受。我方4月14日才收到该项复电。业务员认定其为逾期接受，未予以理睬，将货卖给了另一客户。日后，美商坚持合同已成立，要我方发货，请问美商的要求是否合理？

【分析指导】外商的要求是合理的。因为根据情况表明对方的电报接受是因为邮寄原因而逾期，且我方在收到该电文时并未及时对对方表示该接受因逾期已失效，所以应视为有效的接受，双方合同成立，我方应依约履行。

（五）接受的撤回或修改

接受撤回的条件：《联合国国际货物销售合同公约》第22条规定，如果撤回通知于接受原发盘应生效之前或同时送达发盘人，接受得予撤回。如接受已送达发盘人，即接受一旦生效，合同即告成立，就不得撤回接受或修改其内容，因为这样做无异于撤销或修改合同。接受一旦生效，合同即告成立，所以不存在撤销问题。

以行为表示接受时，不涉及接受的撤回问题。采用传真、EDI、电子邮件等形式订立合同，发盘和接受都不可以撤回。

本章小结

本章明确了国际货物买卖合同的含义、特点与基本内容，说明了国际货物买卖合同的成立可以采用书面形式、口头形式或其他形式。同时，本章对国际货物买卖的流程做了简要介绍，一般在做好交易前的准备工作后，就要进入交易磋商阶段，这个阶段可能出现的环节包括：询盘、发盘、还盘和接受，其中发盘和接受是这个阶段必经的两个环节。构成一项有效的发盘，必须具备下列各项要件：发盘须向一个或一个以上特定的人提出，发盘内容必须十分确定，经受盘人接受后发盘人即受约束，发盘要送达收盘人；构成一项有效的接受，必须具备下列各项要件：接受必须由受盘人做出，接受必须是同意发盘所提出的交易条件，接受必须在发盘规定的时效内做出，接受通知的传递方式应符合发盘的要求。

练习题

第七章单选题

第七章多选题

第七章判断题

第七章习题参考答案

第八章

国际贸易商品的描述

学习目标

- 掌握进出口商品品名和品质的表示方法
- 熟悉国际货物买卖合同中品名与品质条款的基本内容与规定方法
- 了解国际贸易中常用的计量方法
- 掌握计算货物数量的各种方法
- 了解出口货物包装的种类、作用及其标志
- 了解商品作价的原则及方法
- 能够分析实际问题

买卖合同是转移标的物的所有权的合同。在国际贸易中，交易的标的物种类很多，每种标的物都有其具体名称，并表现为一定的质量，每笔交易的标的物都有一定的数量，而且交易的大多数标的物都需要有一定的包装，因此，买卖双方洽商交易和订立合同时，必须谈妥合同的标的物及其品质、数量与包装这些主要交易条件，并在买卖合同中做出明确而具体的规定。

第一节　商品的品名

在国际贸易中，成交商品的种类很多，而每种交易的商品，都有其具体的名称。买卖双方洽商交易时，首先应谈妥交易标的物，并在买卖合同的品名条款中写明，以便于合同的履行。

一、商品品名的含义

买卖合同是一种实物买卖，它以"一定物体的实际交付为要件"，将合同标的物的所有权由卖方转移至买方。众所周知，在国际贸易中，看货成交，一手交钱、一手接货的情况极少，而且国际货物买卖，从签订合同到交付货物往往需要间隔一段较长的时间。加之交易双方在洽商交易和签订买卖合同时，通常很少见到具体商品（买卖的对象是具有一定外观形态并占有一定空间的有形物）。买卖合同的特征

是，一般只是凭借对拟买卖的商品做必要的描述来确定交易的标的，因此，在国际货物买卖合同中列明合同的标的就成为必不可少的条件。

按照有关的法律和惯例，对交易标的物的描述是构成商品说明（Description）的一个主要组成部分，是买卖双方交接货物的一项基本依据，它关系到买卖双方的权利和义务。若卖方交付的货物不符合约定的品名或说明，买方有权提出损害赔偿要求，甚至拒收货物或撤销合同，因此，列明合同标的物的具体名称，具有重要的法律和实践意义。

（一）商品的品名（Name of Commodity）

商品的品名又称"商品的名称"，是指能使某种商品区别于其他商品的一种称呼或概念。商品的品名一定程度上体现了商品的自然属性、用途以及主要的性能特征，是对成交商品的描述以及构成商品说明的一个主要组成部分。

（二）商品品名的命名方法

（1）以商品主要用途命名，如洗洁精、旅游鞋等。

（2）以商品所使用的主要原材料命名，如涤棉、羊绒衫等。

（3）以商品主要成分命名，如西洋参、蜂王浆等。

（4）以商品外观造型命名，如红小豆、喇叭裤等。

（5）以商品制作工艺命名，如精制油等。

（6）以人物命名，如王守义十三香、李宁运动服等。

（三）品名的相关法律和惯例

按照有关的法律和惯例，对交易标的物的描述，是构成商品说明的一个主要组成部分。若卖方交付的货物不符合约定的品名或说明，买方有权提出损害赔偿要求，直至拒收货物或撤销合同。

【例8-1】我国A公司与外商签订一份合同，合同规定：商品品名为"手工制造书写纸"，买方收到货物后，经检验发现货物部分制造工序包含机械操作，而我方提供的所有单据均表示为手工制造，对方要求我方赔偿，而我方拒赔，主要理由是：（1）该商品的生产工序基本是手工操作，而且关键工序完全采用手工；（2）该交易是经买方当面先看样品后成立的，并且实际货物品质又与样品一致，因此，应认为所交货物与商定品质一致。问：该例中责任到底应由谁承担？

【分析指导】责任在我方。因为出口合同规定的商品品名为"手工制造书写纸"，而我方实际所交的货物部分制造工序包含机械操作，我方显然违反了合同中的规定。虽然交易是经买方当面先看样品成交的，但此交易并非凭样品买卖，只能算参考样品，因此，卖方仍不能推卸其必须按合同交货的义务。对于该例我方首先应认识到自己确已违反了合同，不应在是否违反合同上与对方纠缠。其次我方应主动承认错误，以求得买方的谅解，并赔偿由此给买方造成的损失。

二、品名条款的内容

国际货物买卖合同中的品名条款的规定，并无统一的格式，可由交易双方酌情商定。

合同中的品名条款一般比较简单，通常都是在"商品名称"或"品名"（Name of Commodity）的标题下，列明交易双方成交商品的名称。有时为了省略起见，也可不加标题，只在合同的开头部分列明交易双方同意买卖某种商品的文句，如：

品名：花生仁

Name of Commodity：Peanut

品名：桐油

Name of Commodity：Tang Oil

品名条款的规定，还取决于成交商品的品种和特点。就一般商品来说，有时只要列明商品的名称即可。但有的商品往往具有不同的品种、等级和型号，因此，为了明确起见，也可以把有关具体品种、等级或型号的概括性描述包括进去，作进一步限定。此外，还可以把商品的品质规格也包括进去，在此情况下，它就不单是品名条款，而是品名条款与品质条款的合并。

三、规定品名条款的注意事项

国际货物买卖合同中的品名条款，是合同中的主要条件，因此，在规定此项条款时，应注意下列事项：

（一）必须明确、具体

鉴于命名商品的方法多种多样，如有些以其主要用途命名；有些以其使用的主要原材料或主要成分命名；有些以其外观造型或制造工艺命名；有些结合人名或地名命名；有些冠以褒义词命名等，因此，在规定品名条款时，必须明确交易标的物的具体名称，避免空泛、笼统或含糊的规定，以确切地反映商品的用途、性能和特点，并便于合同的履行。

（二）根据需要与可能确定成交商品的名称

当一种商品可以有不同的名称时，在确定其名称时，就必须注意有关国家的海关关税、进出口限制的有关规定，在不违反国家有关政策的前提下，从中选择有利于降低关税、方便进出口和节省储运费开支的名称。

（三）合理描述成交的商品

就一般商品来说，有时只要列明商品的名称即可。但有些商品，往往具有不同的规格、等级或型号，因此，为了明确起见，也应把有关商品的具体规格、等级和型号的描述包括进去，与品质条款结合在一起。

（四）正确使用成交商品的名称

相同的商品因地理位置的差异，在不同的地方有不同的称呼。例如，鳖在我国就有"甲鱼""水鱼""王八""团鱼"等不同的叫法，至于各国的差异就更大，因此，确定商品名称时应选用国际上通用的名称。

第二节　商品的品质

一、商品品质（Quality of Goods）的含义

商品的品质是指商品的内在质量和外观形态的总和。内在质量包括商品的物理性能、机械性能、化学成分和生物特征等自然属性；外观形态包括商品的外形、色泽、款式和透明度等。

二、表示品质的方法

在国际贸易中，由于交易的商品种类繁多、特点各异，故表示品质的方法也不相同。根据国际贸易实践，表示商品品质的方法可以归纳为以实物表示和以说明表示两大类。现分别介绍和说明如下：

（一）以实物表示商品品质

以实物表示商品品质通常包括凭成交商品的实际品质（Actual Quality）和凭样品（Sample）两种表示方法。前者为看货买卖，后者为凭样品买卖。

1.看货买卖

若买卖双方根据成交商品的实际品质进行交易，通常是先由买方或其代理人在卖方所在地验看货物，达成交易后，卖方即应按验看过的商品交付货物。在国际贸易中，由于交易双方远隔两地，交易洽谈多靠函电方式进行。买方到卖方所在地验看货物有诸多不便，即使卖方有现货在手，买方有代理人代为验看货物，也很难逐件查验，所以采用看货成交的数量有限。这种做法多用于寄售、拍卖和展卖业务中。

2.凭样品买卖

样品通常是指从一批商品中抽出来的或由生产、使用部门设计、加工出来的，足以反映和代表整批商品质量的少量实物。凡以样品表示商品质量并以此作为交货依据的，称为凭样品买卖（Sale by Sample）。

在国际贸易中，按样品提供者的不同，可分为下列几种：

（1）卖方样品（Seller's Sample）：是指凭卖方提供的样品磋商交易和订立合同，并以卖方样品作为交货品质的最后依据。

（2）买方样品（Buyer's Sample）：是指买卖双方凭买方提供的样品磋商交易和订立合同，并以买方样品作为交货品质的最后依据。凭买方样品买卖也被称为"来样成交"。

（3）对等样品（Counter Sample）：是指在凭买方样品买卖中，要求卖方所交整批货的品质，必须与买方样品一致，从而避免交货时双方对样品品质理解不同而产生纠纷。卖方往往要根据买方提供的样品，加工复制出一个类似的样品交买方确认，这种经确认后的样品，称为"对等样品"或"回样"，也可称之为"确认样

品"（Confirming Sample）。

由于凭样品买卖要求交货品质与样品完全一致，有时难以做到，交易中易发生纠纷。特别是在市场行情剧变时，买方往往会苛求"货""样"一致的标准而拒收货物，因此，在使用这种方法时应注意做好以下几项工作：

①凡凭样品买卖，卖方交货品质必须与样品完全一致。

②以样品表示品质的方法，只能酌情采用。凡是能用科学的指标表示商品品质的，就不宜采用此方法。

③采用凭样成交而对品质无绝对把握时，应在合同条款中相应做出灵活的规定。可在买卖合同中特别订明"品质与样品大致相同"或"品质与样品近似"。

④提供的商品要有代表性。应在大批货物中选择品质中等的实物作为样品，避免由于样品与日后所交货物品质不一致而引起纠纷，造成经济损失。

⑤寄送样品时应留存一份或数份同样的样品，作为"复样"（Duplicate Sample）或"留样"（Keep Sample），以备日后交货或处理争议时核对之用。

⑥寄发样品和留存复样时，要注意编号和注明日期，以便日后查找。

⑦在买方寄来样品时，卖方要制作"对等样品"（Counter Sample）、"确认样品"（Confirming Sample）或"回样"（Return Sample）。

⑧采用凭买方样品成交时，应规定工业产权问题。

⑨如果提交对方的样品不是标准样品，应注明"仅供参考"（For Reference Only）字样。

（二）以说明表示商品品质

凡是以文字、图表、照片等方式来说明商品的品质，均属凭说明表示商品品质的范畴。属于这个范畴的表示方法，具体包括下列几种：

1. 凭规格买卖

商品规格（Specification of Goods）是指一些足以反映商品质量的主要指标，如化学成分、含量、纯度、性能、容量、长短、粗细等。在国际贸易中，买卖双方洽谈交易时，对于适于凭规格买卖（Sale by Specification）的商品，应提供具体规格来说明商品的基本品质状况，并在合同中写明。凭规格买卖时，说明商品品质的指标因商品不同而异，即使是同一商品，因用途不同，对规格的要求也会有差异。例如，买卖大豆时，如用于榨油，就要求在合同中列明含油量指标；用于食用的，则不一定列明含油量，但蛋白质的含量就成为列明的重要指标，如我国出口大豆的规格：

水分（max）15%

含油量（min）17%

杂质（max）1%

不完善粒（max）7%

用规格表示商品品质的方法，具有简单易行、明确具体且可根据每批成交货物的具体品质状况灵活调整的特点，故这种方法在国际贸易中被广泛运用。

【例8-2】我国某出口公司与国外买方订立一份 CIF 合同，合同规定："番茄酱罐头200箱，每箱24罐×100克"，即每箱装24罐，每罐100克。但卖方在出货时，却装运了200箱，每箱24罐，每罐200克。国外买方见货物的重量比合同多了一倍，拒绝收货，并要求撤销合同。问：买方是否有权这样做？为什么？

【分析指导】本案中合同规定的商品规格为每罐100克，而卖方却交付的是每罐200克，与合同规定的规格明显不符，违反合同中的品质规定。尽管卖方交付给买方的罐头重量高出一倍，对于买方来说，也并非好事，因为极有可能使其原来的商业目标全部落空，如果此规格的罐头不适销，还会给买方带来损失。另外，假设进口国是实行进口贸易管制比较严格的国家，如重量比进口许可证的重量多一倍，就可能遭到行政当局的质询，甚至被怀疑有逃避进口管制、偷漏关税等行为而追究买方的责任，其后果是相当严重的。

2.凭等级买卖

商品的等级（Grade of Goods）是指同一类商品，按其规格上的差异，分为品质优劣各不相同的若干等级。如我国出口的钨砂，主要根据其三氧化钨和锡含量的不同，可分为特级、一级和二级三种，而每一级又规定有下列相对固定的规格，见表8-1。

表8-1　　　　　　　　钨砂产品等级划分示例（%）

项目	三氧化钨	锡	砷	硫
	最低	最高	最高	最高
特级	70	0.2	0.2	0.8
一级	65	0.2	0.2	0.8
二级	65	1.5	0.2	0.8

凭等级买卖时，由于不同等级的商品具有不同的规格，为了便于履行合同和避免争议，在品质条款列明等级的同时，最好一并规定每一等级的具体规格。当然，如果交易双方都熟悉每个级别的具体规格，也可以只列明等级，而无须规定其具体规格。

【例8-3】我国某出口公司与国外成交苹果一批，合同与信用证上均列明的是三级品，但到发货装船时才发现三级苹果库存告罄。于是改以二级品交货，并在发票上加注："二级苹果仍按三级计价。"问：这种以好顶次、原价不变的做法妥当吗？

【分析指导】《跟单信用证统一惯例》第600号出版物（以下简称《UCP 600》）第37条 C 款规定：商业发票中的货物描述必须与信用证规定相符。由此可见本例所述情况与《UCP 600》的规定相悖，如当地市场价格疲软或下跌，买方完全可以借与原合同规定不符为由与卖方交涉，尽管卖方给的是好货，但买方也会借以拒收或索赔。所以在工作中千万要防止出现这种"赔了夫人又折兵"的做法。

3.凭标准买卖

商品的标准是指将商品的规格和等级予以标准化。商品的标准在不同地区也有所不同。例如，有的由国家或有关政府主管部门规定，有的由同业公会、交易所或国际性的工商组织规定。在国际贸易中，有些商品习惯于凭标准买卖，人们往往使用某种标准作为说明和评定商品品质的依据。例如，美国出售小麦时，通常使用美国农业部制定的小麦标准。

国际贸易中采用的各种标准，有些具有法律上的约束力，凡品质不符合标准要求的商品，不许进口或出口。但有些标准不具有法律上的约束力，仅供交易双方参考，买卖双方洽商交易时，可另行商定对品质的具体要求。在我国实际业务中，凡我国已规定有标准的商品，为了便于安排生产和组织货源，通常采用我国有关部门所规定的标准成交，但为了把生意做活，也可根据需要和可能，酌情采用国外规定的品质标准。尤其是对国际上已被广泛采用的标准，一般可按该标准进行交易。由于各国制定的标准经常进行修改和变动，加之一种商品的标准还可能有不同年份的版本，版本不同其品质标准也往往有差异，因此，在采用国外标准时，应载明所采用标准的年份和版本，以免引起争议。例如，在凭药典确定品质时，应明确规定以哪国的药典为依据，并同时注明该药典的出版年份。

在国际贸易中对于某些品质变化较大而难以规定统一标准的农副产品（如土特产品、水产品等）时，往往采用"良好平均品质"（Fair Average Quality，FAQ）和"尚好可销品质"（Good Merchantable Quality，GMQ）两种标准表示其品质。

（1）FAQ（良好平均品质），是指代表一定时期内某地出口货物的中等平均品质水平，适用于农副产品。其具体解释和确定办法是：

①农产品的每个生产年度的中等货。

②某一季度或某一装船月份在装运地发运的同一种商品的"平均品质"。在我国一般称"大路货"，是和"精选货"（Selected）相对而言的，采用这种方法时，一般还订有具体规格。例如，中国桐油良好平均品质游离脂肪不超过4%。

（2）GMQ（尚好可销品质），"尚好可销品质"是指卖方交货品质只需保证尚好的、适合于销售的品质即可。这种标准含义不清，在国际货物贸易中很少使用，一般只适用于木材或冷冻鱼类等产品。

4.凭说明书和图样买卖

在国际贸易中，有些机器、电器和仪表等技术密集型产品，因其结构复杂，对材料和设计的要求非常严格，用以说明其性能的数据较多，所以很难用几个简单的指标来表明其品质的全貌。而且有些产品即使其名称相同，由于所使用的材料、设计和制造技术的某些差别，也可能导致功能上的差异，因此，对这类商品的品质，通常是以说明书并附以图样、照片、设计、图纸、分析表及各种数据来说明其具体性能和结构特点。按此方式进行交易，称为凭说明书和图样买卖（Sale by Descriptions and Illustrations）。

5.凭商标或品牌买卖

商标（Trade Mark）是指生产者或商号用来说明其所生产或出售的商品的标志，它可由一个或几个具有特色的单词、字母、数字、图形或图片等组成。品牌（Brand Name）是指工商企业给其制造或销售的商品所冠的名称，以便与其他企业的同类产品区别开来。一个品牌可用于一种产品，也可用于一个企业的所有产品：前者是指每一个产品都使用一个品牌，以代表其具有不同的品质，如美国通用汽车公司出产的汽车，各有其不同的品牌；后者是指一个厂商所出产的各种商品，都使用同一品牌，以表示商品都达到该厂商规定的标准品质，如美国通用电气公司即以GE（通用电气的缩写）命名其所有的商品。

凭商标或品牌的买卖，一般只适用于一些品质稳定的工业制成品或经过科学加工的初级产品。在进行这类交易时，必须确实把好质量关，保证产品的传统特色，把维护名牌产品的信誉放在首要地位。

此外，应当指出，如我国接受国外客户订货并按规定刷印其提供的品牌时，应注意该项品牌是否合法，以免运往国外触犯进口国家的商标法而引起纠纷。

6.凭产地名称买卖

在国际货物买卖中，有些产品因产区的自然条件和传统加工工艺等因素的影响，在品质方面具有其他产区的产品所不具有的独特风格和特色，对于这类产品，一般也可用产地名称（Name of Origin）来表示其品质，如"四川榨菜""长白山人参""北京烤鸭"等。上述各种表示品质的方法，一般是单独使用，但有时也可酌情将其混合使用。

三、品质条款的规定

（一）品质条款的一般内容

在品质条款中，一般要写明商品的名称和具体品质。由于表示品质的方法不同，合同中品质条款内容及其繁简也不尽相同。对可以用科学指标来说明其品质的商品，则应列明诸如商品规格、等级等指标的内容。而商品习惯于凭标准买卖，则在品质条款中应列明采用何种标准。对有些品质变化较大而难以规定统一标准的农产品，则往往在品质条款中列明"良好平均品质"字样。对性能和结构比较复杂的机电、仪器等技术密集型产品，很难通过几个简单的指标来表示其品质的全貌，故通常在品质条款中载明卖方应提供说明书，并随附有关图样、照片、设计、图纸、分析表及各类数据等内容。

（二）对某些商品可规定一定的品质机动幅度

在国际贸易中，为了避免因交货品质与买卖合同稍有不符而造成的违约，以保证合同顺利履行，可以在合同品质条款中进行某些变通规定。常见的有下列变通规定办法：

1.交货品质与样品大体相等或其他类似条款

在凭样品买卖的情况下，交易双方容易在交货品质与样品是否一致的问题上产生争议。为了避免争议和便于履行合同，卖方可要求在品质条款中加订"交货品质与样品大体相等"（Quality to be Considered and being about Equal to the Sample）之类的条文。

2. 品质公差（Quality Tolerance）

品质公差是指国际上公认或买卖双方所认可的产品品质差异。在工业制成品生产过程中，产品的质量指标出现一定的误差有时也是难以避免的，如手表每天出现误差数秒，应算行走正常。这种公认的误差，即使合同没有规定，只要卖方交货品质在公差范围内，就不能视为违约。但为了明确起见，还是应在合同品质条款中订明一定幅度的公差。例如，尺码或重量允许有"3%～5%的合理公差"。凡在品质公差范围内的货物，买方不得拒收或要求调整价格。

此外，对有些商品而言，很难用具体的数字或科学的方法规定其品质规格的公差，这时只能进行笼统的规定，例如，规定"颜色允许有合理差异"等。但这样的规定方法执行起来比较困难，买卖双方容易发生纠纷。

3. 品质机动幅度

某些初级产品（如农副产品等）的质量不甚稳定，为了交易的顺利进行，在规定其品质指标的同时，可另定一定的品质机动幅度，即允许卖方所交货物的品质指标在一定幅度内有灵活性。关于品质机动幅度，有下列几种规定方法：

（1）规定一定的范围：对品质指标的规定允许有一定的差异范围。例如，漂布，幅阔在35～36英寸之间时，卖方交付漂布，只要在此范围内均算合格。

（2）规定一定的极限：对所交货物的品质规格，规定上下极限，即最大、最高、最多为多少，最小、最低、最少为多少。例如，大米的碎粒率最高为35%，水分含量最高为15%，杂质最高为1%；薄荷油中薄荷脑含量最少为50%。卖方交货只要没有超出上述极限，买方就无权拒收。

（3）规定上下差异：例如，灰鸭毛含绒量应为18%，可上下浮动1%。

为了体现按质论价，在使用品质机动幅度时，有些货物也可根据交货品质情况调整价格，即所谓品质增减价条款。根据我国外贸的实践，品质增减价条款有下列几种方法：

（1）对机动幅度内的品质差异，可按交货实际品质规定予以增价或减价。例如，在我国大豆出口合同中规定，"水分每增减1%，则合同价格就减增1%；碎粒率每增减1%，则合同价格就减增0.5%；含油量每增减1%，则合同价格就增减1.5%。如增减幅度不到1%者，可按比例计算"。

（2）只对品质低于合同规定者减价。在品质机动幅度范围内，交货品质低于合同规定者减价，而高于合同规定者却不提高价格。为了更有效地约束卖方按规定的品质交货，还可规定不同的减价方法。例如，在机动幅度范围内，交货品质低于合同规定1%，减价1%；低于合同规定1%以上者，则加大减价比例。

采用品质增减价条款，一般应选用对价格有重要影响而又允许有一定机动幅度的主要质量指标，对于次要的质量指标或不允许有机动幅度的重要指标，则不能适用。

四、订立品质条款的注意事项

（一）正确运用各种表示品质的方法

品质的表示方法很多，究竟采用何种表示方法，应视商品特性而定。一般而言，适用于文字、图样、照片、数据等办法来表示商品品质时，应分别采取这类表示品质的方法为宜，不要轻易采用看货成交或凭样品成交的办法。

（二）从实际出发，防止品质条件偏高或偏低

在确定出口商品的品质条件时，既要考虑国外市场的实际需要，又要考虑国内生产部门供货的可能性。凡外商要求过高，我们实际做不到的条件，诸如皮鞋要彻底消灭皱纹、豆类要彻底消灭活虫与死虫之类的条件，我们不应接受。反之，对于品质条件符合国外市场需要的商品，合同中的品质条件不应低于实际商品，以免影响成交价格和出口商品信誉。

（三）合理地规定影响品质的各项重要指标

在品质条款中，应有选择地规定各项品质指标。凡影响品质的重要指标，不能将其遗漏；对于次要指标，可以少列；对于一些与品质无关的条件，不宜订入，以免条款过于烦琐。以买卖大豆为例，大豆的含油量及其蛋白质的含量，虽然都是表示大豆品质的指标，但对大豆规格的具体要求却由于大豆的用途不同而有所差异。

（四）注意进口国的法令规定

世界各国对进口商品的品质都有具体的规定，凡品质不符合法令规定的商品，一律不准进口，有的还要求就地销毁，并由货主承担由此引起的各种费用，这应当引起我们重视。

（五）注意各品质指标之间的内在联系和相互关系

品质条款包含的各项品质指标，都是从各个不同角度来说明品质的，实际上各项指标之间有的有内在联系且相互影响，在确定品质条件时要通盘考虑，注意它们之间的一致性，以免由于某一品质指标规定不合理而影响其他品质指标，造成不应有的损失。

（六）力求品质条款明确、具体

为便于买卖双方按约定的品质条件交接货物和明确彼此的责任，在规定品质条件时，应当明确具体，避免采用诸如"大约""左右"之类笼统含糊的或模棱两可的规定，以免在交货品质问题上引起争议。

第三节　商品的数量

商品的数量是国际货物买卖合同中不可缺少的主要条件之一。由于交易双方约定的数量是交接货物的依据，因此正确掌握成交数量和订好合同中的数量条件，具有十分重要的意义。

一、计量单位和计量方法

在国际贸易中，由于商品的种类、特性和各国度量衡制度的不同，所以计量单位和计量方法也多种多样。了解各种度量衡制度，熟悉各种计量单位的特定含义和计量方法，乃是从事对外经贸活动的人员所必须具备的基本常识和技能。

（一）计量单位

国际贸易中使用的计量单位很多，究竟采用何种计量单位，除主要取决于商品的种类和特点外，还取决于交易双方的意愿。

1.计量单位的确定方法

国际贸易中不同类型的商品，需要采用不同的计量单位。通常使用的有下列几种：

（1）按重量（Weight）计算：按重量计量是当今国际贸易中广为使用的一种计量方法，主要适用于初级产品（如大米、花生、煤、铁矿石）以及部分工业制成品。按重量计量的单位有：公吨（Metric Ton，即"吨"）、长吨（Long Ton）、短吨（Short Ton）、千克（Kilogram）、克（Gram）、盎司（Ounce）等。对黄金、白银等贵重商品，通常采用克或盎司来计量。钻石之类的商品，则采用克拉作为计量单位。

（2）按数量（Number）计算：大多数工业制成品，尤其是日用消费品、轻工业品、机械产品以及一部分土特产品，均习惯于按数量进行买卖。其所使用的计量单位有：件（Piece）、双（Pair）、套（Set）、打（Dozen）、卷（Roll）、令（Ream）、罗（Gross）、袋（Bag）和包（Bale）等。

（3）按长度（Length）计算：在金属绳索、丝绸、布匹等商品的交易中，通常采用米（Meter）、英尺（Foot）、码（Yard）等长度单位来计量。

（4）按面积（Area）计算：在玻璃板、地毯、皮革等商品的交易中，一般习惯于以面积作为计量单位，常见的有：平方米（Square Meter）、平方英尺（Square Foot）、平方码（Square Yard）等。

（5）按体积（Volume）计算：按体积成交的商品有限，仅包括木材、天然气和化学气体等。属于这些方面的计量单位的有：立方米（Cubic Meter）、立方英尺（Cubic Foot）、立方码（Cubic Yard）等。

（6）按容积（Capacity）计算：各类谷物和流体货物，往往按容积计量。其中，美国以蒲式耳（Bushel）作为各种谷物的计量单位，但每蒲式耳所代表的重量，则因谷物不同而有所差别。例如，每蒲式耳亚麻籽为56磅，每蒲式耳燕麦为32磅，每蒲式耳大豆和小麦为60磅。公升（Litre）、加仑（Gallon）则用于酒类、油类商品。

2.国际贸易中的度量衡制度

世界各国的度量衡制度不同，致使计量单位上存在差异，即同一计量单位所表示的数量不同。

在国际贸易中，通常采用公制（The Metric System）、英制（The British

System)、美制（The U.S. System）和国际标准计量组织在公制基础上颁布的国际单位制（The International System of Units，SI）。《中华人民共和国计量法》规定，"国家采用国际单位制。国际单位制计量单位和国家选定的其他计量单位，为国家法定计量单位"。目前，除个别特殊领域外，一般不许再使用非法定的计量单位。我国出口商品，除照顾对方国家贸易习惯约定采用公制、英制或美制计量单位外，均使用我国法定计量单位。我国进口的机器设备和仪器等，应要求使用法定计量单位，否则一般不许进口，如确有特殊需要，必须经有关标准计量管理部门批准。

由于度量衡制度不同，即使是同一计量单位所表示的数量差别也很大。就表示重量的吨而言，实行公制的国家一般采用公吨。每公吨为1 000千克；实行英制的国家一般采用长吨，每长吨为1 016千克；实行美制的国家一般采用短吨，每短吨为907千克。此外，有些国家对某些商品还规定有自己习惯使用的或法定的计量单位。以棉花为例，许多国家都习惯以包（Bale）为计量单位，但每包的含量各国解释不一，如美国棉花规定每包净重为480磅；巴西棉花每包净重为396.8磅；埃及棉花每包净重为730磅。又如糖类商品，有些国家习惯采用袋装，古巴每袋糖的重量规定为133千克，巴西每袋糖的重量规定为60千克等。由此可见，了解各不同度量衡制度下各计量单位的含量及其计算方法是十分重要的。

为了解决由于各国度量衡制度不同而带来的弊端，以及为了促进国际科学技术交流和国际贸易的发展，国际标准计量组织在各国广为通用的公制的基础上颁布了国际单位制（SI）。国际单位制的实施和推广，标志着计量制度日趋国际化和标准化，现在已有越来越多的国家采用国际单位制。

（二）计算重量的方法

在国际贸易中，按重量计量的商品很多。根据一般商业习惯，通常计算重量的方法有下列几种：

1.毛重（Gross Weight）

商品本身重量加包装的重量称为毛重。有些低值产品常以毛重作为计算价格的基础，称为"以毛作净"。例如，大豆1 000公吨，单层麻袋包装以毛作净。所谓"以毛作净"，实际上就是以毛重作为净重计价。

2.净重（Net Weight）

商品本身重量，即除去其包装物后的实际重量称为净重，这是国际贸易中最常见的计重方法。

在采用净重计重时，对于如何计算包装重量，国际上有下列几种做法：

（1）按实际皮重（Actual Tare或Real Tare）计算。实际皮重即指包装的实际重量，它是指对包装逐件称量后所得的总和。

（2）按平均皮重（Average Tare）计算。如果商品所使用的包装比较统一，重量相差不大，就可以从整批货物中抽出一定的件数，称出其皮重，然后求出其平均重量，再乘以总件数，即可求得整批货物的皮重。近年来，随着技术的发展和包装材料及规格的标准化，用平均皮重计算净重的做法已日益普遍。有人把它称为标准皮重（Standard Weight）。

（3）按习惯皮重（Customary Tare）计算。有些商品，由于其所使用的包装材料和规格已比较固定，皮重已为市场所公认，因此在计算其皮重时，就无须对包装逐件过秤，按习惯上公认的皮重乘以总件数即可。

（4）按约定皮重（Computed Tare）计算，即以买卖双方事先约定的包装重量作为计算的基础。

国际上有多种计算皮重的方法，究竟采用哪一种方法来求得净重，应根据商品的性质、所使用包装的特点、合同数量的多寡以及交易习惯，由双方当事人事先在合同中订明，以免事后引起争议。

3. 公量（Conditioned Weight）

国际贸易中的棉毛、羊毛、生丝等商品有较强的吸湿性，其所含的水分受客观环境的影响较大，故其重量很不稳定。为了准确计算这类商品的重量，国际上通常采用按公量计算的办法，即以商品的干净重（指烘去商品水分后的重量）加上国际公定回潮率与干净重的乘积所得出的重量作为公量。其计算公式有下列两种：

公量=商品干净重×（1+公定回潮率）

$$公量=\frac{商品干净重×（1+公定回潮率）}{1+实际回潮率}$$

【例8-4】某毛纺厂从澳大利亚进口羊毛10公吨，双方约定标准回潮率为11%，用科学仪器抽出水分后，羊毛净剩8公吨。问：该批羊毛的公量为多少？

【分析指导】实际回潮率=水分÷净剩量×100%=（10-8）÷8×100%=25%

公量=实际重量×（1+标准回潮率）÷（1+实际回潮率）

=10×（1+11%）÷（1+25%）=8.88（公吨）

4. 理论重量（Theoretical Weight）

对于某些按固定规格生产和买卖的商品，只要其规格一致，每件重量大体是相同的，一般可以从其件数推算出总量。但是这种计重方法建立在每件货物重量相同的基础上，重量如有变化，其实际重量也会产生差异，因此，只能作为计重时的参考。

5. 法定重量（Legal Weight）和实物净重（Net Net Weight）

按照一些国家的海关法的规定，在征收从量税时，商品的重量是以法定重量计算的。所谓法定重量是商品重量加上直接接触商品的包装物料，如销售包装等的重量。而除去这部分重量所表示出来的纯商品的重量，则称为实物净重。

二、数量条款的规定

（一）数量条款的基本内容

在我国进出口合同中，数量条款通常包括成交数量、计量单位和计量方法等内容。由于商品种类很多，其性质、特点各异，加之各国度量衡制度不同，计量单位和计量方法多种多样，因此数量条款内容的繁简，主要取决于商品的种类和特性。

（二）约定数量条款的注意事项

规定数量条款，需要注意下列事项：

1.正确掌握成交数量

在洽商交易时，应正确掌握进出口商品成交的数量，防止心中无数，盲目成交。

2.数量条款应当明确具体

在数量条款中，对成交商品的具体数量、使用何种计量单位和计量方法、数量机动幅度的大小和其选择权由谁掌握以及溢短装部分的具体作价办法等内容，都应列明。此外，对成交的数量一般不宜采用"大约""近似""左右"等字眼，以免引起解释上的分歧而给履约造成困难。《UCP 600》第30条规定：

（1）若成交数量前使用"大约""近似"等字眼，这个约数可解释为交货数量有不超过10%的增减幅度。

【例8-5】我国某公司出口布匹以信用证结算，买方银行来证规定，数量大约为5 000码，每码1美元，但金额注明为总额不超过5 000美元。问：我国某公司如何掌握装运数量？

【分析指导】本例中，我公司最多可装运5 000码，最少装运4 500码。因为根据《UCP 600》第30条的规定，若成交数量前使用"大约""近似"等字眼，这个约数可解释为交货数量有不超过10%的增减幅度。合同和来证单价为每码1美元，信用证总金额为5 000美元，因此，我方最多只能装运5 000码，但我方可少交10%，即交4 500码。

（2）《UCP 600》规定：除非信用证规定货物的指定数量不得有增减外，在所支付款项不超过信用证金额的条件下，货物数量准许有5%的增减幅度，但以包装单位或个数记数时不适用。

【例8-6】我国某进出口公司向美国出口玉米，合同规定，数量为1 000公吨，每公吨100美元，以信用证方式支付。合同签订后，美国进口商开来信用证，金额为100 000美元。问：我方最多、最少各可交付多少公吨玉米？为什么？

【分析指导】本例中，我方最多可交付1 000公吨玉米，最少可交付950公吨玉米。因为，《UCP 600》规定：对合同未规定数量机动幅度的散装货，除非信用证规定货物的指定数量不得有增减外，在所支付款不超过信用证金额的条件下，货物数量准许有5%的增减幅度。在本例中，玉米是散装货，数量可有5%的增减，即卖方交货数量可在950~1 050公吨之间，但信用证金额只有100 000美元，因此，卖方最多也只能交付1 000公吨玉米，最少可交950吨玉米。

3.合理规定数量机动幅度

在粮食、矿砂、化肥和食糖等大宗商品的交易中，由于商品特性、货源变化、船舱容量、装载技术和包装等因素的影响，要求准确地按约定数量交货，有时存在一定困难。为了使交货数量具有一定范围内的灵活性和便于履行合同，买卖双方可在合同中合理规定数量机动幅度。只要卖方交货数量在约定的增减幅度范围内，就算按合同规定数量交了货，买方不得以交货数量不符为由拒收货物或提出索赔。

为了订好数量机动幅度条款，即数量增减条款或溢短装条款，需要注意下列几点：

（1）数量机动幅度的大小要适当。数量机动幅度的大小通常都以百分比表示，如3%或5%不等。究竟百分比多大合适，应视商品特性、行业、贸易习惯和运输方式等因素而定。数量机动幅度可酌情做出各种不同的规定，其中一种是只对合同数量规定一个百分比的机动幅度，而对每批分运的具体幅度不作规定，在此情况下，只要卖方交货总量在规定的机动幅度范围内，就算按合同数量交了货。另一种是除规定合同数量总的机动幅度外，还规定每批分运数量的机动幅度，在此情况下，卖方总的交货量就得受上述总机动幅度的约束，而不能只按每批分运数量的机动幅度交货，这就要求卖方根据过去累计的交货量，计算出最后一批应交的数量。此外，有的买卖合同，除规定一个具体的机动幅度（如3%）外，还规定一个追加的机动幅度（如2%），在此情况下，总的机动幅度应理解为5%。

（2）机动幅度选择权的规定要合理。在合同规定有机动幅度的条件下，由谁行使这种机动幅度的选择权呢？一般来说，是履行交货的一方，也就是由卖方选择。但是，如果涉及海洋运输，交货量的多少与承载货物的船只的舱容关系非常密切，在租用船只时，就得跟船方商定。所以，在这种情况下，交货机动幅度一般是由负责安排船只的一方（如FOB的买方）选择，或是干脆由船长根据舱容和装载情况进行选择。总之，机动幅度的选择权可以根据不同情况，由买方行使，也可由卖方行使，或由船方行使，因此，为了明确起见，最好是在合同中做出明确合理的规定。过去，我国按FOB条件从国外进口一项大宗商品，合同规定卖方交货总数和每批装船数量均有5%的机动幅度，此项机动幅度都由卖方确定。显然，此项规定是极不合理的，今后应当避免。

此外，当成交某些价格波动剧烈的大宗商品时，为了防止卖方或买方利用数量机动幅度条款，根据自身的利益故意增加或减少装船数量，也可在机动幅度条款中加订："此项机动幅度只有为了适应船舶实际装载量的需要时，才能适用。"

（3）溢短装数量的计价方法要公平合理。目前，对机动幅度范围内超出或低于合同数量的多装或少装部分，一般是按合同价格结算，这是比较常见的做法。但是，数量上的溢短装在一定条件下关系到买卖双方的利益。在按合同价格计价的条件下，交货时市价下跌，多装对卖方有利。但如果市价上升，多装却对买方有利，因此，为了防止有权选择多装或少装的一方当事人利用行市的变化，有意多装或少装以获取额外的好处，也可在合同中规定，多装或少装的部分，不按合同价格计价，而按装船时或货到时的市价计算，以体现公平合理的原则，如双方对装船时或货到时的市价不能达成协议，则可交由仲裁解决。

第四节　商品的包装

除少数直接装入运输工具的散装货（Bulk Cargo）和在形态上自成件数、无须包装或略加捆扎即可成件的裸装货（Nude Cargo）不必包装以外，绝大多数进出口商品都需要包装，以保护商品在流通和销售过程中品质完好、数量完整，并为货物的运输、交接和保管等环节的操作提供方便。由于商品包装涉及买卖双方的利益，故交易双方洽商交易时，应谈妥包装条件，并在合同中具体规定。

根据包装的作用不同，商品的包装可分为运输包装和销售包装两大类。

一、运输包装

（一）运输包装的含义

运输包装（Shipping Package）是指保护商品，防止货物在运输途中出现货损、货差，以及便于运输、储存计数和分拨的包装，也称大包装、外包装。

（二）运输包装的分类

运输包装的方式和造型多种多样，包装的用料和质地也各不相同，包装程度也各有差异，这就导致运输包装的多样性。一般地说，运输包装可从下列各种不同的角度分类：

1.按包装方式划分

按包装方式，运输包装可分为单件运输包装和集合运输包装。前者是指货物在运输过程中作为一个计件单位的包装，后者是指将若干单件运输包装组合成一件大包装，以便更有效地保护商品，提高装卸效率和节省运输费用。

2.按包装造型划分

按包装造型不同，运输包装可分为箱、袋、包、桶和捆等不同形状的包装。

3.按包装材料划分

按包装材料不同，运输包装可分为纸制包装、金属包装、木制包装、塑料包装、麻制品包装、竹、柳、草制品包装、玻璃制品包装和陶瓷包装等。

4.按包装质地划分

按包装质地划分，运输包装可分为软性包装、半硬性包装和硬性包装，究竟采用其中哪一种，需视商品特性而定。

5.按包装程度划分

按包装程度不同，运输包装可分为全部包装（Full Packed）和局部包装（Part Packed）两种。前者是指对整个商品全部予以包装，绝大多数商品都需要全部包装；后者是指对商品需要保护的部位加以包装，而不受外界影响的部分，则不予包装。

在国际贸易中，买卖双方究竟采用何种运输包装，应根据商品特性、形状、贸易习惯、货物运输路线的自然条件、运输方式和各种费用开支大小等因素，在洽商交易时谈妥，并在合同中具体订明。

（三）运输包装的标志

为了装卸、运输、仓储、检验和交接工作顺利进行，防止发生错发、错运和损坏货物与伤害人身的事故，以保证货物安全迅速、准确地运交收货人，就需要在运输包装上书写、压印、刷制各种有关的标志，以资识别和提醒人们操作时注意。运输包装上的标志，按其用途可分为运输标志（Shipping Mark）、指示性标志（Indicative Mark）和警告性标志（Warning Mark）三种。

视频 8-1
国际货物
包装的相关
标志

1.运输标志

这种标志又称唛头，通常由一个简单的几何图形和一些字母、数字及简单的文字组成。其主要内容包括：（1）目的地的名称或代号。（2）收、发货人的代号。（3）件号、批号。此外，有的运输标志还包括原产地、合同号、许可证号和体积与重量等内容。运输标志的内容，繁简不一，由买卖双方根据商品特点和具体要求商定。

鉴于运输标志的内容差异较大，有的过于繁杂，不适应货运量增加、运输方式变革和电子计算机在运输与单据流转方面应用的需要，因此联合国欧洲经济委员会简化国际贸易程序工作组，在国际标准化组织和国际货物装卸协调协会的支持下，制定了一套运输标志向各国推荐使用。该标准运输标志包括：（1）收货人或买方名称的英文缩写字母或简称。（2）参考号，如运单号、订单号或发货票号。（3）目的地。（4）件号。至于根据某种需要而必须在运输包装上刷写的其他内容（如许可证号等），则不作为运输标志必要的组成部分。现列举三个运输标志示例，如图 8-1 所示。

2.指示性标志

这种标志是提示人们在装卸、运输和保管过程中需要注意的事项，一般都是以简单、醒目的图形和文字在包装上标出，故有人称其为注意标志。现列举几种指示性标志，如图 8-2 所示。

在运输包装上标示哪种标志，应根据商品性质正确选用。在文字使用上，最好采用出口国和进口国的文字，但一般使用英文的居多。

3.警告性标志

这种标志是指在易爆品、易燃品、有毒物品、腐蚀性物品、放射性物品等危险品的运输包装上，用醒目的图形或文字标明的规定用于各类危险品的标志，警告有关人员采取必要的防护措施，以保证人员与货物的共同安全。现列举几种警告性标志，如图 8-3 所示。

上述运输包装上的各类标志，都必须按有关规定标打在运输包装上的明显部位，标志的颜色要符合有关规定的要求，防止褪色、脱落，使人一目了然，容易辨认。

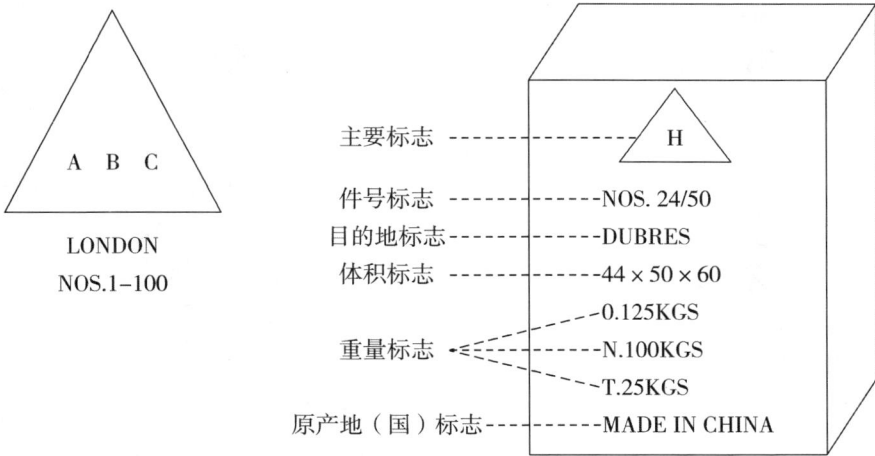

主要标志 --------------- H

件号标志 --------------- NOS. 24/50

目的地标志 ------------- DUBRES

体积标志 --------------- 44×50×60

重量标志 ⎰------------- 0.125KGS
　　　　 ⎱------------- N.100KGS
　　　　 ⎩------------- T.25KGS

原产地（国）标志 -------- MADE IN CHINA

A B C

LONDON
NOS.1-100

标准化运输标志：

ABC……………收货人代号

1234……………参考号

NEW YORK………目的地

1/25……………件数代号

图 8-1　运输标志示例

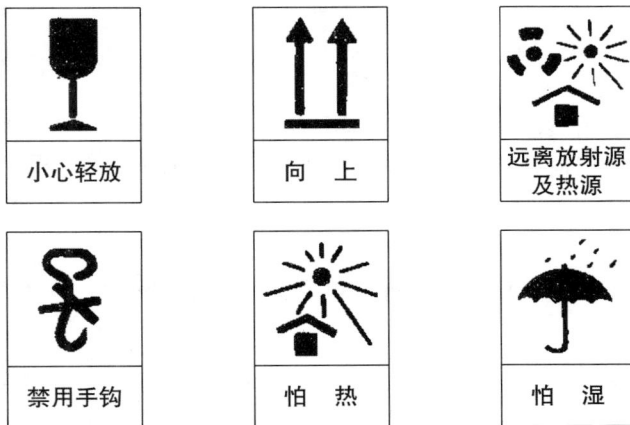

| 小心轻放 | 向　上 | 远离放射源及热源 |
| 禁用手钩 | 怕　热 | 怕　湿 |

图 8-2　指示性标志示例

此外，联合国政府间海事协商组织也规定了一套《国际海运危险标志》，这套规定在国际上已被许多国家采用，有的国家进口危险品时，要求在运输包装上标示该组织规定的危险品标志，否则不准靠岸卸货，因此，在我国出口危险货物的运输包装上，要标示我国和国际海运所规定的两套危险品标志。

（符号：黑色或白色　底色：正红）

（符号：黑色　底色：白色）

（符号：黑色　底色：白色）

（符号：黑色　底色：上黄下白，附三条红竖条）

（符号：黑色　底色：白橙红色）

（符号：黑色　底色：白色）

图8-3　警告性标志示例

二、销售包装

销售包装是直接接触商品、并随商品进入零售网点与消费者直接见面的包装，也称小包装或内包装。这类包装除必须具有保护商品的功能外，更应具有促销的功能。

（一）销售包装的分类

销售包装可采用不同的包装材料和不同的造型结构与式样，这就导致销售包装的多样性。究竟采用何种销售包装，主要根据商品特性和形状而定。常见的销售包装有下列几种：

1.挂式包装

凡带有吊钩、吊带、挂孔等装置的包装，称为挂式包装，这类包装便于悬挂。

2.堆叠式包装

凡堆叠稳定性强的包装（如罐、盒等）称为堆叠式包装，其优点是便于摆设和陈列。

3.携带式包装

在包装上附有提手装置的为携带式包装，这类包装携带方便，颇受顾客欢迎。

4.易开包装

对要求封口严密的销售包装，标有特定的开启部位，易于打开封口，其优点是使用便利，如易拉罐等。

5.喷雾包装

流体商品的销售包装本身，有的带有自动喷出流体的装置，它如同喷雾器一样，使用起来相当方便。

6.配套包装

对某些需要搭配成交的商品，往往采用配套包装，即将不同品种、不同规格的商品配套装入同一包装。

7.礼品包装

对某些用于作为礼品进行赠送的商品，为了包装外表的美观和显示礼品的名贵，往往采用专门的包装。

包装除了用于包装出售的商品外，还可用于存放其他商品或供人们观赏，它具有多种用途。

（二）条形码

商品包装上的条形码是由一组带有数字的黑白及粗细间隔不等的平行条纹所组成的，它是利用光电扫描阅读设备为计算机输入数据的特殊的代码语言。

视频 8-2
UPC 条码与
EAN 条码有
何区别

国际上通用的条形码主要有两种：一种是由美国、加拿大共同组织的统一编码委员会编制的 UPC 条码（Universal Product Code）；另一种是由原欧共体 12 国组成的欧洲物品编码协会（该组织后更名为国际编码协会）编制的 EAN 条码（European Article Number）。在实际应用中，EAN 条码有两种版本，标准版和缩短版。标准版 EAN 条码由 13 位数字组成，称为 EAN-13 条形码或长码；缩短版 EAN 条码由 8 位数字组成，称为 EAN-8 码或者短码。目前，EAN-13 条形码在国际上使用最广泛，该编码前 3 位数字为国别码，中间 4 位数字为厂商代码，其后 5 位数字为产品代码，最后一位为校验码。例如，编码"6920779602080"，"692"为前缀码，代表国家，"0779"是制造厂商代码，"60208"是商品项目代码，"0"为校验码。

为了适应国际市场的需要和扩大出口，1988 年 12 月我国成立了"中国物品编码中心"，负责推广条形码技术，并对其进行统一管理。1991 年 4 月我国正式加入国际物品编码协会，该协会分配给我国的国别号为"690""691""692""489""471"等。此外，我国的书籍代码为"978"，杂志代码为"977"。

三、中性包装和定牌

采用中性包装（Neutral Packing）和定牌生产，是国际贸易中常有的习惯做法，现分别予以介绍：

（一）中性包装

中性包装是指既不标明生产国别、地名、厂商和名称，也不标明商标或牌号的包装。也就是说，在出口商品包装的内外，都没有原产地和出口厂商的标记。中性包装包括无牌中性包装和定牌中性包装两种。前者是指包装上既无生产地名称和厂商名称，又无商标、品牌；后者是指包装上仅有买方指定的商标或品牌，但无生产地名称和出口商的名称。

我国出口商品时可以接受中性包装业务。如果合同规定采用中性包装，生产厂家就必须严格按合同要求组织生产。对于无牌中性包装要做到：第一，无国别、无产地、无厂名、无商标、无牌号、无中文字样、无特定代号。第二，包装内不附带说明书、合格证、设备清单等中文资料。第三，不使用印有中文的书报、布料等作为包装填充材料。对于定牌中性包装，除按买方要求注明其指定的商标、牌号或商号名称与代号外，也应做到上述几点。

（二）定牌

定牌是指卖方按买方要求在其出售的商品或包装上标明买方指定的商标或品牌，这种做法称为定牌生产。

当前，世界许多国家的超级市场、大百货公司和专业商店，对其经营出售的商品，都要求在商品上或包装上标有本商店使用的商标或品牌，以扩大本店知名度和显示该商品的价格。许多国家的出口商，为了利用买主的经营能力及其商业信誉和声誉，以提高商品售价和扩大销路，也愿意接受定牌生产。

在我国出口贸易中，如外商订货量较大，且需求比较稳定，为了适应买方销售的需要和有利于扩大出口，我们也可接受定牌生产。具体做法有下列几种：

1.在定牌生产的商品和/或包装上，只用外商所指定的商标或品牌，而不标明生产国别和出口商名称，这属于采用定牌中性包装的做法。

2.在定牌生产的商品和/或包装上，标明我国的商标或品牌，同时也加注国外商号名称或表示其商号的标记。

3.在定牌生产的商品和/或包装上，采用买方所指定的商标或品牌的同时，在其商标或品牌下标示"中国制造"字样。

在洽谈定牌中性包装时还应注意：第一，要对买方提供的图案、文字内容进行审查，不接受与我国精神文明标准不符的图案和文字；第二，如果使用买方指定的商标、牌号，则必须在合同中明确予以规定，若日后因此而发生工业产权纠纷或出现侵权行为，则由买方承担一切责任和费用。

四、合同中包装条款的基本内容

出口合同中的包装条款主要包括包装方式、包装材料、包装规格和包装标志等内容。

（一）包装方式

不论是运输包装还是销售包装，其方式多种多样，买卖双方洽商交易时，究竟采用何种包装方式，应予以明确规定。

（二）包装材料

包装材料多种多样，其中包括金属、塑料、木材、玻璃、陶瓷、竹、麻等。究竟采用何种材料制成的包装，也应一并在包装条款中说明。

（三）包装规格

应根据成交商品的形状、特点和运输与销售等方面的要求来确定包装的规格及其尺寸大小，并在包装条款中注明，以便买卖双方交接货物时有所遵循。

（四）包装标志

为了保证货物安全、迅速、准确地运交收货人，在运输包装上需要书写、压印、刷制唛头及其他有关标志，在销售包装上一般也应附有装潢画面和文字说明等标志。交易双方商定包装条件时，对这些标志也应事先谈妥，并在合同中具体列明。

国际货物买卖合同中的包装条款举例。

如：每件装一塑料袋，半打为一盒，十打装一木箱。

Packing: Each piece in a poly-bag, half dozen in a box and 10 dozen in a wooden case.

又如：单层新麻袋，每袋约50千克。

Packing: In new single gunny bags of about 50kg each.

五、订立包装条款的注意事项

为了使包装条款科学、合理，以利于合同的履行，在商定包装条款时，主要应考虑下列事项。

（一）根据成交商品特点，选择适合的包装

商品种类繁多，其特性和形状各异，因而对包装的要求也不同，故在约定包装材料、包装方式和包装标志时，必须考虑商品的特点以此确定适合的包装。

（二）要考虑成交商品所采用的运输方式的要求

进出口商品一般都需要经过长途运输，而不同运输方式对包装的要求各不相同，因此，交易双方在商定包装条款时，应根据成交商品所采用的运输方式来确定适用何种运输包装。

（三）要考虑有关国家的法律规定

许多国家对市场销售的商品规定了有关包装和标签管理的条例，其内容十分繁杂和具体，凡进口商品必须遵守其规定，否则，不准进口或禁止在市场上销售。

（四）在不影响包装品质的前提下注意节省费用

交易双方在商定包装条款时，除考虑商品特点、运输要求和有关法律规定外，在选用包装材料和确定包装方式、包装规格等方面，还应考虑有利于节省包装费用和减少其他费用开支。

（五）要考虑有关国家的消费水平、消费习惯和客户的具体要求

由于各国经济、文化背景不同，消费水平和消费习惯各有差异，因此客户对包装样式、包装材料、包装规格、包装装潢画面及文字说明等方面都有特定的具体要求，在洽商交易和订立合同时，应尽可能考虑其要求，以利于合同的顺利履行。

（六）要正确运用中性包装和定牌生产

中性包装和定牌生产是国际贸易中常见的习惯做法，正确运用这些贸易习惯做法，有利于打破某些国家的关税和非关税壁垒，但运用定牌生产时要注意工业产权问题，以免侵犯其他国家的工业产权。

（七）不宜轻易接受按某国家式样包装的条件

采用按某国家式样包装的条件，既增加了履约的难度，又容易引起争议，故在包装条款中一般不宜轻易接受此种条件。

（八）对包装的规定要明确、具体

在这里，要强调指出的是，规定包装条款时，切忌使用笼统、含糊的词句。例如，一般不宜采用"海运包装"（Seaworthy Packing）和"习惯包装"（Customary Packing）之类的贸易术语。这类贸易术语含义含糊，且无统一解释，容易引起争议。

视频 8-3
什么是绿色
包装

第五节　商品的价格

在国际贸易中，如何确定进出口商品价格和规定合同中的价格条款，是交易双方最为关心的一个重要问题，因此，讨价还价往往成为交易磋商的焦点，价格条款便成为买卖合同中的核心条款，买卖双方在其他条款上的利害得失，一般也会在商品价格上体现出来。因为，合同中的价格条款与其他条款有着密切的联系，价格条款的内容与其他条款的约定也相互产生一定的影响。

在实际业务中，正确掌握进出口商品价格，合理采用各种作价办法，选用有利的计价货币，适当运用与价格有关的佣金和折扣，并订好合同中的价格条款，体现对外政策和经营意图，对完成进出口任务和提高外贸经济效益，都具有十分重要的意义。

一、价格的构成

国际贸易的价格一般由以下4个部分组成：计价单位、计量单位、单位价格和贸易术语。

例如，单价：每公吨500美元，CIF日本大阪（Unit Price：USD500/MT CIF Osaka）。

计价单位：美元
计量单位：公吨
单位价格：每公吨500美元
贸易术语：CIF日本大阪

二、成本核算

在价格掌握上，要注意加强成本核算，以提高经济效益，防止出现不计成本、不计盈亏和单纯追求成交量的偏向。尤其在出口方面，强调加强成本核算，掌握出口总成本、出口销售外汇（美元）净收入和人民币净收入的数据，并计算和比较各种商品出口的盈亏情况，更有现实意义。

（一）出口总成本

出口总成本一般包括进货成本、国内费用以及出口退税三个部分，前两项是企业支出的，最后一项则是企业收入的，它是出口国政府按其政策给予出口企业的奖励或补贴。

1.进货成本

进货成本是指出口企业从国内生产企业那里收购出口商品支付的本币货款金额或者出口企业自己生产的出口商品用本币核算的出厂价格。

2.国内费用

国内费用是指出口企业在其业务经营的过程中，发生的直接或间接与其出口业务相关的用本币记录的费用支出。

3.出口退税

按照目前世界上许多国家"奖出限入"政策的规定，对本国境内企业出口某些商品后，在规定的期限内按规定结汇了货款、按时办理了出口收汇核销、单证手续齐全且没有发现违法违规行为的前提下，政府会给予它们一定比例的"出口退税"奖励。

例如，某批出口货物的收购总成本为CNY110万（含增值税价格），国内费用总和为CNY6.5万，出口退税率为13%，则：

出口退税额=出口产品的不含税出厂价×出口退税率

$$=\frac{出口产品的含税出厂价}{1+增值税税率}×出口退税率$$

$$=1\,100\,000÷（1+13\%）×13\%$$

$$=CNY126\,548.67$$

国内出口总成本=国内收购成本+国内费用−出口退税额

$$=1\,100\,000+65\,000−126\,548.67$$

$$=CNY10\,438\,451.33$$

我国的出口退税税额是按收购成本的不含增值税的价格来计算的，而我国出口商品的国内收购价格里通常又包含着增值税，所以在计算出口退税之前，必须事先扣除价款里的增值税。其计算公式是：

出口退税额=不含税价格×出口退税税率

$$不含税价格=\frac{含税价格}{1+增值税税率}$$

（二）出口商品盈亏率

出口商品盈亏率是指出口商品盈亏额与出口总成本的比率。

出口商品盈亏额是指出口销售人民币净收入与出口总成本的差额，前者大于后者为盈利，反之为亏损。其计算公式如下：

$$出口商品盈亏率=\frac{出口销售人民币净收入-出口总成本}{出口总成本}\times100\%$$

出口销售人民币净收入是指出口商品的FOB价按当时外汇牌价折成人民币的数额。

【例8-7】某公司出口健身椅1 000只，每只17.30美元，总价为17 300美元，其中运费2 160美元，保险费112美元。总进价为人民币117 000元（含增值税），费率定额为10%，出口退税率为9%，当时美元的买入价为8.30元。问：出口商品盈亏率为多少？

【分析指导】

出口总成本=进货成本+（国内）定额费用-退税额

               =117 000+117 000×10%-117 000÷（1+17%）×9%=119 700（元）

出口销售外汇净收入 FOB=17 300-2 160-112=15 028（美元）

出口销售人民币净收入=15 028×8.30=124 732.4（元）

出口盈亏额=出口销售人民币净收入-出口总成本=124 732.4-119 700=5 032.4（元）

出口盈亏率=5 032.4÷119 700×100%=4.2%

（三）出口商品换汇成本

出口商品换汇成本也是用来反映出口商品盈亏的一项重要指标，它是指某种商品的出口总成本与出口所得的外汇净收入之比，即用多少人民币换回一美元。出口商品换汇成本如果高于银行的外汇牌价，则出口为亏损。反之，则说明出口有盈利。其计算公式如下：

$$出口商品换汇成本=\frac{出口总成本（人民币）}{出口销售外汇净收入（美元）}$$

出口销售外汇净收入是指出口商品按离岸价（FOB价）出售所得的外汇净收入。

【例8-8】试通过【例8-7】的换汇成本来计算出口盈利额。

【分析指导】【例8-7】中，出口换汇成本为7.965元人民币（119 700÷15 028）换1美元，比当时银行外汇牌价低0.335元（8.30-7.965），表明该商品每出口1美元能取得0.335元人民币的盈利，这笔出口业务总的盈利额为5 034.38元（15 028×0.335）。

（四）出口创汇率

出口创汇率是指加工后成品出口的外汇净收入与原料外汇成本的比率。如原料为国内产品，其外汇成本可按原料的离岸价计算。如原料是进口的，则按该原料的到岸价（CIF价）计算。通过出口的外汇净收入和原料外汇成本的对比，则可看出成品出口的创汇情况，从而确定出口成品是否有利。特别是在进料加工的情况下，核算出口创汇率这项指标，更有必要。其计算公式如下：

$$出口创汇率=\frac{成品出口外汇净收入-原料外汇成本}{原料外汇成本}\times100\%$$

特别值得注意的是：第一，进口原料无论以何种价格贸易术语成交，一律折算为CIF价。第二，出口成品无论以何种价格贸易术语成交，一律折算为FOB价。第三，若原料是国内产品，其外汇成本可按出口原料的FOB价计算。

【例8-9】出口某商品1 000件，每件17.30美元（CIF纽约），总价为17 300美元，其中运费2 160美元，保险费112美元。原料为进口，FOB价为8 000美元，进口运费为1 000美元。问：相应的出口创汇率为多少？

【分析指导】出口创汇率$=\dfrac{\text{成品出口外汇净收入}-\text{原料外汇成本}}{\text{原料外汇成本}}\times100\%$

$=（17\,300-2\,160-112-8\,000-1\,000）\div（8\,000+1\,000）\times100\%$

$=66.98\%$

三、作价办法

在国际货物买卖中，可以根据不同的情况，分别采取下列某种作价办法：

（一）固定价格

在合同中规定固定价格是一种常规做法。它具有明确、具体、肯定和便于核算的特点。不过，由于市场行情瞬息万变，价格涨落不定，因此，在国际货物买卖合同中规定固定价格，就意味着买卖双方要承担从订约到交货付款再到转售过程中产生的价格变动风险。况且，如果市场行情变动过于剧烈，这种做法还可能影响合同的顺利执行，因此，为了降低风险，促成交易，提高履约率，在合同价格的规定方面，买卖双方也日益采取一些变通做法。

（二）非固定价格

非固定价格，即一般业务上所说的"活价"，大体上可分为下述几种：

1.具体价格待定

这种定价方法又可分为：

（1）在价格条款中明确规定定价时间和定价方法。例如："在装船月份前45天，参照当地及国际市场价格水平，协商议定正式价格"，或"按提单日期的国际市场价格计算"。

（2）只规定作价时间，例如："由双方在××××年××月××日协商确定价格"。这种方式由于未就作价方式做出规定，容易给合同带来较大的不稳定性，双方可能因缺乏明确的作价标准，而在商定价格时各执己见，相持不下，导致合同无法执行，因此，这种方式一般只适用于双方有长期交往并已形成比较固定的交易习惯的合同。

2.暂定价格

在合同中先订立一个初步价格，作为开立信用证和初步付款的依据，待双方确定最后价格后再进行最后清算，多退少补。

例如，"单价暂定CIF神户，每公吨1 000英镑，作价方法：以××交易所3个月期货，按装船月份月平均价加5英镑计算，买方按本合同规定的暂定价开立信用证"。

3．部分固定价格，部分非固定价格

为了照顾双方的利益，解决双方在采用固定价格或非固定价格方面的分歧，也可采用部分固定价格、部分非固定价格的做法，或是分批作价的办法，交货期近的价格在订约时固定下来，余者在交货前一定期限内作价。

非固定价格的做法，是先订约后作价，合同的关键价格条款是在订约之后由双方按一定的方式来确定的。这就不可避免地给合同带来较大的不稳定性，存在着双方在作价时不能取得一致意见，而使合同无法执行的可能；或由于合同作价条款规定不当，而使合同失去法律效力的危险。

（三）价格调整条款（滑动价格）

在国际货物买卖中，有的合同除规定具体价格外，还规定有各种不同的价格调整条款。在国际上，随着某些国家通货膨胀的加剧，有些商品合同，特别是加工周期较长的机器设备合同，普遍采用所谓"价格调整条款"（Price Adjustment (Revision) Clause），要求在订约时只规定初步价格（Initial Price），同时规定如原料价格、工资发生变化，卖方保留调整价格的权利。

在价格调整条款中，通常使用下列公式来调整价格：

$$P=P_0\left(A+B\times\frac{M}{M_0}+C\times\frac{W}{W_0}\right)$$

在上述公式中：

P代表商品交货时的最后价格。

P_0代表签订合同时约定的初步价格。

M代表计算最后价格时引用的有关原料的平均价格或指数。

M_0代表签订合同时引用的有关原料的价格或指数。

W代表计算最后价格时引用的有关工资的平均数或指数。

W_0代表签订合同时引用的工资平均数或指数。

A代表经营管理费用和利润在价格中所占的比重。

B代表原料在价格中所占的比重。

C代表工资在价格中所占的比重。

A、B、C所分别代表的比例在合同签订后保持固定不变。

如果买卖双方在合同中规定，按上述公式计算出来的最后价格与约定的初步价格相比，其差额不超过约定的范围，初步价格可不予调整，合同原定的价格对双方当事人仍有约束力，双方必须严格执行。

在使用价格调整条款时，合同价格的调整是有条件的。用来调整价格的各个因素在合同期间所发生的变化，如约定必须超过一定的范围才予以调整，未超过限度即不予调整。

四、佣金和折扣的运用

在合同价格条款中，有时会涉及佣金（Commission）和折扣（Discount；

Allowance）。价格条款中所规定的价格，可分为包含佣金或折扣的价格和不包含这类因素的净价（Net Price）。包含佣金的价格，在业务中通常称为"含佣价"。

（一）佣金

1.佣金的含义

在国际贸易中，有些交易是通过中间代理商进行的。中间商因介绍生意或代买代卖而需收取一定的酬金，此项酬金叫佣金。凡在合同价格条款中，明确规定佣金的百分比都叫作"明佣"。如不标明佣金的百分比，甚至连"佣金"字样也不标示出来，有关佣金的问题由双方当事人另行约定，这种暗中约定佣金的做法，叫作"暗佣"。

2.佣金的规定办法

在商品价格中包括佣金时，通常应以文字来说明。例如："每公吨200美元CIF旧金山，包括2%佣金"（USD 200 per M/T CIF San Francisco including 2%commission）。也可在贸易术语上加注佣金的缩写英文字母"C"和佣金的百分比来表示。例如："每公吨200美元CIFC 2%旧金山"（USD 200 per M/T CIF San Francisco including 2% commission）。商品价格中所包含的佣金，除用百分比表示外，也可以用绝对数来表示。例如："每公吨付佣金25美元"。如中间商为了从买卖双方获取"双头佣金"或为了逃税，有时要求在合同中不规定佣金。而另按双方暗中达成的协议支付。佣金的规定应合理，其比率一般在1%~5%之间，不宜偏高。

3.佣金的计算

在国际贸易中，佣金的计算方法是不一致的。区别在于以佣金率规定佣金时，计算佣金的基数的确定。常用的方法是将成交金额（发票金额）作为计佣基数，例如按CIFC 3%成交，发票金额为10 000美元，则应付佣金为：10 000美元×3%=300美元。也有人认为价格中的运费、保险费不属于出口商本身收益，不应该作为计佣的基数，应按FOB价值计算佣金。按这种方法计算佣金，在以CIF、CFR等贸易术语成交时，要将其中的运费、保险费扣除，求得FOB价之后计算佣金。但多数情况下，以何种贸易术语成交，就以何种价格为基础计算佣金。佣金的计算公式为：

单位货物佣金额=含佣价×佣金率

佣金总额=成交量×单位货物佣金

   =成交量×含佣价×佣金率

净价=含佣价－单位货物佣金额

   =含佣价×（1－佣金率）

含佣价=净价÷（1－佣金率）

【例8-10】某公司向香港客户出口水果罐头200箱，每箱132.6港元CIF香港，客户要求改报CIF香港5%佣金价（在保持原报价格不变的情况下）。问：（1）CIFC 5%香港佣金价应报多少？（2）出口200箱应付给客户多少佣金？

【分析指导】

（1）CIFC 5%=CIF净价÷（1-佣金率）=132.6÷（1-5%）=139.58（港元）

（2）佣金=成交量×含佣价×佣金率=200×139.58×5%=1 395.8（港元）

（二）折扣

1.折扣的含义

折扣是指卖方按原价给予买方一定百分比的减让，凡在价格条款中明确规定折扣率的，叫作"明扣"；凡交易双方就折扣问题已达成协议，而在价格条款中却不明示折扣率的，叫作"暗扣"。

2.折扣的规定办法

在国际贸易中，折扣通常在合同价格条款中用文字明确表示出来。例如："CIF伦敦每公吨200美元，折扣3%"（US$200 per metric ton CIF London including 3% discount）。此例也可这样表示："CIF伦敦每公吨200美元，减3%折扣"（USD 200 per metric ton CIF London less 3% discount）。此外，折扣也可以用绝对数来表示。例如："每公吨折扣6美元"。

在实际业务中，也有用"CIFD"或"CIFR"来表示CIF价格中包含折扣。这里的"D"和"R"分别是"Discount"和"Rebate"的缩写。鉴于在贸易往来中加注的"D"或"R"含义不清，可能引起误解，故最好不使用此缩写语。

交易双方采取暗扣的做法时，则在合同价格中不予规定。有关折扣的问题，按交易双方暗中达成的协议处理，这种做法属于不公平竞争。公职人员或企业雇佣人员拿"暗扣"，应属贪污受贿行为。

3.折扣的计算

折扣通常是以成交额或发票金额为基础计算的。

单位折扣额=含折扣价×折扣率

【例8-11】某商品报每公吨2 500港元，折扣2%。问：折实售价是多少？

【分析指导】折扣额=含折扣价×折扣率=2 500×2%=50（港元）

折实售价=2 500-50=2 450（港元）

五、几种常用价格的换算

CFR=FOB+国外运费

CIF=CFR+保险费=CFR+CIF×（1+投保加成）×保险费率

　　=CFR÷［1-（1+投保加成）×保险费率］

　　=（FOB+国外运费）÷［1-（1+投保加成）×保险费率］

CFR=CIF×［1-（1+投保加成）×保险费率］

【例8-12】出口某种商品我公司对外报价每公吨CIF热内亚500美元，投保加成10%，保险费率为0.8%，对方来电要求改报CFR。问：在保持原收入不变的情况下，我方应如何调整价格？

【分析指导】CFR=CIF×［1-（1+投保加成）×保险费率］=500×［1-（1+10%）×0.8%］

　　　　　　=495.6（美元/公吨）

六、合同中的价格条款

（一）价格条款的内容

合同中的价格条款，一般包括商品的单价和总值两项基本内容，至于确定单价的作价办法和与单价有关的佣金与折扣的运用，也属价格条款的内容。商品的单价通常由四个部分组成，即包括计量单位（如"公吨"）、单位价格金额（如"580"）、计价货币（如"美元"）和贸易术语（如"CIF纽约"）。在价格条款中可规定：

每公吨	580	美元	CIF纽约
计量单位	单位价格金额	计价货币	贸易术语

总值是指单价与成交商品数量的乘积，即一笔交易的货款总金额。

净价条款举例：

单价：每箱 0.70 美元 FOB 天津

总值：14 850 美元

（Unit Price：at USD 0.70 per box FOB TianJin，Total Value：USD 14 850（say US dollars fourteen thousand eight hundred and fifty only））

含佣价条款举例：

单价：每公吨 200 美元 CIFC2% 伦敦，总值：100 000 美元

（Unit Price：at USD 200 per metric ton CIFC2% London，Total Value：USD 100 000（say US dollars one hundred thousand only））

含折扣价条款举例：

单价：每件45英镑CIF汉堡折扣2%，总值：44 100英镑

（Unit Price：at GBP 45 per piece CIF Hamburg less 2% Discount，Total Value：GBP 44 100（say pounds sterling forty-four thousand one hundred only））

（二）规定价格条款的注意事项

为了使价格条款的规定明确合理，必须注意下列事项：

（1）商品的单价，防止偏高或偏低。定价过高就会丧失竞争力，不利于达成交易，过低将损失利润。

（2）根据经营意图和实际情况，在权衡利弊的基础上选用适当的贸易术语。在实际的过程中，普遍是由客户决定采用什么贸易术语，当然作为卖方也可建议对双方有利的贸易术语。

（3）争取选择对己方有利的计价货币，以免遭受币值变动带来的风险。如采用了对我方不利的计价货币，应争取订立外汇保值条款。出口定价，卖方应争取硬币计价，进口定价，买方应争取软币计价。另外可以与银行签订远期外汇合约等保值措施。

（4）在固定价格、非固定价格、价格调整条款之间选择最合适的作价方法，以避免价格变动的风险。

（5）参照国际贸易的习惯做法，注意佣金和折扣的运用。在当今竞争日益加剧的情况下，佣金和折扣常用于促进贸易的成交。在实践的过程中，还出现当外贸公司接单利润不足时，直接将客户介绍给工厂，再从工厂抽佣的情况。

（6）如果货物品质和数量约定有一定的机动幅度，则对机动部分的作价也一并进行规定。这样有利于明确合同，便于合同的履行。

（7）如包装材料和包装费用另行计算，对其计价方法也应一并规定。这样有利于成本的核算与合同的履行。

（8）单价中涉及的计价数量单位、计价货币、装卸地名称等必须书写正确、清楚，以利于合同的履行。这些属于合同的要件，为了避免日后的争议，必须在合同中明确规定。

本章小结

本章着重介绍了国际货物买卖合同中商品的品质、数量、包装及作价的有关知识和相关合同条款的内容。针对交易的商品的特点，既可以用实物表示商品品质，也可以凭说明约定，在规定品质条款时，品质条件要有科学性和合理性，正确运用各种表示品质的方法，应注意规定一定的品质机动幅度。买卖合同中的数量条款，主要包括成交商品的数量和计量单位。按重量成交的商品，还须订明计算重量的方法。数量条款的内容及其繁简，应视商品的特性而定。为了充分发挥包装的作用，以扩大商品出口和提高经济效益，必须高度重视包装工作，切实掌握包装方面的基本知识，密切注意国际市场的包装动态，并订好合同中的包装条款。在对进出口商品作价时，要针对交易的具体特点选择恰当的作价方法，并合理运用佣金与折扣，此外，还要有能力对不同贸易术语下的价格进行换算。

练习题

第八章单选题

第八章多选题

第八章判断题

第八章习题参考答案

第九章
国际货物运输

学习目标

- 了解国际货物运输方式，根据实际需要正确选择运输方式
- 掌握合同中装运条款的拟订及海运运费的计算
- 熟悉提单的性质、作用、种类和内容

第一节　运输方式

国际贸易中的商品流通不同于国内贸易，其空间距离较大，一般都需要通过长途运输。在运输过程中，往往需要经过多次装卸搬运，使用各种运输工具，并变换不同的运输方式，故货物的运输线长面广，中间环节多，情况变化大，涉及的问题也较多，它远比国内的运输复杂。

在国际货物运输中，使用的运输方式很多，其中包括海洋运输、铁路运输、航空运输、集装箱运输、国际多式联运等。我国参与对外贸易的货物，绝大部分通过海洋运输，少部分通过铁路运输，也有一些货物通过空运等其他运输方式进行运输。在我国的外贸企业中，根据进出口货物的特点、运量的大小、路程的远近、需要的缓急、运费的高低、风险的程度、装卸的情况、气候与自然条件以及国际政治形势的变化等因素，应本着审慎的原则，合理选择运输方式。

一、海洋运输

（一）海洋运输（Ocean Transport）的特点

在国际货物运输中，海洋运输是最主要的运输方式，其运量占国际货物运输总量的80%以上。海洋运输借助天然航道，具有载运量大、所需动力和燃料消耗较低且运费低廉等优点。但海洋运输的不足之处也显而易见：海洋运输受气候和自然条件的影响较大，运期不易确定，而且风险较大，另外海洋运输的速度也相对较慢。

我国沿海拥有许多终年不冻的优良港口，现有的主要海港分布于：大连、秦皇

岛、天津、烟台、青岛、连云港、南通、上海、宁波、温州、福州、厦门、黄埔、北海、湛江等地，我国港口与世界各国港口之间开辟了许多定期或不定期的海洋航线，海洋运输对我国对外贸易发展起着重大的作用。

（二）海运船舶的营运方式

国际贸易中使用的海洋商船，按其用途可分为干货船（Dry Cargo Carrier）和油轮（Oil Tanker）两大类。干货船又可分为杂货船（General Cargo Vessel）、散装船（Bulk Carrier）、冷藏船（Refrigerated Vessel）、木材船（Timber Carrier）、集装箱船（Container Ship）、滚装船（Roll-on/Roll-off Ship，Ro-Ro Ship）和载驳船（Barge Carrier）等。

视频9-1
班轮运费的
计算举例

按海洋运输船舶的经营方式的不同，国际海洋货物运输可分为班轮运输（Liner Transport）和租船运输两种（Shipping by Chartering）。

1.班轮运输（Liner Transport）

班轮运输又称定期船运输，它是在一定航线上，有一定的停靠港口，定期开航的船舶运输。一般而言，班轮运输具有以下特点：

（1）"四固定"，即固定航线、固定费率、固定停靠港口、固定航行日期。

（2）"两管"，由船方负责配载装卸，装卸费包括在运费中，供货方不再另付装卸费，船货双方也不再计算滞期费和速遣费。

（3）船货双方的权利、义务与责任豁免，以船方签发的提单条款为依据。

（4）班轮承运货物的品种、数量比较灵活，货运质量较有保证，而且一般采取在码头仓库交接货物，故为货主提供了较便利的条件。

班轮公司运输货物所收取的运输费用，是按照班轮公司运价表（Liner's Freight Tariff）的规定计收的。在国际航运中，班轮运价表的制定各国都不相同，概括起来主要有班轮公司运价表、双边运价表和航运公会运价表三种类型。班轮运价在一定时期内相对稳定，而且其中包括装卸费用，以便于买卖双方核算运费和成交时进行比价。

班轮运价表一般包括货物分级表、各航线费率表、附加费率表、冷藏货及活牲畜费率表。目前，我国海洋班轮运输公司使用的是"等级运价表"，即将承运的货物分成若干等级（一般为20个等级），每一个等级的货物有一个基本费率。

班轮运费包括基本运费和附加运费两部分。基本运费是指货物运往班轮航线上固定停靠的港口，按照运价表内货物划分的等级所收取的运费，它是构成全程运费的主要部分。附加运费是指班轮公司除收取的基本运费之外应收取的那部分运费，附加费名目繁多，而且会随着航运情况的变化而变动。

在班轮运输中常见的附加费有下列几种：

（1）超重附加费（Extra Charges on Heavy Lifts）。它是指由于货物单件重量超过一定限度而加收的一种费用。

（2）超长附加费（Extra Charges on Over Lengths）。它是指由于单件货物的长度超过一定限度而加收的一种费用。

（3）选卸附加费（Additional on Optional Discharging Port）。对于选卸货物（Optional Cargo）需要在积载方面给予特殊的安排，这就会增加一定的手续和费用，甚至有时会发生翻船，由于上述原因而追加的费用，称为选卸附加费。

（4）直航附加费（Additional on Direct）。如一批货物达到规定的数量，托运人要求将一批货物直接运达非基本港口卸货，船运公司为此加收的费用，称为直航附加费。

（5）转船附加费（Transshipment Additional）。如果货物需要转船运输的话，船运公司必须在转船港口办理换装和转船手续，由于上述作业所增加的费用，称为转船附加费。

（6）港口附加费（Port Additional）。由于某些港口的情况比较复杂，装卸效率较低或港口收费较高等原因，船运公司特此加收一定的费用，称为港口附加费。

除上述各种附加费外，船运公司有时还根据各种不同情况临时决定增收某种费用，如燃油附加费、货币贬值附加费、绕航附加费等。

班轮运费的构成为：

班轮运费=基本运费+附加运费

基本运费按班轮运价表规定的计收标准收取。在班轮运价表中，根据不同的商品，对运费的计算标准，通常采用以下几种：

（1）按毛重计算，即重量吨（Weight Ton），在运价表内用"W"表示。

（2）按体积计算，即尺码吨（Measurement Ton），1尺码吨一般以1立方米或40立方英尺为计算单位，用"M"表示。

（3）按毛重或体积计收，按两者中收费高的计算，用"W/M"表示。

（4）按商品价格计收，又称从价运费，即按FOB价格的一定百分比收取，用"A.V."或"Ad.val"（Ad Valorem freight）表示。

（5）按商品毛重、体积或从价计收，选择其中一种收费较高者计收运费，用"W/M"或"Ad.val"表示。

（6）按货物毛重或尺码选择其较高者，再加上从价运费计算，用"W/M plus A.V."来表示。

（7）按货物的个数收取。如活牲畜和动物，按"每头"（per head）计收；车辆有时按"每辆"（per unit）计收；起码运费按"每提单"计收等。

（8）由船方与货方临时议价。它适用于粮食、豆类、矿石、煤炭等运量较大、货值较低、装卸容易、装卸速度快的大宗货物。议价货物的运费率一般较低。

在实际业务中，基本运费的计算标准以按货物的毛重（"W"）和按货物的体积（"M"）或按重量、体积选择（"W/M"）的方式为多。贵重货物较多的是使用货物的FOB总值（"A.V."）计收。上述计算运费的重量吨和尺码吨统称为运费吨（Freight Ton），又称计费吨。国际上一般都采用公制，其重量单位为公吨（Metric Ton，M/T），尺码单位为立方米（Cubic Meter，M）。

班轮运费的具体计算步骤为：

①根据货物的英文名称从货物分级表中查出有关货物的计费等级和其计算标准。

如：通过查找货物等级表，发现品名为 Beans 的计费标准是 W，等级为 5 级。

货物名称	计费标准	等级
Agricultural Machine	W	10
Beans	W	5
Clocks	W/M	8
⋮		

②根据货物等级和计费标准，在航线费率表中查出货物的基本运费费率。

如：通过查找航线费率表（见表9-1），品名为 Beans，等级 5 级，其基本费率为 100 美元/运费吨。

表9-1　　　　　　　　　　　　广州—伦敦航线费率表

货物等级	基本费率（美元/运费吨）
1	50
5	100
10	200
⋮	⋮

③查找各项需支付的附加费率（额）表。

④汇总求出单位货物的运费。

单位运费=基本运费×（1+附加费率之和）+附加费额之和

⑤将单位运费乘以计算重量吨或尺码吨等运费计收单位，算出总运价。如果是从价运费，则按规定的百分率乘以 FOB 货值即可，无须再计算附加运费。

总运费=单位运费×总运费吨

【例9-1】设由天津新港运往莫桑比克首都马普托门锁 500 箱，每箱体积为 0.025 立方米，毛重为 30 千克，计收标准为 W/M，经东非航线运往马普托每运费吨为 450 港元，另收燃油附加费 20%，港口附加费 10%。问：该批门锁的运费为多少？

【分析指导】W=30×500÷1 000=15（运费吨）

M=0.025×500=12.5（运费吨）

因为 W>M，所以采用 W 计费。

运费=［基本运费×（1+附加费率之和）+附加费额之和］×运费吨

　　=［450×（1+20%+10%）+ 0］×15

　　=8 775（港元）

2.租船运输（Shipping by Chartering）

租船运输又称不定期船运输，它与班轮运输有很大的区别。在租船运输业务中，没有预先设定的船期表，船舶经由的航线和停靠的港口也不固定，须按租船双方签订的租船合同来安排，有关船舶的航线和停靠的港口、运输货物的种类以及航行时间等都按承租人的要求，由船舶所有人确认而定，运费也由双方根据市场行情在租船合同中加以约定。租船运输通常适用于大宗货物的运输，如粮食、油料、矿产品和工业原料等进出口通常采用租船运输方式。

租船运输的方式可以分为定程租船（Voyage Charter）和定期租船（Time Charter）。

（1）定程租船，又称航次租船，是指由船舶所有人负责提供船舶，在指定港口之间进行一个航次或数个航次，承运指定货物的租船运输。定程租船就其租赁方式可分为：单航次租船、来回航次租船、连续航次租船、包运合同。

（2）定期租船，是指由船舶所有人将船舶出租给承租人，供其使用一定时期的租船运输。

此外，还有一种特殊的租船形式，即光船租船（Bareboat Charter；Demise Charter）。近年来，国际上发展起一种介于航次租船和定期租船之间的租船方式，即航次租期（Time Charter Trip Basis，TCT），这是以完成一个航次运输为目的，按完成航次所花的时间，按约定的租金率计算租金的方式。

租船运费的计算方式与支付时间需由租船人与船东在所签订的程租船合同中明确规定。其计算方式主要有两种：一种是按运费率计算（Rate Freight），即规定每单位重量或单位体积的运费额，同时规定按装船时的货物重量（In Taken Quantity）或按卸船时的货物重量（Delivered Quantity）来计算总运费；另一种是整船包价（Lump Sum Freight），即规定一笔整船运费，船东保证船舶能提供的载货重量和容积，不管租方实际装货多少一律照整船包价付费。

租船的装卸费由租船人和船东协商确定后在定程租船合同中做出具体规定。船方与租方之间装卸费用的划分有五种情况：

（1）船方负担装卸费（Gross Terms；Liner Terms），又称班轮条件，在此条件下，船货双方一般以船边划分费用。它多用于木材和包装货物的运输。

（2）船方不负担装卸费（Free In and Out，FIO）。这种条件一般适用于散装货。

（3）船方不负担装卸、理舱和平舱（Free In and Out，Stowed and Trimmed，FIOST）。

（4）船方管装不管卸（Free Out，FO）。

（5）船方管卸不管装（Free In，FI）。

在世界租船市场上，有些国家和地区的航运组织或商会，根据有关的航线、货类和租船方式的特点制定各种标准租船合同，以便船、租双方办理租船业务时，可以以这些合同中的条款为依据进行洽商，从而加速交易的进行。

租船合同与贸易合同是有联系的，特别是采用程租船运输时，有关装卸港口、装运货物的种类和数量、装卸费用、装运期、装卸时间和滞期与速遣费等问题，在程租船合同与贸易合同的规定中应当互相衔接，因此，各进出口公司的业务人员应当了解租船运输方面的基本知识，同时在磋商交易和签订大宗货物的买卖合同的同时，应与有关运输人员密切联系，充分考虑运输方面的问题，认真订好合同中的装运条款，使贸易合同与租船合同的有关规定统一起来。

二、国际铁路货物联运

国际铁路货物联运是指两个或两个以上不同国家铁路当局联合起来完成一票货物的铁路运送。它使用一份统一的国际联运票据，由铁路部门经过两国或两个以上国家铁路的全程运输，并由一国铁路向另一国铁路移交货物时不需发货人、收货人参与。国际铁路货物联运通常根据"国际货约"和"国际货协"进行。

视频 9-2
一桥如虹贯
欧亚

国际铁路货物联运所使用的运单和运单副本，是铁路与货主间缔结的运送契约。在发货人提交全部货物和付清他所负担的一切费用后，始发站在运单和运单副本上加盖发站日期戳记，证明货物业已承运，运送契约即告缔结。

视频 9-3
中欧班列在
"一带一路"
建设中的
作用

运单随同货物从始发站至终到站全程附送，最后交给收货人。运单既是铁路承运货物的凭证，也是铁路在终到站向收货人核收运杂费用和点交货物的依据。运单副本在铁路加盖戳记证明货物的承运和承运日期后，发还发货人。

按照我国同参加"国际货协"各国所签订的贸易交货共同条件的规定，运单副本是卖方通过有关银行向买方结算货款的主要证件之一。

按"国际货协"规定，发送国铁路的运送费用，按发送国铁路的国内运价计算，在始发站由发货人支付。到达国铁路的运送费用，按到达国铁路的国内运价计算，在终到站由收货人支付。过境国铁路的运送费用，按国际货协统一过境运价规程（简称"统一价规"）的规定计算，由发货人向始发站，或者收货人向终到站支付。

三、集装箱运输、托盘运输和国际多式联运

（一）集装箱运输、托盘运输

集装箱运输（Container Transportation）和托盘运输（Pallet Transportation）都是成组运输的重要方式。所谓成组运输，就是把零散的货物合并组成大件进行运输。随着国际贸易的日益发展和运输装载工具的不断革新，集装箱运输和托盘运输也相应迅速发展起来，并成为国际货物运输的重要方式。

1.集装箱运输

集装箱是一种容器，又称"货柜"或"货箱"。集装箱运输是以集装箱作为运输单位进行货物运输的一种现代化运输方式，它可用于海洋运输、铁路运输以及国际多式联运等。集装箱运输具有手续简便、装卸效率高、营运成本低、货运质量高、包装用料省、运杂费用低等优点。

国际标准化组织制定的集装箱标准规格共有 13 种，最常见的有 20 英尺和 40 英尺两种。20 英尺集装箱也称 20 英尺货柜，是国际上计算集装箱的标准单位，英文

称为"Twenty-foot Equivalent Unit"，简称"TEU"，规格为8英尺×8英尺×20英尺，内径尺寸为5.9米×2.35米×2.38米，最大毛重为20公吨，最大容积为31立方米，一般可装17.5公吨或25立方米货物。40英尺集装箱规格为8英尺×8英尺×40英尺，内径尺寸为12.03米×2.35米×2.38米，最大毛重为30公吨，最大容积为67立方米，一般可装25公吨或55立方米货物。一个40英尺集装箱相当于2个TEU。

为适应运输各类货物的需要，集装箱除通用的干货集装箱外，还有罐式集装箱、冷藏集装箱、框架集装箱、平台集装箱、通风集装箱、牲畜集装箱、散装集装箱、挂式集装箱等类型。

集装箱运输有整箱货（Full Container Load，FCL）和拼箱货（Less than Container Load，LCL）之分。整箱货由货方在工厂或仓库进行装箱，货物装箱后直接运交集装箱堆场（Container Yard，CY）等待装运，货到目的地（港）后，收货人可直接从目的地（港）集装箱堆场提走。拼箱货是指货物量不足一整箱，需由承运人在集装箱货运站（Container Freight Station，CFS）负责将不同发货人的少量货物拼装在一个集装箱内，货到目的地（港）后，由承运人拆箱后分拨给各收货人。

集装箱的交接方式主要有：

（1）集装箱堆场→集装箱堆场（CY→CY）；

（2）集装箱货运站→集装箱货运站（CFS→CFS）；

（3）"门到门"（Door to Door）。

集装箱运输的费用构成和计算方法与传统的运输方式不同，它包括内陆或装运港市内运输费、拼箱服务费、堆场服务费、海运运费、集装箱以及设备使用费等。

目前，集装箱运输有下列两种计费方法：

（1）按件杂货基本费率加附加费。这是按照传统的按件杂货计算方法，以每运费吨为计算单位，再加收一定的附加费。

（2）按包箱费率。这是以每个集装箱为计费单位。包箱费率视船运公司和航线等因素不同而有所不同。

经营集装箱运输的船运公司为了保证营运收入不低于成本，通常还有最低运费的规定。所谓最低运费，指起码运费，在拼箱货的情况下，最低运费的规定与班轮运输中的规定基本相同。即在费率表中都订有最低运费，任何一批货物其运费金额低于规定的最低运费额时，则按最低运费金额计收。在整箱货的情况下，由货主自行装箱，如箱内所装货物没有达到规定的最低计费标准时，则亏舱损失由货主负担。各船运公司都分别按重量吨和尺码吨对不同类型与用途的集装箱规定了最低的装箱吨数，并以两者中较高者作为装箱货物的最低运费吨，因此，提高集装箱内积载技术，充分利用集装箱容积，有利于节省运输费用。

2.托盘运输

除集装箱运输外，托盘运输也是一种比较先进的运输方式。目前，世界上许多国家，特别是在一些还没有条件采取集装箱运输的地方，都在大力推广托盘化运输。因为托盘化不需大量投资，普通库场、码头都可使用。一般船舶只要甲板、货仓平整，能允许铲车作业，即能承运托盘化货物。

（二）国际多式联运

国际多式联运（International Multi-modal Transport；International Combined Transport）是在集装箱运输的基础上产生和发展起来的。它一般以集装箱为媒介，把各种单一的运输方式有机地结合起来，组成一种国际性的连贯运输。根据《联合国国际货物多式联运公约》所下的定义，国际多式联运是指按照多式联运合同，以至少两种不同的运输方式，由多式联运经营人将货物从一国境内接管货物的地点运至另一国境内指定交付货物的地点的一种运输方式。据此，构成国际多式联运应具备下列条件：

（1）必须有一个多式联运合同，合同中明确规定多式联运经营人和托运人之间的权利、义务、责任和豁免。

（2）必须使用一份包括全程的多式联运单据。

（3）必须至少有两种不同运输方式的连贯运输。

（4）必须是国际间的货物联运。

（5）由一个多式联运经营人（MTO）对全程运输负责。

（6）按全程单一运费率计收运费。

多式联运合同（Multimodal Transport Contract）是指多式联运经营人与托运人之间订立的凭以收取运费、负责完成或组织完成国际多式联运的合同。它明确规定了多式联运经营人和托运人之间的权利、义务、责任和豁免。多式联运经营人（Multimodal Transport Operator）是指其本人或通过其代表订立多式联运合同的任何人，他是事主，而不是发货人的代理人或代表、参加多式联运的承运人的代理人或代表，并且负有履行合同的责任。多式联运单据（Multi-modal Transport Document）是指证明多式联运合同以及证明多式联运经营人接管货物并按照合同条件交付货物的单据，根据发货人的要求，它可以做成可转让的，也可以做成不可转让的。

开展国际多式联运是实现"门到门"运输的有效途径，它简化了手续、减少了中间环节、加快了货运速度、降低了运输成本并提高了货运质量。货物的交接地点也可以做到门到门、门到场站、场站到场站、场站到门等。

四、航空运输

航空运输（Air Transport）是指利用飞机运送进出口货物。航空运输的特点是交货速度快，时间短，安全性能高，货物破损小，节省包装费、保险费等；航行便利，不受地面条件限制，可以通往世界各地。它适合于运送急需货物、鲜活商品、精密仪器及贵重商品等。国际航空运输有班机运输、包机运输、集中托运和航空急件传送方式等。

航空运单（Airway Bill）与海运提单有很大不同，却与国际铁路运单相似。它是由承运人或其代理人签发的重要的货物运输单据，是承托双方的运输合同，其内容对双方均具有约束力。航空运单不可转让，持有航空运单也并不能说明可以对货物要求所有权。

在国际贸易中，除了使用海运、铁路和航空运输方式外，还有使用公路、内河、邮政、管道等方式运输货物的。

第二节　合同中的装运条款

买卖合同中的装运条款包括装运时间、装运地（港）和目的地（港）、是否允许分批装运和转运等，如果采用程租船运输，买卖双方还需在合同中规定装运通知、装卸时间或装卸率、滞期费和速遣费等条款。

一、装运时间

装运时间（Time of Shipment）又称装运期，是指卖方将合同规定的货物装上运输工具或交给承运人的期限。装运时间是国际货物买卖合同的主要交易条款，卖方必须严格按规定时间交付货物，不得任意提前或延迟。否则，如造成违约，则买方有权拒收货物，解除合同，并要求损害赔偿。

在国际贸易中，交货时间（Time of Delivery）和装运时间是两个不同的概念。在使用FOB、CIF、CFR以及FCA、CIP、CPT等贸易术语签订的买卖合同中，卖方在装运港或装运地，将货物装上船只或交付给承运人监管就算已完成交货义务，因此，按照上述贸易术语订立的合同，交货和装运的概念是一致的，可以把二者当作同义语。但若采用"D"组贸易术语成交的合同，交货和装运则是两类完全不同的概念，如DAP（目的地交货）、DAT（运输终端交货）等达成交易时，交货时间是指货物运到目的地交给买方的时间。装运时间是指卖方在装运地将货物装上船或其他运输工具的时间。

1.明确规定装运时间

其可分为规定一段时间和规定最迟装运期限两种。具体有：

（1）规定在某月内装运：装运时间一般不规定在某一个具体日期，而是确定一段时间。例如："7月份装运"（Shipment during July）。

（2）规定在某月底或某日以前装运：即在合同中规定一个最迟装运的期限，这个最迟装运期限，既可以是某一月份的月底，也可以是某一天。例如："9月底或以前装运"（Shipment at or before the end of Sep），"装运期不迟于7月15日或以前装运"（Shipment on or before July 15th）。

（3）跨月装运：有时所规定的一段可供装运的期间，可从某月跨到下月，甚至更迟的月份。

2.规定在收到信用证或收到预付款后若干天内装运

对外汇管制较严的国家或地区的出口贸易，或对买方资信情况不够了解，或专为买方特制的出口商品时，为了防止买方不按时履行合同而造成损失，在出口合同中可采用在收到信用证后一定时间内装运的方法规定装运时间，以保障出口企业的利益。

例如："收到信用证后 45 天内装运"（Shipment within 45 days after receipt of L/C），并在合同中规定"买方最迟于某月某日以前将信用证开抵卖方"（The Buyers must open the relative L/C to reach the Sellers before ×× date）。

3.采用术语表示装运时间

除非买卖双方对诸如"立即装运""尽快装运""即期装运"这类术语的解释已有一致的理解外，否则，应尽量避免使用类似词语，如使用这类术语，银行将不予理会。

二、装运港（地）和目的港（地）

装运港（Port of Shipment）是指货物起始装运的港口。目的港（Port of Destination）是指货物最终卸货的港口。EXW 订语签订的内陆交货的合同中，交货地点为卖方的货物所在地的某个指定地点；按 DAT、DAP、DDP 术语签订的到达合同的交货地点则是指定的目的港或进口国的某一指定地点；按 FAS、FOB、FCA、CFR、CIF、CPT、CIP 术语签订的装运合同的交货地点都在装运港和装运地。

（一）装运港（地）和目的港（地）的规定方法

一般而言装运港是由卖方提出，经买方同意后确定的，而目的港则是买方提出，经卖方同意后确定的。

（1）一般情况下。装运港和目的港分别规定一个。如装运港：上海（Port Of Shipment：Shanghai），目的港：伦敦（Port of Destination：London）。

（2）有时按实际业务需要，如货物分散在多处或磋商交易时尚不能确定在何处发运货物，装卸港（地）可分别规定两个或两个以上。如装运港：天津新港/上海（Tianjinxingang / Shanghai）；目的港：伦敦/利物浦（London/ Liverpool）。当买卖合同规定两个或两个以上装卸港（地）时，凡由卖方负责安排运输的 CFR、CIF、CPT、CIP 合同，可由卖方在实际装运货物时在规定的范围内任意选择装运港（地）。

（3）在交易磋商时，如明确规定一个或几个装卸港有困难，可采用选择港（Optional Ports）的方法。规定选择港有两种方法：一种是在两个或两个以上港口中选择一个，如 CIF 伦敦选择港：汉堡或鹿特丹（CIF London optional Hamburg/ Rotterdam），或者 CIF 伦敦/汉堡/鹿特丹（CIF London/ Hamburg/ Rotterdam）；另一种是笼统规定某一航区为装运港或目的港，如"地中海主要港口"，即最后交货选择地中海的一个主要港口为目的港。

（二）规定国外装运港和目的港应注意的问题

（1）对国外装运港的规定，应力求具体明确，不能采用如"欧洲主要港口（EMP）"和"非洲主要港口（AMP）"等模糊术语。

（2）不能接受内陆城市为装运港或卸货港的条件，因为接受这一条件，我方要承担从港口到内陆城市的运费和风险。

（3）必须注意装卸港的具体条件，如有无直达班轮航线，港口的装卸条件、运费和附加费水平以及对船舶国籍有无限制等。

（4）应注意国外港口有无重名问题。如维多利亚港（Victoria），叫这一名称的港口世界上就有12个之多，而叫波特兰港（Portland）的也有好几个。为防止发生差错，在买卖合同中应明确注明装运港和目的港所在国家和地区的名称。

（5）如采用选择港规定，要注意各选择港口不宜太多，一般不超过三个，而且必须在同一航区、同一航线上。同时在合同中应明确规定：如所选目的港要增加运费、附加费，应由买方负担，同时要规定买方宣布最后目的港的时间。

三、分批装运和转运

分批装运（Partial Shipment）和转运（Transshipment），直接关系到买卖双方的权益，因此，能否分批装运和转运，往往是国际货物买卖合同中交货条款的重要内容，而且需要在磋商交易时明确说明。

（一）分批装运

分批装运又称分期装运（Shipment by Installments），是指一个合同项下的货物分若干批次或若干期装运。在国际贸易中，商品交易因为数量较大，或者是由于备货、运输条件、市场需要或资金的限制，有必要分期或分批交货、到货的，可在进出口合同中规定分批装运条款。

一个合同能否分批交货或装运，应视合同中是否规定允许分批交货或装运而定，如合同中未明确规定允许分批，一般应理解为必须一次交货或装运。但有的国际规则，如国际商会制定的《UCP 600》规定：

（1）同一航次中多次装运货物，即使提单表示不同的装船日期及（或）不同装运港口，只要运输单据注明的目的地相同，也不视为分批装运。

（2）除非信用证另有规定，允许分批装运，否则，为防止误解，如需要分期分批装运的，一般均应在合同中作明确的规定。

在进出口合同中分批装运的规定方法：

（1）只规定"允许分批装运"，不加任何限制，这种做法对卖方来说比较主动，卖方完全可以根据货源和运输条件，在合同规定的装运期内灵活掌握。

（2）订明分若干批次装运，而不规定每批装运的数量，即定批。

（3）订明每批装运的时间和数量，即定期、定批装运。如"4—7月份4批，每月平均装运"，以及类似的限批、限时、限量的条件，则卖方应严格履行约定的分批装运条款，只要其中任何一批没有按时、按量装运，则本批及以后各批均告失效。据此，在买卖合同和信用证中规定分批、定期、定量装运时，卖方必须严格按照合同和信用证的有关规定办理。

【例9-2】某粮油进出口公司于某年4月以CIF条件与英国N贸易有限公司成交一笔出售棉籽油贸易，总数量为1 000吨，允许分批装运。对方开来信用证中有关装运条款规定：1 000吨棉籽油，装运港：广州，允许分两批装运。600吨于该年9

月15日前运至伦敦，400吨于该年10月15日前运至利物浦。粮油进出口公司于8月3日在黄埔港装运450吨棉籽油至伦敦，计划在月末再继续装运剩余的150吨至伦敦，9月末再装运至利物浦的400吨。第一批450吨棉籽油装运完后即备单办理议付，但单据寄到国外，开证行提出单证不符，即装运港和分批装运不符合信用证规定。

【分析指导】开证行所提出的异议是正确的，该粮油进出口公司违反了装运港和分批装运的规定，应赔偿对方由此造成的损失。本案的关键是装运港和分批装运问题，这也是装运条款的具体内容之一。

（二）转运

货物没有直达船或一时无适当的船舶运输，而需要通过中途港转船的称为"转运"。买卖双方可以在合同中商订"允许转船"（Transshipment to be allowed）的条款。

《UCP 600》规定，"转运"一词在不同运输方式下有不同的含义：

（1）在海运方式下，是指在装货港和卸货港之间的海运过程中，货物从一艘船卸下再装上另一艘船的行为。

（2）在航空运输方式下，是指从起运机场至目的地机场的运输过程中，货物从一架飞机卸下再装上另一架飞机的行为。

（3）在公路、铁路或内河运输过程中，是指货物从一种运输工具卸下，再装上另一种运输工具的行为。

《UCP 600》规定，除非信用证另有规定，否则可准许转运。

【例9-3】某公司向坦桑尼亚出口一批货物，目的港为坦埠港。国外来证未明确说明可否转船，而实际上从新港到坦埠港无直达船舶。问：这种情况下是否需要国外改证，加上"允许转船"字样？

【分析指导】按照《UCP 600》的规定，除非信用证另有规定，否则可准许转运，所以可以不要求国外改证。但是为了明确责任和便于安排装运，买卖双方是否同意转运以及有关转运的办法和转运费的负担等问题，应在买卖双方的合同中明确规定。

（三）合同中的分批、转运条款

国际货物买卖合同中的分批、转运条款通常是与装运时间条款结合起来规定的。合同中分批、转运条款举例如下：

（1）5/6/7月份装运，允许分批和转运（Shipment during May/June/July, with partial shipments and transshipment allowed）。

（2）6/7月份分两批装运，禁止转运（During June/July in two shipments, transshipment is prohibited）。

（3）11/12月份分两次平均装运，由中国香港转运（During Nov./Dec. in two equal monthly shipment, to be transshipped at Hong Kong）。

四、装运通知

装运通知（Advice Shipment）也是装运条款的重要内容。买卖双方为了互相配合，共同做好车、船、货的衔接和办理保险等，不论何种贸易术语成交，贸易双方都要承担互相通知的义务。

按 FOB、CFR 和 CIF 术语签订的合同，卖方应在货物装船后，按约定的时间，将合同、货物的品名、件数、重量、发票金额、船名以及装船日期等内容电告买方；按 FCA、CPT、CIP 等术语签订的合同，卖方应在把货物交付承运人接管后，将交付货物的具体情况以及交付日期电告买方，以便买方办理保险并做好接卸货物的准备，及时办理进出口报关手续。需要特别强调的是，买卖双方按 CFR、CPT 条件成交时，卖方交货后，及时向买方发出装运通知，具有更为重要的意义。

五、装卸时间、装卸率、滞期费和速遣费

采用程租船运输时，如果程租船合同中规定船方不承担装（卸）费用，则买卖双方需要在买卖合同中明确装卸费用的负担，以及装卸时间、滞期费和速遣费。装卸时间、滞期费和速遣费的规定应与程租船合同的规定相符。

（一）装卸时间

装卸时间（Lay Time）是指承租人和船舶所有人约定的，承租人保证将合同货物在装运港全部装完和在卸货港全部卸完的时间，它一般以天数或小时数来表示，主要有以下几种：日或连续日、工作日、晴天工作日、连续晴天工作日、按"港口习惯快速装卸"。

（二）装卸率

装卸率是指每日装卸货物的数量。一般应按照港口习惯的正常装卸速度，规定平均每天装卸若干吨。

装卸率的高低，关系到完成装卸任务的时间和运费水平，装卸率规定的过高或过低都不合适。规定过高，完不成装卸任务，要承担滞期费的损失；如果装卸率规定过低，虽能提前完成装卸任务，可得到船方的速遣费，但船方会因装卸率低，船舶在港时间长而增加运费，致使租船人得不偿失。

（三）滞期费和速遣费

滞期费（Demurrage）是指在规定的装卸期限内，租船人未完成装卸作业，给船方造成经济损失，租船人对超过的时间向船方支付的罚金。

速遣费（Despatch Money）是指在规定的装卸期限内，租船人提前完成装卸作业，使船方节省了船舶在港口的费用开支，船方向租船人支付的奖金。

按国际惯例，速遣费一般为滞期费的一半。滞期费和速遣费通常约定为每天若干金额，不足一天者，按比例计算。

【例9-4】外轮在青岛港每晴天工作日装卸袋装花生的标准为 1 000M/T，现有

一艘登记吨为 20 000 吨的轮船按晴天工作日（节假日除外）的标准装运花生 7 200M/T 出口，具体装运情况如下，试计算速遣费或滞期费。速遣费为每一登记吨为 0.14 元人民币，滞期费每登记吨 0.28 元人民币。

日期	工作时间	实际工作时间
8 月 18 日	14：00—24：00	10 小时
8 月 19 日	00：00—24：00	24 小时
8 月 20 日	00：00—14：00	14 小时

【分析指导】装运期限=7 200÷1 000

　　　　　　　　=7.2（天）

实际装运天数=（10+24+14）÷24

　　　　　　　=2（天）

节约天数=7.2-2

　　　　=5.2（天）

应收速遣费=20 000×0.14×5.2

　　　　　=14 560（元）

六、OCP 条款（内陆地区）

OCP 是 "Overland Common Points" 的缩写，是指 "内陆地区"，是享受优惠费率通过陆运可抵达的地区。"内陆地区" 根据费率规定，以美国西部 9 个州为界，即以落基山脉为界，其以东地区为内陆地区。按 OCP 运输条款达成的交易，出口商不仅可享受美国内陆运输的优惠费率，而且也可以享受 OCP 海运的优惠费率。加拿大受美国影响也划有 OCP 地区和类似的运费优惠办法。采用 OCP 条款需注意的事项如下：

（1）货物最终目的地必须属于 OCP 地区范围。

（2）货物必须经由美国西海岸港口中转。

（3）提单上必须注明 OCP 字样，并且在提单目的港一栏中除填写美国西海岸港口名称外，还要加注内陆地区城市名称。

（4）运输标志中须加注 OCP 字样及最终目的地城市名称。

第三节　运输单据

运输单据是指托运人（出口商）将货物交给承运人办理装运时，或在装运完毕后，由承运人签发给托运人的证明文件。它是交接货物、处理索赔与理赔以及向银行结算货款或进行议付的主要单据。在国际货物运输中，运输单据的种类较多，其中包括海运提单、海运单、铁路运单、航空运单、承运货物证明、多式联运单据和邮政收据等。

一、海运提单

（一）海运提单的概念

海运提单（Ocean Bill of Lading，B/L），简称提单，是指由船运公司或其代理人签发的，证明已收到特定货物，允诺将货物运至指定目的地，并交付给收货人的书面凭证。

（二）海运提单的性质和作用

海运提单是承运人或其代理人签发的货物收据（Receipt for the Goods），证明承运人已按提单所列内容收到货物。

海运提单是一种货物所有权的凭证（Document of Title）。提单在法律上具有物权证书的作用。船货抵达目的港后，承运人应向提单的合法持有人交付货物。提单的持有人还可通过背书将提单转让而转移货物所有权，亦可凭提单向银行办理抵押贷款（进出口押汇）。

海运提单是承运人和托运人之间所订立的运输契约的证明（Evidence of the Contract of Carriage），运输契约是在装货前商定的，而提单是在装货后才签发的，因此，提单本身并不是运输契约，而只是运输契约的证明（Evidence of Contract of Carrier）。在提单背面照例应印有各项运输条款和条件，规定承运人和托运人双方的权利和免责事项。提单的合法持有人有权向承运人取得违约赔偿。

有些国家港口规定，必须将提单送交当地海关查验，有些国家在办理领事签证时，也须交验提单副本，作为核查商品能否进口或征收税款之用。

（三）海运提单的格式和内容

提单的格式很多，每个船运公司都有自己的提单格式，但基本内容大致相同，一般包括提单正面的记载事项和提单背面印就的运输条款。

提单正面的内容分别由托运人和承运人或其代理人填写，通常包括下列事项：（1）托运人；（2）收货人；（3）被通知人；（4）收货地或装货港；（5）目的地或卸货港；（6）船名及航次；（7）唛头及件号；（8）货名及件数；（9）重量和体积；（10）运费预付或运费到付；（11）正本提单的份数；（12）船运公司或其代理人的签章；（13）签发提单的地点及日期。

提单背面印有明确承运人与托运人、收货人、提单持有人之间权利和义务的运输条款。有关提单的国际公约包括《海牙规则》（Hague Rules）、《维斯比规则》（Visby Rules）和《汉堡规则》（Hamburg Rules）。

（四）海运提单的分类

1.根据货物是否已经装船，可分为已装船提单和备运提单

（1）已装船提单（On Board B/L），是指货物已装上船后签发的提单。由于已装船提单对收货人按时收货有保障，所以在买卖合同中一般都规定卖方需要提供已装船提单。《UCP 600》规定：如信用证无特殊规定，银行将拒绝接受迟于提单装运

日期 21 天后提交的单据。

（2）备运提单（Received for Shipment B/L），是指承运人在货物已交其接管、待运时所签发的提单。这时货物尚未装船，而仅仅是等待装船，因此，提单上没有具体的装船日期，有时甚至连船名都没有。

2.根据提单上对货物表面状况有无不良批注，可分为清洁提单和不清洁提单

（1）清洁提单（Clean B/L），是指货物装船时表面状况良好，一般未经过添加明显表明货物及/或包装有缺陷的词句或批注的提单。根据规定，除非信用证中明确规定可以接受的条款或批注，银行只接受清洁提单。清洁提单也是提单转让所必备的条件。

（2）不清洁提单（Unclean B/L），是指承运人在签发的提单上带有明确宣称货物及/或包装状况不良或存在缺陷等批注的提单。例如，提单上批注有"被雨淋湿""×件损坏""包装不固""包装破损"等。

银行为了自身的安全，对不清洁提单，除信用证明确规定可接受外，一般都拒绝接受，因此，在实际业务中，有些托运人为了便于向银行结汇，当遇到货物表面状况不良或存在缺陷时，便要求承运人不加批注，仍给予签发清洁提单。但在这种情况下，托运人必须向承运人出具保证函（Letter of Indemnity），保证如因货物残破短损及承运人因签发清洁提单而引起的一切损失，概由托运人负责。在国际贸易业务中，一般认为，下列三种内容的批注，不应视为不清洁提单：

①不明白表示货物或包装不能令人满意的条款，如"旧箱""旧桶"等。

②强调承运人对于货物或包装品质所引起的风险不负责任的条款。

③否认承运人知道货物内容、重量、容积、质量或技术规格的条款。

我国在对外贸易中，明确规定卖方必须提供清洁提单。

【例9-5】我国A有限责任公司与某国B公司依据FOB条件，在2月份签订了一份出售10万吨大豆的合同。当年的4月1日，A有限责任公司按时将大豆运到港口，按时装船，承运人C运输公司签发了清洁提单。当年的5月2日，货物到达目的港，B公司发现90%的货物严重破包，造成重大损失。承运人C运输公司称，破包是由于包装不坚固所造成的，主张按照"因包装不坚固所发生的货损，承运人不承担赔偿责任"的规定，免除责任。问：承运人C运输公司是否可以在签发了清洁提单的情况下，主张"因包装不坚固发生货损，承运人不承担赔偿责任"从而免除责任？

【分析指导】如果承运人签发了清洁提单，就应当承担破包赔偿责任。承运人C运输公司在运输途中，没有尽到妥善、谨慎管理货物的义务，应当承担赔偿责任。

3.根据提单收货人抬头的不同，可分为记名提单、指示提单和不记名提单

（1）记名提单（Straight B/L）是指发给指定的收货人的提单，在提单中的收货人栏内，具体填明收货人的名称。这种提单只能是指定的收货人提货，不能转让，因而又称为"不可转让提单"。记名提单虽可避免提单转让过程中的风险，但却失去其代表货物转让流通的便利，同时银行也不愿接受这种提单作为议付证件，因而在国际贸易业务中极少使用。一般只有在运送贵重物品、援助物资和展览品等时，才予以采用。

（2）指示提单（Order B/L），是指提单收货人栏内填写"凭指示（To Order）"或"凭某人指示（To the Order of）"字样的一种提单。这种提单经过背书后可以转让，在国际贸易中使用最广泛。背书的方式又有"空白背书"和"记名背书"之分。前者是仅有背书人在提单背面签名，而不注明被背书人名称；后者是指背书人除在提单背面签名外，还列明被背书人的名称。目前，在实际业务中使用最多的是"凭指示"并经空白背书的提单，习惯上称为"空白抬头、空白背书"提单。

（3）不记名提单（Bearer B/L），是指提单收货人栏内没有指明具体收货人名称，该栏或留空白，或填写"To the bearer"字样。谁持有提单，谁就可以提货。承运人交货，只凭单，不认人。不记名提单无须背书转让，流通性极强，采用这种提单风险大，因此，在国际贸易中很少使用。

4. 根据提单使用效力，可分为正本提单和副本提单

正本提单一般签发一式两份或三份，这是为了防止提单流通过程中万一遗失时，可以应用另一份正本。各份正本具有同等效力，但其中一份提货后，其余各份均告失效。副本提单承运人不签署，份数根据托运人和船方的实际需要而定。副本提单只用于日常业务，不具备法律效力。

5. 按运输方式不同，可分为直达提单、转船提单和联运提单

6. 按船舶营运方式的不同，可分为班轮提单和租船提单

7. 根据提单内容的繁简，可分为全式提单和略式提单

8. 其他种类提单：集装箱提单、舱面提单、过期提单

【例9-6】我国某进出口公司于某年6月与荷兰K公司成交某商品2 000公吨，每公吨单价为EUR345CIF鹿特丹，交货日期为当年的7月—8月。货物临装船时，发现包装有问题必须整理，不得已，商请船运公司改配B轮，但B轮实际上于当年的9月18日将货物装船，为了符合信用证的规定，该出口公司凭保证函向船运公司取得了船运日期为当年8月31日的海运提单，并向银行交单议付，收妥货款。B轮于当年11月21日到达鹿特丹港，从提单日期推算，该轮在途达80余天，荷兰K公司认定提单日期存在问题，因此拒绝提货，并提出索赔。

【分析指导】本例的关键在于此提单为倒签提单，即签发提单的日期（当年的8月31日）早于实际装船日期（当年的9月18日），而倒签提单是一种欺骗行为，是违法的。所以，对方拒绝提货并提出索赔是合理的。

海运提单（样本）见表9-2。

表 9-2 **海运提单（样本）**

国际货物多式联运海运提单（COMBINED TRANSPORT BILL OF LADING）

		(10) B/L NO. 提单号
(1) SHIPPER 托运人		COSCO 中国远洋运输（集团）总公司（CHINA OCEAN SHIPPING（GROUP）CO.）ORIGINAL 正本 COMBINED TRANSPORT BILL OF LADING 多式联运海运提单
(2) CONSIGNEE 收货人		
(3) NOTIFY PARTY 通知人		
(4) PLACE OF RECEIPT 收货地	(5) OCEAN VESSEL 船名	
(6) VOYAGE NO. 航次	(7) PORT OF LOADING 装运港	
(8) PORT OF DISCHARGE 卸货港	(9) PLACE OF DELIVERY 交货地	

(11) MARKS 唛头

(12) NOS.& KINDS OF PKGS 包装种类与件数

(13) DESCRIPTION OF GOODS 商品名称

(14) G.W.（kg）毛重

(15) MEAS（m³）体积

(16) TOTAL NUMBER OF CONTAINERS OR PACKAGES（IN WORDS）总件数

FREIGHT & CHARGES 运费支付	REVENUE TONS 计费吨数	RATE 运费率	PER 计费单位	PREPAID 运费预付	COLLECT 运费到付
PREPAID AT 预付地点	PAYABLE AT 到付地点		(17) PLACE AND DATE OF ISSUE 签发地点与日期		
TOTAL PREPAID 预付总额	(18) NUMBER OF ORIGINAL B (S) /L 正本提单份数		(21) SIGNED FOR THE CARRIER 承运人签章		
(19) DATE 装船日期	(20) LOADING ON BOARD THE VESSEL BY 船名		中国远洋运输（集团）总公司 CHINA OCEAN SHIPPING（GROUP）CO. ×××		

二、海运单

海运单（Sea Waybill，Ocean Waybill）是证明海上运输合同和货物由承运人接管或装船，以及承运人保证据以将货物交付给单证所载明的收货人的一种不可流通的单证，因此又称"不可转让海运单"（Non-negotiable Sea Waybill）。

海运单不是物权凭证，故而不可转让。收货人不凭海运单提货，而是凭到货通知提货，因此，海运单收货人一栏应填写实际收货人的名称和地址，以利货物到达目的港后通知收货人提货。近年来，欧洲、北美和远东、中东地区的贸易界越来越倾向于使用不可转让的海运单，这主要是因为海运单能方便进口商及时提货，简化手续，节省费用，还可以在一定程度上减少以假单据进行诈骗的现象。另外，由于EDI技术在国际贸易中的广泛使用，不可转让海运单更适用于电子数据交换信息。1990年，国际海事委员会曾通过《1990年国际海事委员会海运单统一规则》，该规则适用于不使用可转让提单的运输合同，适用于全部海运的运输合同和含有海运的多式联运合同。

三、国际铁路联运运单

国际铁路联运运单是国际铁路联运的主要运输单据，它是参加联运的发运国铁路与发货人之间订立的运输契约，其中规定了参加联运的各国铁路、发货人的权利和义务。对收、发货人都具有法律约束力。

运单正本随同货物到达终到站，并交给收货人，它既是铁路承运货物出具的证明，也是铁路与货主交接货物、核收运费和处理索赔与理赔的依据。

运单副本于运输合同缔结后交给发货人，是卖方凭以向收货人结算货款的主要依据。

承运货物收据（Cargo Receipt）：承运货物收据是在特定运输方式下所使用的一种运输单据，它既是承运人开具的货物收据，也是承运人与托运人签订的运输契约。

承运货物收据的格式及内容和海运提单基本相同，主要区别是它只有第一联为正本。

四、航空运单

航空运单（Air Waybill）是承运人与托运人之间签订的运输契约，也是承运人或其代理人签发的货物收据。航空运单还可作为承运人核收运费的依据和海关查验放行的基本单据。但航空运单不是代表货物所有权的凭证，也不能通过背书转让。收货人提货不是凭航空运单，而是凭航空公司的提货通知单。

航空运单依据签发人的不同可以分为主运单（Master Air Waybill）和分运单（House Air Waybill）。前者是由航空公司签发的，后者是由航空货运代理公司签发的。两者在内容上基本相同，具有相同的法律效力，对于收货人、发货人而言，只是承担货物运输的当事人不同。

五、多式联运单据

多式联运单据（Multimodal Transport Document，MTD）是指证明多式联运合同以及证明多式联运经营人接管货物并负责按照合同条款交付货物的单据。多式联运公约规定，多式联运单据是多式联运合同的证明，也是多式联运经营人收到货物的收据和凭以交付货物的凭证。

根据发货人的要求，多式联运单据可以做成可转让的，也可以做成不可转让的。多式联运单据如果签发一套一份以上的正本单据，应注明份数，其中的一份完成交货后，其余各份正本即失效。副本单据没有法律效力。在实际业务中，对多式联运单据正本和副本的份数规定不一，主要看发货人的要求而定。

本章小结

　　装运条款是进出口合同中的一项重要条款，其内容包括运输方式、运输时间的规定、交货地点、分批转运与转船、滞期费和速遣费等。海运是国际贸易中最重要的一种运输方式。海洋运输可分为班轮运输和租船运输两种。海运提单是国际海运的主要运输单据，它具有货物收据、运输契约、物权证书等性质，提单在一定条件下可以经过背书转让。海运提单可以从不同的角度进行分类，常见的提单有已装船提单、清洁提单、指示提单、全式提单等。

　　除了海洋运输以外，国际贸易中还有铁路运输、航空运输和邮包运输等，这些是比较常见的运输方式。随着国际贸易的发展和科技水平的提高，现代国际贸易运输中，越来越多地出现新的运输方式，如集装箱运输、大陆桥运输、国际多式联运等，应引起我们的重视。

练习题

第九章单选题

第九章多选题

第九章判断题

第九章案例分析题

第九章习题参考答案

第十章
国际货物运输保险

学习目标

- 了解国际货物运输保险的基本常识
- 掌握海运货物保险承保的范围，我国海运货物保险承保的险别与条款
- 熟悉进出口货物运输保险业务办理及买卖合同的保险条款订立

第一节　海洋运输货物保险的保障范围

国际货物运输保险是以运输过程中的各种货物作为保险标的，被保险人向保险人按一定金额投保一定的险别，并缴纳保险费取得保险单证，保险人承保后，如果保险标的在运输过程中发生承保责任范围内的损失，应按规定给予被保险人经济上的补偿的一种财产保险。

国际货物运输保险依运输方式不同可分为海洋运输保险、陆上运输保险、航空运输保险和邮包运输保险。在各种运输货物保险中，起源最早的是海洋运输保险。不同运输方式的货物保险，保险人承保的责任有所不同，但保障的范围都是相同的。

海洋运输货物保险承保的范围包括保障的风险、保障的损失与保障的费用三个方面。国际保险市场对各种风险与损失都有特定的解释。正确理解海运货物承保的范围和各种风险与损失的含义，对合理选择投保险别和正确处理保险索赔具有重要意义。

一、保障的风险

海洋运输货物保障的风险仅指海上偶然发生的自然灾害和意外事故。除此之外，海洋运输货物保险还包括海上风险之外的外来风险。

（一）海上风险（Perils of Sea）

海上风险包括自然灾害（Natural Calamities）和意外事故（Fortuitous Accidents）两种。

自然灾害是指由于自然界的变化产生的破坏力量所造成的灾害及其他人力不可抗拒的灾害。其包括恶劣气候、雷电、海啸、洪水、火山爆发等。

意外事故是指人或物体遭受到外来的、突然的、非意料之中的事故。其包括火灾、爆炸、搁浅、触礁、沉没、碰撞、倾覆等。

需要指出的是，上述自然灾害中，洪水、地震、火山爆发以及湖水、河水进入运输工具或存储处所等风险，并非真正发生在海上的风险，而是发生在内陆、内河或内湖的风险。但是对于海运货物保险来说，由于这些风险是伴随海上航行而产生的，而且危险性往往很大，为了适应被保险人的实际需要，在海洋运输货物保险的长期实践中，逐渐把它们也并入了海运货物保险的承保范围。

（二）外来风险（Extraneous Risks）

外来风险分为一般外来风险、特别外来风险和特殊外来风险，外来风险必须是意外的，事先难以预料的而不是必然发生的外来因素。

一般外来风险，是指被保险货物在运输途中由于失窃、短少或提货不着、渗漏、短量、碰损、破碎、淡水雨淋、锈损、污染、受潮受热、串味等一般外来原因造成的风险。

特别外来风险，是指交货不到、进口关税、黄曲霉素、舱面的货物损失、拒收、出口到港存仓失火等外来原因造成的风险。

特殊外来风险，是指运输过程中由于军事、政治、国家政策法令以及行政措施改变等外来原因造成的风险，包括战争、罢工及敌对行动等因素。

二、保障的损失

海上损失简称海损，是指货物在海上运输过程中由于遭遇海上风险所造成的损失。根据保险业的惯例，海损还包括与海运相连的陆运及内河运输过程中所遭遇的货物损失。

按货物损失的程度划分，海损分为全部损失和部分损失。

视频 10-1
海损都包括
哪些方面内容

（一）全部损失

全部损失简称全损，是指被保险货物全部遭受损失。根据实际情况的不同，全损又可以进一步分为实际全损和推定全损两类。

1.实际全损

实际全损是指货物完全灭失或变质而失去原有用途，即货物的完全损失已经发生或不可避免。构成被保险货物"实际全损"的情况有下列几种：

（1）保险标的完全灭失（Physical Destruction），指保险标的实体已经完全毁损或不复存在，如大火烧掉船舶或货物，糖、盐这类易溶货物被海水溶化，船舶遭遇飓风沉没，船舶碰撞后沉入深海等情况。

（2）保险标的丧失属性（Loss of Specie），指保险标的属性已被彻底改变，不再是投保时所描述的内容，如货物发生了化学变化使得货物分解，在这类情况下，保险标的丧失商业价值或使用价值，均属于实际全损。但如果货物到达目的地时损

失虽然严重，但属性没有改变，经过一定的整理，还可以以原来的商品名义降价处理，那就只是部分损失。

（3）被保险人无法挽回地丧失了保险标的（Irretrievable Deprivation）。在这种情况下，保险标的仍然实际存在，可能丝毫没有损失，或者有损失但没有丧失属性，但被保险人已经无可挽回地丧失了对它的有效占有。比如，战时保险货物被敌方获得并宣布为战利品。

（4）保险货物的神秘失踪（Mysterious Disappearance）。按照海上保险的惯例，船舶失踪达一定的合理期限，即可宣布为失踪船舶（Mysterious Ship）。在和平时期，如无相反的证据，船舶的失踪被认为是由于海上风险造成的实际损失。船舶如果失踪，船上所载货物也随之发生"不明原因失踪"，货主可以向货物保险人索赔实际损失。

2.推定全损

推定全损是指被保险货物受损后未完全灭失，但施救、恢复、整理受损货物并将其运至原定目的地的费用总和已超过货物到达该目的地的价值，即这种损失已超过被保险货物的保险价值。推定全损主要有以下4种情况：

（1）被保险货物遭受严重损害，完全灭失已不可避免，或者为了避免实际全损而进行施救等所花费用，将超过获救后被保险货物的价值；

（2）被保险货物受损害后，修理费用估计要超过货物修复后的价值；

（3）被保险货物遭受严重损害后，整理和继续运抵目的地的运费已超过残存货物到达目的地的价值；

（4）被保险货物遭受责任范围内的事故，使被保险人失去被保险货物的所有权，而收回其所有权所需费用将超过收回后被保险货物的价值。

特别值得注意的是，发生推定全损时，被保险人可以要求保险人按部分损失赔偿，也可要求按全部损失赔偿，这时须向保险人发出委付（Abandonment）通知。

委付是指被保险人将保险货物的一切权利转让给保险人，并要求保险人按全损给予赔偿的行为。委付必须经保险人同意方为有效，保险人一经接受，委付就不得撤回。

（二）部分损失

部分损失是指被保险货物的损失没有达到全部损失的程度。其包括共同海损和单独海损。

1.共同海损（General Average）

共同海损指载货船舶在海运途中遇到海上风险使船货面临共同的安全威胁时，为了解除这种共同的安全威胁，船长有意识地采取某些合理措施，造成某些货物的特殊损失或支出的特殊费用。构成共同海损的条件：

（1）船方在采取紧急措施时，必须确实有危及船、货共同安全的危险存在，不能主观臆测可能有危险发生。

（2）船方所采取的措施必须是有意的、合理的，是为了维护船货的共同安全。

（3）船方所做出的牺牲或支出的费用是在非常性质下产生的，具有特殊性。

（4）构成共同海损的牺牲和费用支出，最终必须是有效支出。

2.单独海损（Particular Average）

单独海损是指除共同海损以外的，由海上风险直接导致的船舶或货物的部分损失。这种损失只属于特殊利益方，不属于所有其他的货主或船方，由受损方单独承担。

【例10-1】一艘载有水泥和儿童玩具的船舶在航行途中不慎搁浅，情况非常紧急，为脱险，船长下令抛货（水泥）300公吨，强行起浮，终于脱险。但船上轮机受损且船底被划破，致使海水渗进货舱，造成船内货物部分受损。该船驶进附近的港口修理并暂卸大部分货物，共花一周时间，增加了各项费用支出，包括船员工资等。船舶修复后装上原货重新起航。不久，船上A舱突然起火，火势有蔓延的趋势，船长下令灌水灭火，灭火后，发现部分儿童玩具和水泥被海水浸湿，造成损失。试分析上述各项损失各属于何种损失。为什么？

【分析指导】本例中除船上A舱突然起火导致损失属于单独海损外，其他各项损失和费用均属于共同海损。案例中船长抛货、维修以及额外支付的工资费用，包括后来的灌水灭火造成的货物损失都是为了解除船、货的共同风险而人为地、有意识地采取行动造成的损失和费用支出，因此属于共同海损。

共同海损的分摊（General Average Contribution）：共同海损分摊时，涉及的受益方包括：货方、船方和运费方。共同海损的分摊有两个原则：第一，分摊以实际遭受的损失或额外增加的费用为准；第二，无论受损方还是未受损方均应按标的物价值比例分摊，然后再分别向各自的保险机构索赔。

【例10-2】有一艘载货船舶在航行途中发生共同海损，货物共损失50万美元，其中A、B、C、D货主分别损失10万美元、20万美元、20万美元、0，船体损失25万美元，救助费3万美元，运费损失1万美元。货主A、B、C、D的货物价值分别为120万美元、140万美元、120万美元、100万美元。船舶价值500万美元，承运人运费总计20万美元。问：船方应分摊多少共同海损的牺牲和费用？

【分析指导】总损失额=50+25+3+1=79（万美元）

分摊价值总额=120+100+140+120+500+20

=1 000（万美元）

分摊率=79÷1 000×100%=7.9%

船方应分摊额=500×7.9%=39.5（万美元）

3.共同海损和单独海损的区别

（1）造成海损的原因不同。单独海损是海上风险直接导致的货物损失，而共同海损是为了解除或减轻船、货、运费三方的共同危险而人为造成的损失。

（2）损失的承担者不同。单独海损由受损方自行承担损失，而共同海损则由船、货、运费三方按获救财产价值大小的比例分摊。

【例10-3】某货轮从天津新港驶往新加坡，航行途中船舶货舱起火，大火蔓延到轮机舱，船长为了船货的共同安全，决定采取紧急措施，往舱中灌水灭火。火虽被扑灭，但由于主机受损无法继续航行，于是船长决定雇用拖轮将船拖回新港修理，检修后重新驶往新加坡。事后调查，这次事故造成的损失为：

（1）1 000箱货物被火烧毁。

（2）600箱货物由于灌水灭火而受损。

（3）主机和部分甲板被烧坏。

（4）临时发生的拖轮费、额外增加的燃料费以及船长、船员工资等。

试分析以上损失分别属于什么性质的损失。

【分析指导】（1）1 000箱货物被火烧毁属于单独海损。

（2）600箱货物由于灌水灭火而受损属于共同海损。

（3）主机和部分甲板被烧坏属于单独海损。

（4）拖轮费用和额外增加的燃料费及船长、船员工资属于共同海损。

三、保障的费用

海洋运输货物保险中的费用是指保险标的物发生保险事故后，为减少货物的实际损失而支出的费用。

视频 10-2
施救费用与
救助费用有
什么区别

（一）**施救费用**（Sue and Labor Charges）

施救费用又称单独海损费用，是指被保险货物遭受保险责任范围内的自然灾害和意外事故时，被保险人和其代理人或其受雇人为抢救被保险货物，防止损失继续扩大所支付的费用。保险人对这种费用予以赔偿。施救费用是在保险标的实际损失之外另行计算的，以不超过保险金额为限。

（二）**救助费用**（Salvage Charges）

救助费用是指被保险货物遭受承保责任范围内的灾害事故时，除保险人和被保险人以外的第三者采取救助措施，获救成功后向救助的第三者支付的报酬。保险人赔偿时，必须要求救助成功。国际上，一般称为"无效果，无报酬"。

在海洋货物保险业务中，如果货物的损失是由于船方或者其他有关方的责任方所引起的，保险公司可以通过使用代位追偿权来向保险人和被保险人以外的第三者主张权利。所谓代位追偿权，是指当被保险货物发生了由第三者责任造成的保险责任范围内的损失，保险人按照合同的规定向被保险人履行了损失赔偿的责任后，有权获得被保险人在该项损失中向第三者责任方要求索赔的权利。

第二节　我国海运货物保险条款

为了适应我国对外经济贸易发展的需要，中国人民保险公司制定了《中国人民保险公司海洋运输货物保险条款》，简称《中国保险条款》（China Insurance Clauses，CIC）。该条款包括保险人的承保责任范围、除外责任、责任起讫、被保险人的义务和索赔期限等。

一、承保责任范围

承保责任范围是指保险人对被保险人的风险和损失承保的险别。它既是保险人承保责任大小的依据，也是被保险人缴纳保险费额度的基础。《中国保险条款》的险别主要分为基本险和附加险。

基本险又称主险，是可以单独投保的险别。海洋运输货物保险的基本险包括平安险（Free from Particular Average，FPA）、水渍险（With Average or With Particular Average，WA or WPA）和一切险（All Risks）。

视频 10-3
如何快速记
忆三种基本
险的承保范围

附加险，是不能单独投保的险别，它必须依附于主险项下，即只有投保基本险中的一种之后，才可加保附加险。

（一）基本险

1.平安险（FPA）

平安险意即"单独海损不赔"。平安险的承保责任范围是：

视频 10-4
什么是可保
利益原则

（1）被保险的货物在运输途中由于恶劣气候、雷电、海啸、地震、洪水等自然灾害造成整批货物的全部损失或推定全损。若被保险的货物用驳船运往或运离海轮时，则每一驳船所装的货物可视作一个整批。

（2）由于运输工具遭到搁浅、触礁、沉没，与流冰或其他物体碰撞以及失火、爆炸等意外事故所造成的货物全部或部分损失。

（3）在运输工具已经发生搁浅、触礁、沉没、焚毁等意外事故的情况下，货物在此前后又在海上遭受恶劣气候、雷电、海啸等自然灾害所造成的部分损失。

（4）在装卸或转船时由于一件或数件甚至整批货物落海所造成的全部或部分损失。

（5）被保险人对遭受承保责任内的危险货物采取抢救、防止或减少货损的措施所支付的合理费用，但不可以超过该批被毁货物的保险金额。

（6）运输工具遭遇海难后，在避难港由于卸货引起的损失，以及在中途港或避难港由于卸货、存仓和运送货物所产生的特殊费用。

（7）共同海损的牺牲、分摊和救助费用。

（8）运输合同中如订有"船舶互撞责任"条款，则根据该条款规定应由货方偿还船方的损失。

上述责任范围表明，在投保平安险的情况下，保险公司对由于自然灾害所造成的单独海损不负赔偿责任，而对于因意外事故所造成的单独海损则要负赔偿责任。此外，如在运输过程中运输工具发生搁浅、触礁、沉没、焚毁等意外事故，则不论在事故发生之前或发生之后由于自然灾害所造成的单独海损，保险公司都要负赔偿责任。

2.水渍险（WPA）

水渍险意即"负责单独海损赔偿"。水渍险的承保责任范围是：投保水渍险后，保险人除了负责平安险所承保的全部责任外，还负责被保险货物在运输途中，

由于恶劣气候、雷电、海啸、地震、洪水等自然灾害所造成的部分损失的赔偿。

3.一切险（All Risks）

一切险的责任范围除平安险、水渍险的各项保险责任外，还对被保险货物在运输过程中由于一般外来风险造成的被保险货物的全部或部分损失负赔偿责任。

（二）附加险

附加险不能作为一个单独的项目投保，在海运保险业务中，进出口商除了投保货物的基本险外，还可以根据货物的特点和实际需要，再选择若干适当的附加险。附加险包括一般附加险、特别附加险和特殊附加险。

1.一般附加险

一般附加险共有11种：偷窃提货不着险（Theft，Pilferage and Non-Delivery，TPND）、淡水雨淋险（Fresh and/or Rainwater Damage Risks）、渗漏险（Risk of Leakage）、短量险（Risk of Shortage in Weight）、钩损险（Hook Damage）、污染险（Risk of Contamination）、破碎险（Risk of Breakage）、碰损险（Clashing）、生锈险（Risk of Rust）、串味险（Risk of Odor）、受潮受热险（Sweating and/or Heating）等。如果保险人承保的这些附加险货物在运输途中发生损失，均按条款规定的责任范围予以赔偿。

2.特别附加险

特别附加险包括：交货不到险（Failure to Deliver）、进口关税险（Import Duty Risk）、舱面险（on Deck Risk）、拒收险（Rejection Risk）、黄曲霉素险（Aflatoxin Risk）、港澳存仓火险。

3.特殊附加险

特殊附加险包括：战争险（War Risk）、罢工险（Risk of Strike，Riots and Civil Commotions，SRCC，或称罢工暴动民变险）。

二、除外责任

除外责任，是指保险人不予赔偿的损失和费用。这种除外责任，一般来说属于非意外的，非偶然的，或比较特殊的风险。根据《《中国保险条款》的规定，保险公司对下列损失不予赔偿：

（1）被保险人的故意行为或过失造成的损失。

（2）由于发货人的责任所引起的损失。

（3）被保险货物在保险责任开始之前就已存在品质不良或数量短缺所形成的损失。

（4）被保险货物的自然损耗、品质特性以及市价跌落、运输延迟所引起的损失和费用。

战争险的除外责任：由于敌对行为使用原子弹或热核制造的武器导致被保险货物的损失和费用不负责赔偿。罢工险的除外责任与战争险一样，如由于劳动力短缺或无法使用劳动力，致使堆放码头的货物遭到雨淋、日晒而受损，冷冻机因无燃料中断制冷而造成的被保险货物的损失保险公司不负责赔偿。

【例10-4】我方按CIF出口冷冻食品一批，合同规定投保平安险加战争/罢工险。货到目的港后适逢码头工人罢工，港口无人作业，货物无法卸载。不久货轮因无法补充燃料以致冷冻设备停机，等到罢工结束，该批冷冻食品已变质。问：这种由于罢工而引起的损失，保险公司是否负责赔偿？

【分析指导】保险公司不负责赔偿。根据《中国保险条款》，保险公司仅承保罢工者、被迫停工工人、参加工潮、暴动和战争的人员采取行动所造成的承保货物的直接损失，对间接损失不负责。案例中该批冷冻食品变质是因为货物到目的港后适逢码头工人罢工，因港口无人作业，无法卸货，导致燃料不足，冷冻设备停机所致，可见是罢工的间接损失而非直接损失，所以保险公司不负责赔偿。

三、责任起讫

责任起讫又称保险期间或保险期限，是指保险人承担责任的起讫时限。

（一）基本险的责任起讫

根据《中国人民保险公司海洋运输货物条款》的规定，保险公司对平安险、水渍险和一切险的承保责任起讫是采用国际保险业惯用的"仓至仓条款"（Warehouse to Warehouse Clause），简称W/W。仓至仓条款规定保险责任自被保险货物运离保险单所载明的启运地发货人仓库时开始生效，包括正常运输过程中的海上运输和陆上运输，直至该项货物到达保险单所载明的目的地收货人仓库为止。W/W条款的限制性条件为：

（1）当货物从目的港卸离海轮时起满60天，不论货物是否进入收货人仓库，保险责任均告终止。

（2）如上述保险期限内被保险货物需要转交到非保险单所载明的目的地时，保险责任则从该项货物开始转交时终止。

（3）被保险货物在运至保险单所载明的目的港或目的地以后，在某一仓库发生分组、分派的情况，则该仓库就作为被保险人的最后仓库，保险责任也从货物运抵该仓库时终止。

（4）被保险人可以要求扩展期限。

（5）当发生非正常运输情况时，如运输迟延、绕道、被迫卸货、航程变更等，被保险人及时通知保险人，加交保险费，可按扩展条款办理。

【例10-5】某年5月，某公司以CFR条件在上海从国外进口一批汽车零件，并据卖方提供的装船通知及时向中国人民保险公司投保了水渍险，后来由于国内用户发生变更，我方通知承运人将货物改卸到黄埔港。货物在黄埔港装火车运往南京途中遇到山洪，致使部分货物受损，该进口公司据此向保险公司索赔，但遭拒绝。问：（1）保险公司拒赔有无道理？（2）如果海轮正常于当年6月1日抵达上海港并开始卸货，6月3日全部卸在码头货棚中而未运往收货人仓库，保险公司的保险责任至哪一天终止？

【分析指导】保险公司拒赔是合理的。W/W 条款的限制性条件中有一项规定：在保险期限内被保险货物需要转交到非保险单所载明的目的地时，保险责任则以该项货物开始转交时终止。案例中我方投保水渍险，其保险单所载明的目的地为上海，货物改卸至黄埔港，并从黄埔港装火车运往南京，这两个地点均不是保险单所载明的目的地，而且发生了货物转交。在转交南京的途中遇到山洪，已经超出了保险责任的承保期限，所以保险公司拒赔有道理。根据 W/W 条款，当货物从目的港卸离海轮时起满 60 天，不论货物是否进入收货人仓库，保险责任均告终止。从 6 月 3 日货物全部卸在码头货棚中开始算起，60 天以后也就是在 8 月 1 日，保险公司的保险责任终止。

（二）不同价格贸易术语影响 W/W 的责任起讫点

1.CIF 条件下，保险责任起讫期间是"仓至仓"

【例 10-6】某国一家公司有一份 CIF 合同出售大米 50 吨，卖方在装船前投保了一切险加战争险，自南美内陆仓库起，直至英国伦敦买方仓库为止。货物从卖方仓库运往码头途中，发生了承保范围内的损失。问：当卖方凭保险单向保险公司提出索赔时，能否得到赔偿？

【分析指导】卖方能够得到保险公司的赔偿。CIF 条件下，货物装上船前，所有权属于卖方，并由卖方向保险公司投保，所以卖方对承保货物具有可保利益。所谓可保利益是投保人对保险标的具有法律上承认的利益。只有对保险标的拥有所有权的人，才具有保险利益，而只有具有利益的人才有投保权，并且 CIF 合同保险责任起讫期间是"仓至仓"，货物从卖方仓库运往码头途中，发生了承保范围内的损失，保险公司应该给予赔偿。

2.FOB、CFR 条件下，保险责任起讫期间是"船至仓"

【例 10-7】某国一家公司有一份 CIF 合同出售大米 50 吨，卖方在装船前投保了一切险加战争险，自南美内陆仓库起，直至英国伦敦买方仓库为止。货物从卖方仓库运往码头途中，发生了承保范围内的损失。问：该案例中的贸易术语若改为 FOB 或 CFR，卖方能否得到保险公司的赔偿？

【分析指导】该例中的贸易术语若改为 FOB 或 CFR，卖方则不能得到保险公司的赔偿。以 FOB 或者 CFR 贸易术语成交，卖方均不需要办理保险，而是由买方为其自身的利益而投保。货物装船前，在 FOB、CFR 条件下，因是买方投保，所以卖方不具备可保利益，卖方也就无法持有保险单向保险公司索要赔偿。同时，FOB、CFR 条件下，保险责任起讫期间是"船至仓"。所以货物从卖方仓库运往码头途中，发生了承保范围内的损失，因其没有在"船至仓"的保险期限内，自然也不属于保险公司的赔偿范畴。

（三）战争险的责任起讫

保险公司对战争险的责任起讫时限与基本险不同，保险公司只承担货物装上海轮起至货物运抵目的港并卸离海轮为止的水面风险。如果货物不卸离海轮或驳船，则从海轮到达目的港当日午夜起算满 15 日之后责任自行终止；如果中途转船，不论货物在当地卸货与否，保险责任以海轮到达该港可卸货地点的当日午夜起算满15 天为止，等再装上续运海轮时，保险责任继续有效。由于敌对行为使用原子弹或热核制造的武器导致被保险货物的损失和费用，保险公司不负责赔偿。

第三节　英国伦敦保险协会海运货物保险条款

英国伦敦保险协会制定的《伦敦保险协会海运货物保险条款》，一般简称为《协会货物条款》（Institute Cargo Clauses，ICC）在国际保险业中有着广泛的影响，目前世界上有很多国家在海上保险业务中直接采用，或者在制定本国保险条款时参考、部分采用了上述条款。在我国按 CIF 或 CIP 条件成交的出口交易中，国外商人有时要求按《协会货物条款》投保，我国出口企业和保险公司一般均可接受。目前实行的是其 1982 年修订的条款。

一、英国伦敦保险协会修订的海运货物保险条款的种类

协会货物条款（A）：ICC（A）

协会货物条款（B）：ICC（B）

协会货物条款（C）：ICC（C）

协会战争险条款（货物）

协会罢工险条款（货物）

恶意损害险条款

在以上险别中 A、B、C 三种险别是基本险，战争险、罢工险及恶意损害险是附加险。其中，除了恶意损害险外，前五种险别都可以单独投保。另外，A 险包括恶意损害险，但在投保 B 险或 C 险时，应另行投保恶意损害险。

二、协会货物保险主要险别的承保范围与除外责任

（一）ICC（A）

1.承保范围

ICC（A）类似于我国的一切险，采用"一切风险减除外责任"的概括式规定方法，即除了"除外责任"项下所列的风险保险人不予负责外，其他风险均予负责。

2.除外责任

一般除外责任：如包装或准备不足、不当所造成的损失，使用原子或热核武器所造成的损失和费用。

不适航、不适货除外责任：主要指保险人在被保险货物装船时已知道船舶不适航，以及船舶、运输工具、集装箱等不适货。

战争除外责任。

罢工除外责任。

（二）ICC（B）

1.承保范围

ICC（B）类似于我国的水渍险，采用承保"除外责任"之外列明风险的办法，即将承保的风险一一列举出来。ICC（B）具体承保的风险如下：

（1）灭失或损坏合理归因于下列原因者：火灾、爆炸；船舶或驳船触礁、搁浅、沉没或倾覆；陆上运输工具倾覆或出轨；船舶、驳船等运输工具同水以外的外界物体碰撞；在避难港卸货；地震、火山爆发、雷电等自然灾害。

（2）灭失或损坏由于下列原因造成者：共同海损牺牲；抛货；浪击落海；海水、湖水或河水进入船舶、驳船、运输工具、集装箱、大型海运箱或贮存处所；货物在装卸时落海或摔落造成整件的全损。

2.除外责任

（A）除外责任加上（A）的"海盗行为"与"恶意损害险"。

3.ICC（B）与ICC（A）的区别

在ICC（A）中，仅规定保险人对归因于被保险人故意的不法行为所致的损失或费用，不负赔偿责任，而在ICC（B）中，则规定保险人对被保险人以外的其他人的故意非法行为所致的风险不负赔偿责任。可见，在ICC（A）中，恶意损害的风险被列为承保风险，而在ICC（B）中，保险人对此项风险却不负赔偿责任。被保险人如想获得此种风险的保险保障，就须加保"恶意损害险"。

在ICC（A）中，标明"海盗行为"不属除外责任，而在ICC（B）中，保险人对此项风险不负保险责任。

（三）ICC（C）

1.承保范围

ICC（C）类似于我国的平安险，仅承保"重大意外事故"的风险，而不承保自然灾害及非重大意外事故的风险，具体承保风险如下：

（1）灭失或损坏合理归因于下列原因者：火灾、爆炸；船舶或驳船触礁、搁浅、沉没或倾覆；陆上运输工具倾覆或出轨；船舶、驳船或运输工具同水以外的外界物体碰撞；在避难港卸货。

（2）灭失或损坏由于下列原因造成者：共同海损牺牲，抛货。

2.除外责任

除外责任与ICC（B）完全相同。ICC（A）、ICC（B）、ICC（C）的承保范围类似于CIC的一切险、水渍险和平安险，不同之处如下：

海盗行为所造成的损失是ICC（A）的承保范围，而在一切险中是除外责任。

ICC（A）包括恶意损害险，而一切险中不包括此种险。

ICC（B）、ICC（C）改变了水渍险与平安险对承保范围中某些风险不明确的弊病，采取列明风险的办法，即把承保风险和损失列明。

（四）协会战争险条款（货物）

1.承保范围

（1）直接由于战争、内战、革命、造反、叛乱，或由此引起的内乱，或任何交战方之间的敌对行为所造成的运输货物的损失。

（2）由于上述原因所引起的捕获、扣押、扣留、拘禁或羁押等所造成的运输货物的损失。

（3）各种常规武器所造成的运输货物的损失。

2.除外责任

除与 ICC（A）除外责任相同之外，还包括：

（1）基于航程、航海上的损失或受阻的任何索赔不负赔偿责任。

（2）由于敌对行为使用原子或热核武器所造成的损失不负赔偿责任。

（3）责任起讫适用于"水面"条款，以"水上危险"为限。

（五）协会罢工险条款（货物）

1.承保范围

由于罢工工人、被迫停工工人或参与工潮、暴动或民变的人员所造成的损失或损害。

罢工、被迫停工、工潮、暴动或民变造成的损失和费用。

由于恐怖分子或出于政治动机所造成的人为损失或损害。

2.除外责任

除与 ICC（A）的一般除外责任相同之外，还包括：

（1）因罢工、关厂、工潮、暴动或民变造成的各种劳力流失、短缺或抵制引起的损失、损害或费用不负赔偿责任。

（2）基于航程或航海上的损失或受理的任何索赔不负赔偿责任。

（3）由于战争、内战、革命、造反、叛乱，或由此引起的内乱或交战方之间的敌对行为造成的损失、损害或费用不负赔偿责任。

（六）恶意损害险的承保风险

若要对恶意损害造成的损失取得保障，可以投保 ICC（A），或在投保 ICC（B）或 ICC（C）时加保恶意损害险。

三、协会海运货物保险的保险期限

保险期限亦称保险有效期，是指保险人承担保险责任的起止期限。ICC（A）、ICC（B）、ICC（C）条款与上节所述的我国海运货物保险条款对期限的规定大体相同，也是仓至仓条款，但比我国条款规定得更为详细、明确。

在我国进出口业务中，特别是以 CIF 条件出口时，外商如要求我国出口公司按《协会货物条款》投保，我国出口企业和中国人民保险公司也可通融接受。

第四节　买卖合同中的保险条款和货物保险的基本做法

在国际货物买卖合同中，为了明确交易双方在货运保险方面的责任，通常都订有保险条款，其内容主要包括：保险投保人、保险公司、保险险别、保险索赔的约定等事项。

一、保险投保人的约定

每笔交易的货运保险究竟由买方还是由卖方投保，完全取决于买卖双方约定的交货条件和所使用的贸易术语。由于每笔交易的交货条件和所使用的贸易术语不同，故对投保人的规定也相应有别。一般而言，按 EXW、FCA、FAS、FOB、CFR 和 CPT 这六种贸易术语成交的合同，在买卖合同的保险条款中，一般只订明"保险由买方办理"。如买方要求卖方代办保险，则应在合同保险条款中订明"由买方委托卖方按发票金额××%代为投保×××险，保险费由买方负担"。按 CIF、CIP、DAT、DAP 和 DDP 这五种贸易术语成交的合同，在合同保险条款中订明"保险由卖方办理"。

二、保险公司和保险条款的约定

按 CIF 或 CIP 条件成交时，保险公司的资信情况，与卖方关系不大，但与买方却有重大的利害关系，因此，买方一般要求在合同中限定保险公司和所采用的保险条款，以利于日后保险索赔工作的顺利进行。例如，我国按 CIF 或 CIP 条件出口时，买卖双方在合同中，通常都订明："由卖方向中国人民保险公司投保，并按该公司的保险条款办理。"

三、保险险别的约定

按 CIF 或 CIP 条件成交时，运输途中的风险本应由买方承担，但一般保险费则约定由卖方负担，因货价中包括保险费，买卖双方约定的险别通常为平安险、水渍险、一切险三种基本险别中的一种。有时也可根据货物特性和实际情况加保一种或多种附加险；如约定采用《伦敦保险协会海运货物保险条款》，也应根据货物特性和实际需要约定该条款的具体险别。在双方未约定险别的情况下，按惯例，卖方可按最低的险别予以投保。

在 CIF 或 CIP 价格中，一般不包括加保战争险等特殊附加险的费用，因此，如买方要求加保战争险等特殊附加险时，其费用应由买方负担。如买卖双方约定，由卖方投保战争险并由其负担保险费时，卖方为了避免承担战争险的费率上涨的风险，往往要求在合同中规定"货物出运时，如保险公司提高战争险的费率，则其增加部分的保险费应由买方负担"。

四、保险金额的约定

保险金额（Insured Amount）是指投保人与保险公司之间实际投保和承保的金额，是保险费的计收依据，是投保人或其受让人索赔和保险人理赔的最高限额。保险金额一般以发票价值为基础确定。

按 CIF 或 CIP 条件成交时，因保险金额关系到卖方的费用负担和买方的切身利益，故买卖双方有必要将保险金额在合同中具体订明。根据保险市场的习惯做法，保险金额一般都是按 CIF 价或 CIP 价加 10% 计算，所加的这个百分率称为保险加成率。

保险金额的计算公式为：

保险金额=CIF 价格×（1+加成率）

由于保险金额一般是以 CIF 或 CIP 价格为基础加成确定的，因此，在仅有货价与运费（即已确定 CFR 和 CPT 价格）的情况下，CIF 和 CIP 可按下列公式计算：

CIF 价格（或 CIP 价格）= CFR（或 CPT）价格÷［1−保险费率×（1+投保加成率）］

为简化计算程序，中国人民保险公司制定了一份保险费率常用表。将 CFR（或 CPT）价格直接乘以表内所列常数，便可算出 CIF 价格或 CIP 价。

我国进口货物的保险金额在原则上虽也按进口货物的 CIF 或 CIP 价计算，但在实际业务中，我国进口合同大多采用 FOB（或 FCA）条件，为方便计算，可以按平均运费率和平均保险费率直接计算保险金额。其计算公式如下：

保险金额=FOB 价格×（1+平均运费率+ 平均保险费率）

这里的保险金额即估算的 CIF 或 CIP 价格而不再另外进行加成。如果投保人要求在 CIF 或 CIP 价格的基础上加成投保，保险人也可接受。

保险费是保险人经营业务的基本收入，也是保险人所掌握的保险基金（即损失赔偿基金）的主要来源。投保人交付保险费，是保险合同生效的前提条件，在被保险人支付保险费前，保险人可以拒绝签发保险单据。

保险费的计算公式是：保险费= 保险金额×保险费率

【例 10-8】某货主在货物装船前，按发票金额的 110% 办理了货物投保手续，投保一切险加战争险。该批货物以 CIF（或 CFR）成交的总价格为 20.75 万美元，一切险和战争险的保险费率合计为 0.6%。问：（1）该货主应缴纳的保险费是多少？（2）若发生了保险公司承保范围内的损失，导致货物全部灭失，保险公司的最高赔偿金额是多少？

【分析指导】保险费=保险金额×保险费率

保险费=CIF（CIP）价格×（1+投保加成率）×保险费率

＝20.75×10 000×110%×0.6%

＝1 369.5（美元）

最高赔偿金额=20.75×110%

＝22.825（万美元）

五、保险单据的约定

保险单据是一份法律文件，它是保险人与被保险人之间有关权利与义务关系的书面证明，反映了保险人与被保险人之间的权利与义务关系，也是保险人承保的证明。当发生保险责任范围内的损失时，它又是办理索赔和理赔的主要依据。在买卖合同中，如约定由卖方投保，通常还规定卖方应向买方提供保险单据，如被保险的货物在运输过程中发生承保范围内的损失，买方即可凭卖方提供的保险单据向有关保险公司索赔。保险单据有以下几种：

（一）保险单（Insurance Policy）

保险单又称大保单，它是一种正规的保险合同，除载明投保单所述各项内容外，还列有保险公司的责任范围以及保险公司与被保险人双方各自的权利与义务等方面的详细条款。

（二）保险凭证（Insurance Certificate）

保险凭证又称小保单，它是一种简化的保险合同，除其背面没有列入详细保险条款外，其余内容与保险单相同。保险凭证也具有与保险单同样的法律效力，但保险条款仍以保险单的保险条款为准。

（三）预约保险单（Open Policy）

预约保险单又称预约保险合同，它是被保险人（一般为进口人）与保险人之间订立的总合同。订立这种合同的目的是为了简化保险手续，同时可以使货物一经装运即可取得保障。合同中规定承保货物的范围、险别、费率、责任、赔款处理等条款，凡属合同约定的运输货物，在合同有效期内自动承保。

（四）联合凭证（Combined Insurance Certificate）

为简化手续，在出口公司的商业发票上加注保险编号、保险金额，并加盖印戳，作为承保凭证，其他项目以发票所列为准。这种凭证目前仅适用于对中国港、澳地区的部分贸易。

六、保险索赔

保险索赔是指当被保险货物遭受承保责任范围内的风险损失时，被保险人向保险人提出的索赔要求。

（一）免赔率

对容易破碎和易短量的货物，应了解是否有免赔的规定，即不论损失程度，全部均予赔偿（Irrespective of Percentage，IOP）。或规定免赔率，免赔率有绝对免赔率和相对免赔率之分。

（1）绝对免赔率：扣除免赔额度内的损失部分，只赔付超过约定免赔额度部分。如损失18%，约定免赔率5%，保险人赔付13%；若损失4%，保险人不赔。

（2）相对免赔率：是所承保货物受损金额达到或超过免赔额度才给予赔偿，但赔偿时不扣除免赔额度以内的损失部分，而是对受损额全额赔付。

中国人民保险公司现在实行的是绝对免赔率，但《伦敦保险协会海运货物保险条款》则无免赔率的规定。

（二）赔偿额的计算

全损的赔偿是按保险单载明的保险金额为准，予以赔付；单独海损赔偿是以灭失或短少的数量占保险货物总量之比计算：

货物遭受局部损失的赔款额＝保险金额×（短少数量÷被保险货物总量）

＝保险金额×［（货物完好价值−受损后价值）÷货物完好价值］

难以确定当地市价时，按发票金额计算赔款额：

赔款额＝保险金额×（按发票金额计算的损失额÷发票金额）

【例10-9】我公司出口某商品净重100吨，装5 000箱，每箱单价为89美元，加一成投保一切险。货到目的港后，买方发现除短少5箱外，还短量380千克。问：保险公司负责赔偿的金额是多少？

【分析指导】总投保金额＝5 000×89×110%＝489 500（美元）

短少数量＝5+［380÷（100 000÷5 000）］＝5+19＝24（箱）

保险公司负责赔偿的金额＝保险金额×（短少数量÷被保险货物总量）

＝489 500×（24÷5 000）

＝2 349.6（美元）

（三）保险索赔手续

中国人民保险公司承保的出口货物，在到达国外目的地以后发现货物损失，收货人或其代理人一般都按保险单规定，委请指定的检验人检验货损，出具检验报告，由国外收货人凭检验报告连同有关权益证明书、保险单正本，直接向保险公司或其代理人索赔。

中国人民保险公司承保的进口货物运抵国内后，如果发现残损或短缺，在港口的收货单位应立即通知当地的保险公司；在内地的收货单位则应立即通知当地的保险公司或中国人民银行，会同有关部门进行联合检验并出具联合检验报告。申请联合检验的期限，一般最迟不能超过保险责任终止日前十天。收货单位应根据残损货物联合检验报告的损失金额或程度，向卸货港的保险公司索赔。为了分清国内、国外有关单位的责任，防止国外不法商人以劣货充好货和国外承运人失职所造成的货损，保险公司应会同各有关贸易单位、港口和运输部门加强港口检验工作，及时发现国外商人的责任事故，立即办好对外索赔手续。

本章小结✎

伴随国际货物运输必然会出现各种风险，货主为了货物在受到损失后能得到补偿，就要投保货物运输保险。

海洋运输货物保险的承保内容为风险、损失和费用。风险包括海上风险和外来风险，损失包括全部损失和部分损失，费用包括施救费用和救助费用。

海洋运输货物保险的基本险依照承保范围由小到大依次是：平安险、水渍险和一切险。投保人在投保时只能选择其中一种进行投保。此外，还可以根据实际义务需要加保一般附加险或特殊附加险，但一切险的承保范围已经包括一般附加险，因此，在投保一切险时，无须加保一般附加险。

国际贸易货物运输保险的规则，在我国有中国人民保险公司的各种条款，在国际上有《伦敦保险协会海运货物保险条款》，要注意选择使用。

进出口合同中的保险条款包括的内容有：由何方负责办理保险事宜、保险费由何方承担、如何确定保险险别和保险金额、如何选择保险人、保险单据以及如何缴纳保险费等。

练习题

第十章单选题

第十章多选题

第十章判断题

第十章案例分析题

第十章习题参考答案

第十一章
国际贸易货款的收付

学习目标

- 掌握各种支付工具的使用
- 掌握汇付的含义和操作流程
- 掌握托收的含义和操作流程
- 掌握信用证的含义和操作流程

第一节　支付工具

国际贸易货款的收付，是国际贸易实务中的重要环节。货款的收付直接影响双方的资金周转和融通，以及各种金融风险和费用负担，是关系到买卖双方切身利益的实际问题，因此，买卖双方在洽商交易过程中，都力争对自己有利的支付条件。货款的结算，主要涉及支付工具、支付时间、支付地点及支付方式等问题。国际贸易中常见的支付方式有三种：汇付、托收、信用证。

国际贸易的收付采用现金支付的很少，大多使用非现金的信用工具——金融票据来进行。金融票据是国际上通行的结算和信贷工具，国际贸易中使用的金融票据主要有汇票（Bill of Exchange，Draft、Bill）、本票（Promissory Note）和支票（Cheque；Check）3种，其中以使用汇票为主。

一、汇票

汇票是一个人向另一人签发的，要求在见票时或在将来的固定时间，或是可以确定的时间，对某人或其指定的人或持票人支付一定金额的无条件书面支付命令。2004年修订的《中华人民共和国票据法》第19条规定：汇票是出票人签发的，委托付款人在见票时或者在指定日期无条件支付确定的金额给收款人或持票人的票据。

（一）汇票的基本内容

汇票的基本内容一般有下列几项：

（1）出票人（Drawer），是开立票据并将其交付他人的法人、其他组织或者个人。出票人有对收款人及正当持票人在提示付款或承兑时必须付款或者承兑的保证责任。出票人一般是供货方，即真正的债权人。

（2）受票人（Drawee），又称"付款人"（Payer），即接受支付命令的人。进出口业务中，通常为进口人或进口地银行。在托收支付方式下，付款人一般为买方或债务人；在信用证支付方式下，一般为开证行或其指定的银行。

（3）收款人（Payee），又叫"汇票的抬头人"，是指受领汇票所规定金额的人。进出口业务中，一般填写出票人提交单据的银行。

（4）付款的金额。金额必须是确切的或可以准确计算的，不能含混不清。

（5）付款期限。

（6）出票日期和地点。

（7）付款地点。

（8）出票人签字。

上述只是汇票的基本内容，一般为汇票的要项但并不是全部要项。按照各国票据法的规定，汇票的要项必须齐全，否则受票人有权拒付。汇票不仅是一种支付命令，而且是一种可转让的流通证券。

（二）汇票的种类

汇票可从不同的角度来分类：

1. 按出票人不同，汇票分为银行汇票（Banker's Draft）和商业汇票（Commercial Draft）

银行汇票是出票人和付款人均为银行的汇票。商业汇票是出票人为企业法人、公司、商号或者个人，付款人为其他商号、个人或者银行的汇票。

2. 按有无附属单据，汇票分为光票（Clean Draft）和跟单汇票（Documentary Draft）

光票指汇票本身不附带货运单据，银行汇票多为光票。跟单汇票又称信用汇票、押汇汇票，是需要附带提单、仓单、保险单、装箱单、商业发票等单据，才能进行付款的汇票。在国际贸易中经常使用的商业汇票多为跟单汇票。

3. 按付款时间不同，汇票分为即期汇票（Sight/Demand Draft）和远期汇票（Time/Usance Draft）

即期汇票指持票人向付款人提示后对方立即付款，又称见票即付汇票。远期汇票是在出票一定期限后或特定日期付款。

关于远期汇票的付款时间，通常有以下4种：

（1）见票后若干天付款（At ×× days after sight）。

（2）出票后若干天付款（At ×× days after date）。

（3）提单签发日后若干天付款（At ×× days after date of Bill of Lading）。

（4）指定日期付款（Fixed Date）。

4.按承兑人不同，汇票分为商业承兑汇票（Commercial Acceptance Draft）和银行承兑汇票（Banker's Acceptance Draft）

商业承兑汇票是以银行以外的任何商号或个人为承兑人的远期汇票；银行承兑汇票是以银行为承兑人的远期汇票。

一张汇票往往可以同时具备几种性质，例如，一张商业汇票同时又可以是远期的跟单汇票；一张远期的商业跟单汇票，同时又可以是银行承兑汇票。

（三）汇票的票据行为

票据行为是依票据上规定的权利和义务所确定的法律行为，包括出票、背书、承兑、付款等。其中，出票是主票据行为，其他票据行为都是以出票所设立的票据为基础，在出票行为完成之后的行为。汇票的基础票据行为图如图11-1所示。

图11-1　汇票的基础票据行为图

1.出票（Issue）

出票是把汇票投入流通的第一个环节。出票包括两部分内容：①由出票人制作汇票，并在其上签名；②将票据交给收款人。两部分内容缺一不可，如果已制好票据却不把它交给收款人，则该出票过程只完成了一半。

出票人在制作时必须按有关国家票据法的规定，把法定内容记载于汇票之上，才能产生法律效力。它基本上应包括以下项目：

（1）标明"汇票"字样。

（2）必须无条件支付一定金额。汇票是一种无条件的支付命令，如果夹带某种附加条件付款人才予以付款，那这就不能算作汇票。

（3）必须载明付款人的姓名。

（4）汇票的收款人（抬头）。通常有以下三种写法：①限制性抬头（即收款人）。例如，汇票上载明"仅付给A公司"（Pay to A Co. Only）或"付给A公司，不可转让"（Pay to A Co., not transferable）。②指示性抬头。例如，汇票上载明"付给A公司或其指定人"（Pay to the Order of A Co.）。这是使用最广泛的一种写法。③来人抬头。汇票上不写明收款人的姓名，只写上"付与持票人"（Pay Bearer）字样。

（5）汇票的出票日期及地点。

（6）汇票的到期日，即汇票金额的支付日期。它可以有以下四种规定方式：①定日付款，这种形式极少使用；②见票即付，即于持票人提示汇票时付款；③出票日后定期付款，即从出票日起算，于一定期间内（如一个月内）付款；④见票后定期付款，即从持票人提示汇票后起算，于见票后的一定时期内付款。

（7）必须由出票人在汇票上签名。

由于目前尚无一个被广泛承认的国际性汇票公约，故各国对汇票的内容仍有很大分歧。为保险起见，最好将以上七项内容都载入汇票。

2.背书（Endorsement）

（1）背书的作用。"背书"是因签字多在汇票背面得名。背书是受款人在票据的背面签字或做出一定的批注，表示对票据做出转让的行为。转让人称为"背书人"，被转让人称为"被背书人"。被转让人可以再加背书，再转让出去，如此，一张票据可以多次被转让。按照各国的法律规定，除无记名式汇票（来人抬头汇票）外，记名汇票和指示性汇票都必须以背书的方式进行转让。

背书有两种效力：①通过背书，汇票上的权力便转移给了被背书人；②如果汇票被拒付或拒绝承兑，任何后手都有权向前手背书人进行追索，请求偿还票据的金额。

（2）背书的方式：①空白背书：又称无记名背书，背书人仅在汇票背面签上自己的名字，而不填写被背书人的姓名和商号名称。经空白背书的汇票可仅凭交付而转让，其结果与来人抬头的汇票相同。这是国际贸易结算中最为常见的一种票据背书方式。②记名背书：持票人在背书时，在汇票背面写上被背书人的姓名、商号，并签上自己的名字，然后将汇票交付给被背书人，汇票的转让即告完成。③限制性背书：指背书人对支付给被背书人的指示带有限制性的词语，如"付给S银行，不可转让"（Pay to S bank, not transferable）。

3.提示（Presentation）

提示是指持票人向付款人出示汇票，请其承兑或付款的行为。持票人如要取得汇票金额的支付或承兑，必须向付款人做出正式的汇票提示。

提示一般分为付款提示和承兑提示。一般而言，远期汇票应先向付款人进行承兑提示，到期时再进行付款提示。即期付款的汇票，则只须进行付款提示，无须进行承兑提示。

4.承兑（Acceptance）

（1）承兑的含义：承兑是指汇票的付款人为了表示接受出票人的付款提示，同意承担支付汇票金额的义务，而将此意愿以书面文字形式记载于汇票之上的行为。承兑的方式通常是由付款人在汇票正面横写"承兑"字样，注明承兑日期，并签上自己的名字。

（2）承兑的作用：承兑的作用在于确定付款人对汇票金额的付款义务。因为汇票是出票人（通常是卖方）的单方面行为，付款人对汇票的内容一无所知，所以未在汇票上签名前的付款人是毫无责任的。只有当付款人在汇票上签字承兑之后，他才对汇票的付款承担法律上的责任。如果付款人拒绝承兑，持票人不能对付款人起诉，只能对其前手背书人或出票人进行追索。

前文已提到，只有远期付款的汇票需要承兑，尤其是属于见票后定期付款（如见票后30天付款）的汇票，持票人必须向付款人提示承兑。因为只有经过承兑之后才能确定具体的付款日期。

5.付款（Payment）

付款是指汇票的持票人于汇票到期日，向汇票的付款人提示汇票，要求支付汇票金额的行为。持票人必须在法定期间内向付款人进行付款提示。如果持票人不及时进行付款提示，即丧失了对出票人及其前手的追索权。汇票经付款人如数照付后，汇票上的一切债权债务关系即告消灭。付款人在付款时要求持票人在汇票上签名并注明"收讫"字样，并把汇票交给付款人。

6. 拒付（Dishonour）

持票人提示汇票要求承兑时，遭到拒绝承兑（Dishonour by Non-Acceptance），或持票人提示汇票要求付款时，遭到拒绝付款（Dishonour by Non-Payment），均称拒付，也称退票。除拒绝承兑或拒绝付款外，付款人死亡或宣告破产以致付款事实上已不可能时，也称拒付。当汇票被拒付时，最后的持票人有权向所有的前手直至出票人追索，因此，持票人应及时做成拒付证书（Protest），以作为向其前手进行追索的法律依据。表11-1是汇票范本。

表11-1 汇票范本

BILL OF EXCHANGE
Exchange For（Amount in Figures）_____No._____Date：_____
At_____sight of this SECOND Bill of Exchange（First of Exchange being unpaid）
pay to the order of _____（Amount in Words）
the sum of_____
Drawn under L/C：_____
L/C issue Date：_____
Issued by：_____
To_____ For and On behalf of
_____ _____

二、本票

本票（Promissory Note）是一个人向另一个人签发的，保证见票时或在将来的固定时间对某人或其指定的人或持票人支付一定金额的无条件的书面承诺。本票分为商业本票和银行本票。根据《中华人民共和国票据法》第73条的规定，本票是出票人签发的，承诺自己在见票时无条件支付确定的金额给收款人或者持票人的票据。该法第74条规定，本票的出票人必须具有支付本票金额的可靠资金来源，并保证支付。由定义可知，本票的当事人只有两个，一个是出票人，另一个是受款人。出票人也是付款人，这是本票与汇票的根本区别。

本票与汇票在很多方面是相似的。例如，汇票中有关出票、背书、付款等规定，基本适用于本票，但是二者也有明显差别：

（1）本票是无条件的支付承诺，而汇票是无条件的支付命令。

（2）本票的票面有两个当事人，而汇票票面有三个当事人。

（3）本票的出票人即付款人。远期本票无须办理提示承兑和承兑手续，远期汇票则须办理承兑手续。

（4）本票在任何情况下的出票人都是主债务人。而汇票在承兑前，出票人是主债务人；在承兑后，承兑人是主债务人。

（5）本票只能开出一张，而汇票可以开出一套。

三、支票

根据《中华人民共和国票据法》第8条的规定，支票（Check）是出票人签发的，委托办理支票存款业务的银行或者其他金融机构在见票时无条件支付确定金额给收款人或持票人的票据。

支票的当事人与汇票当事人相同，共有三个：出票人、付款人和收款人。出票人在签发支票后，应负票据上的责任和法律上的责任。前者是指出票人对收款人担保支票的付款；后者是指出票人签发支票时，应在付款银行存有不低于票面金额的存款。如果存款不足，支票持有人在向付款银行出示支票要求付款时，就会遭到拒付。这种支票叫空头支票。开出空头支票的出票人要负法律责任。

支票可分为现金支票和转账支票。《中华人民共和国票据法》第83条规定，支票可以支取现金，也可以转账，用于转账时，应当在支票正面注明。支票中专门用于支取现金的，可以另行制作现金支票，现金支票只能用于支取现金。支票中专门用于转账的，可以另行制作转账支票，转账支票只能用于转账，不得支取现金。

在其他许多国家，支取现金或是转账，通常可由持票人或收款人自主选择，但一经"划线"只能通过银行转账，而不能直接支取现金，因此，就有"划线支票"和"未划线支票"之分。划线支票通常都在其左上角划上两道平行线。

第二节　汇付

汇付（Remittance）又称汇款，指付款人（通常是进口商）通过银行或其他途径将款项汇交给收款人（通常是出口商）。例如，合同规定"买方应于××××年××月××日前将全部货款用电汇（信汇/票汇）方式汇付给卖方""合同签署后30天内，买方应以电汇方式付给卖方合同价格的10%（××美元）"。

一、汇付业务的当事人

在汇付业务中通常有四个当事人：

（1）汇款人（Remitter）。汇款人即汇出款项的人，在国际贸易中，通常为进口人。

（2）收款人（Payee）。收款人即收取款项的人，在国际贸易中，通常为出口人。

（3）汇出行（Remitting Bank）。汇出行即受汇款人的委托，汇出款项的银行，通常为进口地的银行。

（4）汇入行（Paying Bank）。汇入行即受汇出行委托解付汇款的银行，通常为出口地的银行。

二、汇付的方式

汇付方式分为电汇、信汇和票汇三种。

（1）电汇（Telegraphic Transfer，T/T）。电汇指汇出行应汇款人的申请，拍发加押电报、电传或SWIFT给在另一国家的分行或代理行（即汇入行），指示解付一定金额给收款人的一种汇款方式。其优点是收款人可迅速收到汇款；其缺点是费用较高。

（2）信汇（Mail Transfer，M/T）。信汇指汇出行应汇款人的申请，将信汇委托书寄给汇入行，授权解付一定金额给收款人的一种汇款方式。其优点是费用较为低廉；其缺点是收款人收到汇款的时间较迟。

（3）票汇（Remittance by Banker's Demand Draft，D/D）。票汇指汇出行应汇款人的申请，在汇款人向汇出行交款并支付一定费用的条件下，代替汇款人开立的以其分行或代理行为解付行支付一定金额给收款人的银行即期汇票（Banker's Demand Draft），寄交收款人，由收款人凭此向汇入行取款。

票汇与电汇、信汇有两点不同：

（1）票汇的汇入行，即汇票的付款行无须通知收款人，而由收款人自行持票上门取款。

（2）电汇、信汇的收款人不能将收款权转让，所以涉及的当事人较少，而票汇的收款人可以通过背书转让汇票，可能涉及的当事人较多。

表11-2是三种汇付方式的比较。

表11-2　　　　　　　　　　　　三种汇付方式的比较

汇付方式	结算手段	特点	
		优点	缺点
电汇（T/T）	委托汇出行以电报、电传等电信手段发出付款委托通知书	安全、可靠、结算时间短、收款快	费用高
信汇（M/T）	委托汇出行以信件方式寄发信汇委托书或支付通知书	费用较低	结算时间长、收款慢
票汇（D/D）	以银行即期汇票为支付工具，由汇款人自行寄交收款人	（1）支付工具由汇款人自行传递 （2）经收款人背书后，汇票可在市场上流通 （3）收款人可自行持票向汇入行收款	可能丢失、被窃，速度慢

三、汇付的操作程序

(一) 电汇/信汇的操作程序 (如图11-2所示)

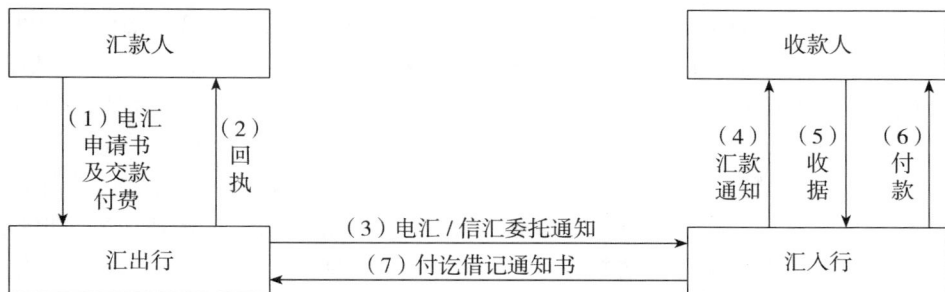

图 11-2 电汇/信汇操作流程图

电汇/信汇的操作程序为:

(1) 交易双方签订贸易合同,约定电汇/信汇的支付方式。汇款人填写并呈交电汇/信汇汇款申请书,缴款付费。

(2) 汇出行给汇款人汇款回执。

(3) 汇出行通过加押电报、电传、SWIFT等方式向汇入行发出支付授权书,或邮寄支付授权书。

(4) 汇入行向收款人发出汇款通知。

(5) 收款人接到汇款通知,到汇入行提交收据。

(6) 汇入行付款,并将收款人的收据留存。

(7) 汇入行告知汇出行付款情况。

(二) 票汇的操作程序 (如图11-3所示)

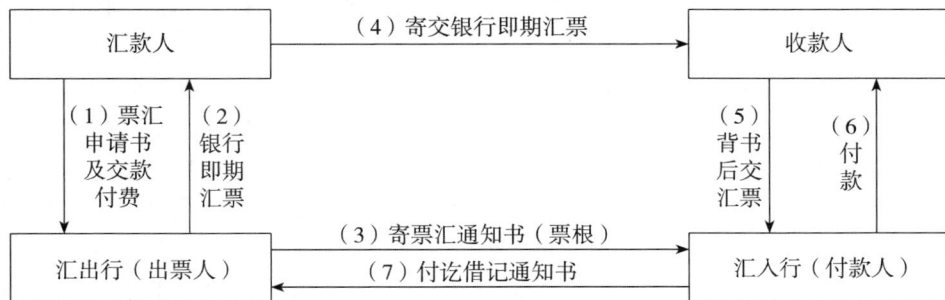

图 11-3

票汇的操作程序为:

(1) 交易双方签订贸易合同,约定票汇的支付方式。汇款人填写并呈交票汇汇款申请书,缴款付费。

(2) 汇出行开立银行即期汇票,交给汇款人。

(3) 汇出行向汇入行寄送汇票票根或发出支付授权书。

(4) 汇款人将汇票寄交给收款人。

（5）收款人进行付款提示。

（6）汇入行付款。

（7）汇入行告知汇出行付款情况。

在汇付中，汇款人出具汇款申请书。申请书是汇款人和汇出行之间的一种契约。汇出行一经接受申请，就有义务按照汇款申请书的指示通知汇入行。汇出行与汇入行之间事先订有代理合同，在代理合同规定的范围内，汇入行对汇出行承担解付汇款的义务。

【例 11-1】我国一出口企业签订的某出口合同规定的支付条款为装运月前 15 天电汇付款，买方延至装运月中从邮局寄来银行汇票一张，为保证按期交货，出口企业于收到汇票的次日即将货物托运，同时委托银行代收票款。1 个月后，收到银行通知，因该汇票是伪造的，已被退票。此时，货物已运抵目的港，并被买方凭出口企业自行寄去的单据提走。事后追偿，早已人去楼空。对此，我方的教训是什么？试从电汇与票汇角度对本案加以评论。

【分析指导】虽然电汇与票汇都属于汇付，但其内容和操作程序存在不同，电汇是汇款人直接汇款给收款人，票汇则是付款人先买入银行汇票再将汇票寄给收款人，因此存在一定的风险。

四、汇付的特点及在贸易中使用的注意事项

汇付简便、快捷，可单独使用，也可与其他方式结合使用。汇付的特点及在贸易中使用的注意事项如下：

（一）风险大

汇付属于商业信用。对于货到付款的卖方或预付货款的买方来说，能否按时收汇或能否按时收货，完全取决于对方的信用。如果对方信用不好，则可能钱货两空。

预付货款（Payment in Advance），指买方在订货时汇付或交货前汇付货款的方法，分为全部预付和部分预付两种。预付货款对于卖方来说有预先得到一笔资金的明显好处。但对于买方来说，却要过早地垫付资金，承担卖方延迟交货或不交货的风险，因此，这种付款方式不易被普遍接受，只能在个别小额交易中使用。

货到付款（Payment after Arrival of the Goods），指卖方在没有收到货款以前，先交出单据或货物，然后由买方主动汇付货款的方法。这种方法实际上是一种赊账业务（Open Account Transaction，O/A）。卖方在发货后能否按时顺利收回货款，取决于买方的信用，因此，除非买方的信誉可靠，否则卖方一般不宜轻易采用此种方式。

（二）资金负担不平衡

对于货到付款的卖方或预付货款的买方来说，资金负担较重，整个交易过程所需的资金，几乎全部由他们提供。

（三）手续简便，费用少

汇付的手续办理比较简单，银行的手续费也较低，因此，在交易双方相互信任的情况下，或是跨国公司各子公司之间的结算，可以采用汇付方式。

第三节 托收

托收（Collection）是委托收款的简称。托收是指由债权人（出口人）出具汇票，委托银行向债务人（进口人）收取货款的一种支付方式。

视频 11-1
什么是托收

一、托收方式的当事人

托收方式所涉及的当事人主要有：

（1）委托人（Principal），指委托银行办理托收业务的客户，通常为出口人。

（2）托收银行（Remitting Bank），指接受委托人的委托，办理托收业务的银行，一般为出口地银行。

（3）代收银行（Collection Bank），指接受托收行的委托向付款人收取票款的进口地银行。代收银行通常为托收银行的国外分行或代理行。

（4）提示行（Presenting Bank），指向付款人做出提示汇票和单据的银行。可以是与付款人有往来账户关系的银行，也可以由代收银行自己兼任提示银行。

（5）付款人（Payer），通常为进口人，即债务人。如使用汇票，即为汇票的受票人。

二、托收的方式

托收可根据所使用汇票的不同，分为光票托收和跟单托收。国际货款的收取大多采用跟单托收。

（一）光票托收（Clean Collection）

光票托收是指卖方仅开汇票而不提供任何货运单据，并委托银行收取货款的托收方式。在国际贸易中，光票托收主要用于小额交易、预付货款、分期付款以及收取贸易的从属费用等。

（二）跟单托收（Documentary Collection）

跟单托收是指卖方将汇票和货运单据一起交给银行委托代收货款。有时只交货运单据，不开汇票。

1. 付款交单（Documents against Payment，D/P）

被委托的代收行必须在进口人付清货款后才可将货运单据交给付款人，即出口人的交单是以进口人的付款为条件的。付款交单又可分为即期付款交单和远期付款交单两种。

（1）即期付款交单（Documents against Payment at Sight，D/P at Sight）：进口商

于见票时立即付款，付款后领取货运单据。例如，买方应凭卖方开具的即期跟单汇票于见票时立即付款，付款后交单。

（2）远期付款交单（Documents against Payment at ×× Days after Sight，D/P after Sight）：出口商开具远期汇票通过银行向进口商提示，进口商予以承兑，直到汇票到期日付清货款，才能取得货运单据。例如，买方对卖方开具的见票后××天付款的跟单汇票，于第一次提示时应立即予以承兑，并应于汇票到期日立即予以付款，付款后交单。

进口商如果要提前取得货运单据，可通过两种方法：①提前付款；②凭"信托收据"借单。信托收据（Trust Receipt，T/R）是进口人向银行出具的一种信用担保文件，表示愿意以银行受托人的身份代银行提货、报关、存仓、出售货物，并承认货物的所有权属于银行，货物出售后货款交银行保管，这种情况下风险由代收行承担；还有一种情况是，出口商授权银行凭信托收据借单（即所谓远期付款交单凭信托收据借单，D/P·T/R）取得货运单据，此种情况下由出口商自己承担风险。

【例11-2】我国某公司向一日本客户以即期付款交单的支付方式推销某种商品，而日商则提出如果我方同意采用见票后90天付款交单的支付方式，并以日商指定的A银行为代收行，则日商愿意接受我方提出的其他交易条件，与我方达成交易。试分析日商提出这种要求的原因是什么？为什么指定代收行？

【分析指导】即期付款交单方式下卖方开具的是即期跟单汇票，进口商要得到单据必须见票时立即付款。远期付款交单方式下卖方开具的是远期跟单汇票，因此进口商可先承兑，待汇票到期再付清货款，取得单据。可以从两者的差别上考虑本案例。

2. 承兑交单（Documents against Acceptance at XX Days after Sight 或 Documents against Acceptance at XX Days after B/L Date，D/A）

承兑交单是指代收方按出口人的指示，在进口人承兑后即交出单据。付款人在汇票到期时再付款。例如，买方对卖方开具的见票后××天付款的跟单汇票，于第一次提示时应立即予以承兑，并应于汇票到期日立即付款，承兑后交单。

三、托收的程序

银行托收的基本做法是：出口人根据买卖合同先发运货物，然后开立汇票（或不开汇票）连同商业单据，向出口地银行提出托收申请，委托出口地银行（托收行）通过其在进口地的代理行或往来银行（代收行）向进口人收取货款。出口人在委托银行办理托收时，须附具一份托收指示书，在指示书中对办理托收的有关事项进行明确指示。银行在接受托收后，即按托收指示书的指示办理托收。

以跟单托收为例，托收的一般程序（如图11-4所示）如下。

（1）出口商与进口商在合同中约定以托收为支付方式后，出口商按货物买卖合同中的规定备货装运出口。

（2）出口商从船运公司获取提单。

（3）出口商按合同规定装货后，填写托收申请书，同时开立以进口商为付款人的即期（或远期）汇票，连同货运单据送交托收行，委托其收款。

（4）托收行以托收申请书为依据，缮制托收委托书，将委托书、汇票和货运单据寄交代收行委托其代收。

（5）代收行按委托书的指示向进口商提示跟单汇票，要求进口商承兑或付款。

（6）进口商按规定承兑或付款。

（7）代收行收到货款后，向进口商交单。

（8）进口商向船运公司提交海运提单。

（9）船运公司将货物交给进口商。

（10）代收行办理转账并向托收行发出付讫通知。

（11）托收行将收到的货款交给出口商。

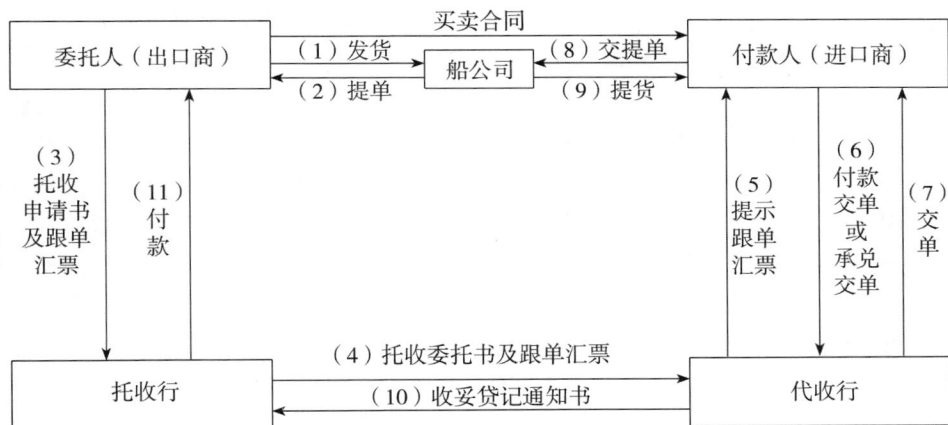

图 11-4　跟单托收操作流程图

说明：

【例11-3】在海口注册的ER进出口公司于某年年初与韩国GI公司签订出口麻纺织品合同，合同总额为8万美元，付款方式为D/P AT Sight，ER公司委托中国银行海南分行为托收行，并指定韩国兴业银行为代收行。同年1月22日代收汇票和全套单据由托收行寄给了代收行，2月2日托收行要求代收行按汇票付款，一个多月过去了，代收行未进行任何答复。经委托人自行与韩国GI公司联系后，该公司承认已收到货物，但无钱可付，致使ER公司遭受巨大损失，唯一的途径是寻求司法保护。那么谁是原告，谁是被告呢？试从托收业务各当事人的责任角度对本案加以评论。

【分析指导】托收方式下，出口商与托收行存在委托代理关系，托收行与代收行存在委托代理关系，本案可以从当事人之间的法律关系上进行考虑。

四、托收的特点

托收的性质是商业信用。银行有"三不管"：一是不负责审查单据；二是不负责确定买方是否付款；三是不负责查验货物的真实情况，因此跟单托收对出口商有一定风险，但对进口商却很有利，其可以免去申请开立信用证的手续，不必预付银行押金，减少费用开支，而且有利于资金融通和周转。由于托收对进口商有利，所以在出口业务中采用托收有利于调动进口商采购货物的积极性，从而有利于促进成交和扩大出口，故出口商会将托收作为推销库存货物和加强对外竞销的手段。

五、《托收统一规则》

国际商会为统一托收业务的做法，减少托收业务各有关当事人可能产生的矛盾和纠纷，曾于1958年草拟了《商业单据托收统一规则》（The Uniform Rules for Collection, ICC Publication No.322），1995年再次修订后，称为《托收统一规则》（国际商会第522号出版物，《URC 522》），于1996年1月1日起实施。《托收统一规则》自公布实施以来，被各国银行所采用，已成为托收业务的国际惯例。

《托收统一规则》共7部分、26条，包括总则、定义、托收的形式和结构、提示方式、义务与责任、付款、利息、手续费及其他费用，其他规定。根据《托收统一规则》的规定，托收亦指银行根据所收到的指示，处理金融单据或商业单据，目的在于取得付款和（或）承兑，凭付款和（或）承兑交单，或按其他条款及条件交单。上述定义中所涉及的金融单据是指汇票、本票、支票或其他用于付款或款项的类似凭证。商业单据是指发票、运输单据、物权单据或非金融单据之外的任何其他单据。

需要注意的是，该规则本身不是法律，因而对一般当事人没有约束力。只有在有关当事人事先约定的情况下，才受该惯例的约束。

六、托收方式下卖方应注意的问题

采用托收结算方式时，应注意以下问题：

（1）要切实了解买方的资信情况和经营作风，成交金额不宜超过其信用额度。

（2）对于贸易管理和外汇管制较严格的进口国家和地区不宜使用托收方式，以免货物到目的地后，由于不准进口或收不到外汇而造成损失。

（3）要了解进口国家的商业惯例，以免由于当地习惯做法，影响安全迅速收汇。例如，有些拉美国家的银行，对远期付款交单的托收按照当地的法律和习惯，在进口人承兑远期汇票后立即把商业单据交给进口人，即把远期付款交单（D/P 远期）改为按承兑交单（D/A）处理，这会使出口人增加收汇的风险，并可能引起争议和纠纷。

（4）出口合同应争取按 CIF 或 CIP 条件成交，由出口人办理货运保险，也可投保出口信用保险。在不采用 CIF 或 CIP 条件时，应投保卖方利益险。

（5）采用托收方式收款时，要建立健全管理制度，定期检查，发现问题应当迅速采取相应措施，以避免或减少可能产生的损失。

第四节　信用证

一、信用证的定义、特点及当事人

（一）信用证的定义

《UCP 600》规定，信用证（Letter of Credit，L/C）是指由银行（开证行）依照客户（申请人）的要求和指示开立或客户主动开立的，在符合信用证条款的条件下凭规定单据承诺付款的书面文件。

在信用证业务中，银行不仅直接参与结算，而且以自己的信用做出付款保证，因此，信用证结算方式是一种银行信用。通过这种方式，可缓解买卖双方互不信任的矛盾，扩大国际贸易的范围；使一些资历和声誉一般的中小企业以及本来彼此不熟悉或不信任的买卖双方也可以较为顺利地进行交易；有利于贸易商向银行融通资金。

（二）信用证的特点

信用证主要有以下几个特点：

1.开证行负首要付款责任

按《UCP 600》的规定，在信用证业务中，开证行对受益人的付款责任是首要的、独立的。即使开证申请人事后丧失偿付能力，只要出口人提交的单据符合信用证条款，开证行也必须承担付款责任。

2.信用证是一项自足文件

信用证是依据买卖合同开立的，但一经开立，即成为独立于买卖合同之外的契约。信用证各当事人的权利和责任完全以信用证条款为依据，不受买卖合同的约束。

3.信用证业务处理的是单据而非货物

信用证业务是"单据业务"。银行处理信用证业务只凭单据，不问货物的真实状况如何。银行以受益人提交的单据是否与信用证条款相符为依据，决定是否付款。如开证行拒付，也必须以单据上的不符点为理由。这种"相符"必须是"严格符合"，不仅要求单证一致，而且要求单单一致。

【例11-4】中国某出口企业收到国外开来的不可撤销的即期议付信用证，正准备按信用证规定发运货物时，突然接到开证银行通知，声称开证申请人已经倒闭，此信用证无效。对此，出口企业应如何处理？依据何在？

【分析指导】信用证是开证行有条件的书面付款承诺，其受益人是出口商，只要单证相符，单单相符，开证行必须履行其付款责任。

（三）信用证方式的当事人

信用证方式涉及的当事人较多，主要有以下几个：

1.开证申请人（Applicant）

开证申请人又称开证人（Opener），指向银行申请开立信用证的人，即进口人或实际买主。

2.开证银行（Opening Bank/Issuing Bank）

开证银行指接受开证申请人的委托，开立信用证的银行，它承担保证付款的责任，开证行一般是进口人所在地的银行。

3.通知银行（Advising Bank/Notifying Bank）

通知银行指受开证行的委托，将信用证转交出口人的银行。它只证明信用证的真实性，并不承担其他义务。通知银行通常是出口人所在地的银行。

4.受益人（Beneficiary）

受益人指信用证上所指定的有权使用该证的人，即出口人或实际供货人。

5.议付银行（Negotiating Bank）

议付银行指愿意买入受益人交来的跟单汇票的银行。它可以是指定的银行，也可以是非指定的银行，此项根据信用证的条款来决定。

6.付款银行（Paying Bank/Drawee Bank）

付款银行指信用证上指定的付款银行。一般是开证银行，也可以是它指定的另一家银行，此项根据信用证的条款来决定。

7.保兑银行（Confirming Bank）

保兑银行指根据开证银行的请求在信用证上加具保兑的银行。保兑银行在信用证上加具保兑后，即对信用证独立负责，承担必须付款或议付的责任。

8.偿付银行（Reimbursement Bank）

偿付银行指接受开证银行在信用证中的委托，代开证行偿还垫款的第三国银行，即开证行指定的对议付行或代付行进行偿付的代理人。

9.受让人（Second Beneficiary）

受让人又称为第二受益人，指接受受益人转让使用信用证权利的人，大都是提供货物的实际生产者。

二、信用证的主要内容

当前世界各国银行所使用的信用证，其内容和格式并没有统一的规定。为便于《跟单信用证统一惯例》（以下简称《UCP500》）的正确实施，国际商会对《标准跟单信用证格式》进行了修订，编辑出版了《为UCP500 制定的新版标准跟单信用证格式》（The New Standard Documentary Credit Forms for the UCP500），即国际商会第516号出版物，建议各国银行使用这种标准格式的信用证。

视频 11-2
谨防信用证
软条款

信用证的基本内容大致如下：

（1）对信用证本身的说明，如种类、性质、信用证号码、开证日期、有效期和到期地点、交单期限等。

（2）对汇票的说明，如使用汇票，要明确汇票的出票人、受票人、交款人、汇票金额、汇票期限、主要条款等内容。

视频 11-3
跟单信用证
审核要点

（3）对货物的描述，如货物名称、规格、数量、单价等，应与买卖合同规定

一致。

（4）对运输事项的说明，如装运港（地）、目的港（地）、装运期限以及可否分批、转运等内容。

（5）对货运单据的说明，如商业发票、运输单据、保险单及其他单据。

（6）其他事项。其他事项主要包括：开证行对议付行的指示条款、开证行保证付款的文句、开证行的名称及地址、其他特殊条款。

SWIFT信用证实例见表11-3。

表11-3 　　　　　　　　　　　SWIFT信用证实例

MT 700	ISSUE OF A DOCUMENTARY CREDIT
: 27 SEQ OF TOTAL：	1/1
: 40A FORM OF DC：	IRREVOCABLE
: 20 DOC. CREDIT No.：	LC332251000393
: 31C DATE OF ISSUE：	180315
: 40E APPLICABLE RULES：	UCP LATEST VERSION
: 31D EXPIRY DATE AND PLACE：	MAY 10, 2018 AT NEGOTIATING BANK'S COUNTER
: 50 APPLICANT：	××× IMP. AND EXP.CO., LTD
	UNIT 1001 TRUMP BUILDING
	208-212 WALLSTREET, NEW YORK, U.S.A
: 59 BENEFICIARY：	*** KNITWEARS AND HOMETEXTILES IMP. AND EXP.CO., LTD
	ZMC BUILDING, 101-2, CANGWU ROAD
	LIANYUNGANG, CHINA 222005
: 32B AMOUNT：	USD 31 986.00
: 41D AVAILABLE WITH/BY：	ANY BANK IN CHINA BY NEGOTIATION
: 42C DRAFTS AT：	SIGHT
: 42D DRAWEE：	ISSUING BANK
: 43P PARTIAL SHIPMENTS：	NOT ALLOWED
: 43T TRANSHIPMENT：	NOT ALLOWED
: 44E LOADING PORT/DEPART AIRPORT：	LIANYUNGANG PORT
: 44F DISCHARGE PORT/DEST AIRPORT：	NEWYORK PORT
: 44C LATEST DATE OF SHIPMENT：	180415
: 45A GOODS：	

COMMODITY: MEN'S SHIRT (CONTRACT NO.GUOMAO18161)

ST/NO.	Q'TY	UNIT PRICE
71-80067	1000PCS	USD10.43/PC
71-80148	800PCS	USD10.46/PC
71-80227	600PCS	USD10.29/PC
71-80321	600PCS	USD11.69/PC

PRICE TERM： CIF NEWYORK PORT

: 46A DOCUMENTS REQUIRED：

+SIGNED COMMERCIAL INVOICE IN 3 COPIES INDICATING L/C NO

+FULL SET OF CLEAN ON BOARD BALNK ENDOWSED OCEAN BILL OF LADING CONSIGNED TO ORDER MARKED FREIGHT PREPAID NOTIFYING APPLICANT

+ PACKING LIST / WEIGHT MEMO IN 3 COPIES ISSUED BY BENEFICIARY INDICATING QUANTITY/GROSS AND NET WEIGHT OF EACH PACKAGE

+INSURANCE POLICY IN DUPLICATE FOR 110 PCT OF THE INVOICE VALUE COVERING ALL RISKS AS PER CIC OF PICC INCLUDED IN THE SAME CURRENCY OF THE DRAFTS CLAIM PAYABLE IN USA

+ BENEFICIARY'S CERTIFIED COPY OF FAX / TELEX DISPATCHED TO THE APPLICANT WITHIN 7 DAYS AFTER SHIPMENT ADVISING FLIGHT NO., SHIPPING DATE, ETA, CONTRACT NO., L/C NO., COMMODITY，QUANTITY AND VALUE OF SHIPMENT

+CERTIFICATE OF ORIGIN IN 3 COPIES ISSUED BY BENEFICIARY

: 47A ADDITIONAL CONDITIONS：

+ALL DOCUMENTS MUST INDICATE CONTRACT NO.ABCDB096411.

+DOCUMENTS ISSUED EARLIER THAN L/C ISSUING DATE ARE NOT ACCEPTABLE

+THIRD PARTY AS SHIPPER IS NOT ACCEPTABLE

+ A DISCREPANCY FEE USD 50.00 OR EQUIVALENT WILL BE DEDUCTED FROM THE PROCEEDS IF DOCUMENTS ARE PRESENTED WITH DISCREPANCY：71B DETAILS OF CHARGES： ALL BANKING CHARGES OUTSIDE ISSUING BANK AND REIMBURSEMENT COMMISSION ARE FOR ACCOUNT OF BENEFICIARY

: 48 PERIOD FOR PRESENTATION：DOCUMENTS SHOULD BE PRESENTED WITHIN 21 DAYS AFTER THE DATE OF ISSUANCE OF TRANSPORT DOCUMENTS，BUT WITHIN THE L/C VALIDITY

: 49 CONFIRMATION INSTRUCTIONS： WITHOUT

: 78 INFO TO PRESENTING BK：

+ALL DOCUMENTS ARE TO BE DISPATCHED IN ONE LOT BY COURIER TO US

+UPON RECEIPT OF DRAFTS AND DOCUMENTS IN COMPLIANCE WITH THE CREDIT TERMS，WE SHALL REMIT THE PROCEEDS ACCORDING TO THE NEGOTIATING/PRESENTING BANK'S INSTRUCTIONS

【例 11-5】中国某进出口公司收到国外信用证一份，规定：最后装船日为 2018 年 6 月 15 日，信用证有效期至 2018 年 6 月 30 日，交单期为提单日期后 15 天但必须在信用证的有效期之内。后因为货源充足，该公司将货物提前出运，开船日期为 2018 年 5 月 29 日。2018 年 6 月 18 日，该公司将准备好的全套单证送银行议付时，遭到银行的拒绝。请问银行拒付的理由是什么？是否合理？

【分析指导】注意信用证规定的交单期。

三、信用证的操作程序

信用证类型不同，其收付程序的具体做法也有所不同，但其基本环节大致相同。以不可撤销跟单信用证为例，信用证操作程序（如图11-5所示）如下：

（1）进出口双方签订贸易合同，在合同中规定以信用证方式付款。

（2）进口商按合同规定向当地银行提出申请，填写开证申请书并缴纳保证金或提供其他担保，要求开证行开证。开证人申请开证时，应填写开证申请书，内容包括：①要求开立信用证的内容，也就是开证人按照买卖合同条款要求开证银行在信用证上列明的条款，这是开证银行向受益人或议付银行付款的依据；②开证人对开证银行的声明，用以表明双方的责任。

（3）开证行按申请书内容开立信用证，并寄交通知行办理信用证的通知事宜。

（4）通知行核对印鉴或密押无误后，将信用证传递给受益人。

（5）受益人审证、改证，确定信用证与合同无误后，备货装运出口。

（6）出口商发货装船后，从船运公司获取正本提单。

（7）出口商将缮制、核对后的全套单据、正本信用证在信用证有效期内交给议付行，要求议付。

（8）议付行审单无误后，向受益人承兑或垫付货款，即按汇票金额扣除利息等费用后付款给受益人。

（9）议付行将汇票和单据寄交付款行索偿。单据通常分为正副两批先后寄发，以免遗失。

（10）付款行收到单据后，核对无误，即对议付行付款。

（11）开证行通知进口商付款赎单。

（12）进口商核对单据无误后，付款赎单。

（13）开证行将单据交给进口商。

（14）进口商将单据交给船运公司提货。

（15）船运公司将货物交给进口商。

四、信用证的主要种类

（一）跟单信用证和光票信用证

按汇票是否附有货运单据划分，信用证分为跟单信用证和光票信用证。

1.跟单信用证（Documentary L/C）

跟单信用证指开证行凭跟单汇票或仅凭单据付款的信用证。国际贸易所使用的绝大部分信用证都是跟单信用证。

图 11-5 中的流程图包含以下标注：

（1）买卖双方签订贸易合同
（5）发货
（6）提单
（14）交单
（15）提货
（8）审单无误后垫款
（7）提交跟单汇票要求议付
（4）通知信用证
（13）赎回单据
（12）审单无误后付款
（11）通知进口商付款赎单
（2）申请开证
（3）开立信用证
（9）寄出跟单汇票要求付款
（10）审单无误后偿付货款

出口商（受益人）　船公司　进口商（开证申请人）
通知行／议付行　开证行／付款行

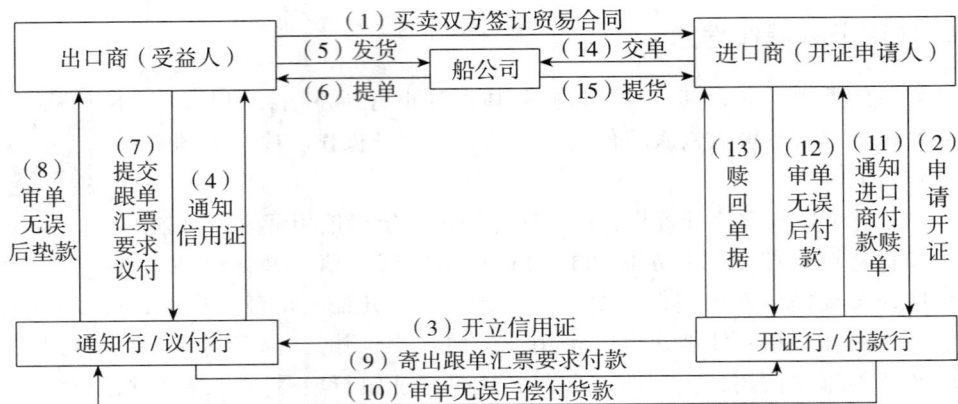

图 11-5　不可撤销跟单信用证操作流程图

2.光票信用证（Clean Credit）

光票信用证指开证行仅凭不附单据的汇票付款的信用证。在采用信用证方式预付货款时，通常使用光票信用证。

（二）保兑信用证和不保兑信用证

按有没有另一银行加以保证兑付划分，信用证可分为保兑信用证和不保兑信用证。

1.保兑信用证（Confirmed L/C）

保兑信用证指开证行开出的信用证，由另一银行保证对符合信用证条款规定的单据履行付款义务。对信用证加以保兑的银行，称为保兑行（Confirming Bank）。信用证的"不可撤销"是指开证行对信用证的付款责任；"保兑"则是指开证行以外的银行保证对信用证承担付款责任。不可撤销的保兑信用证，意味着该信用证不但有开证行不可撤销的付款保证，而且还有保兑行的兑付保证。两者都负有第一性付款责任，所以这种有双重保证的信用证对出口商最为有利。

保兑行通常是通知行，有时也可以是出口地的其他银行或第三国银行。保兑的手段一般是由保兑行在信用证上加列下述保兑文句："兹对此证加具保兑并保证于提示符合此证条款的单据时履行付款义务。"

2.不保兑信用证（Unconfirmed L/C）

不保兑信用证是指开证银行开出的信用证没有经另一家银行保兑。当开证银行资信较好和成交金额不大时，一般可使用这种不保兑信用证。

（三）即期付款信用证和延期付款信用证

按《UCP 500》规定，任何一份信用证均须明确表示其适用于何种兑现方式。凡注明"付款兑现"（Available by Payment）的信用证即称为付款信用证。按付款期限的不同，付款信用证又可分为即期付款信用证和延期付款信用证。

1.即期付款信用证（Sight Payment L/C）

即期付款信用证指注明"即期付款兑现"（Available by Payment at Sight）的信

用证。此种信用证一般不需要汇票，也不需要领款收据，付款行或开证行只凭货运单据付款。即期付款信用证的付款行通常由指定的通知行兼任。

2.延期付款信用证（Deferred Payment D/C）

延期付款信用证指注明"延期付款兑现"（Available by Payment After Sight）的信用证。此种信用证不要求受益人出具远期汇票，因此，必须要在信用证中明确付款时间，如"装运日后××天付款"或"交单日后××天付款"。

（四）承兑信用证和议付信用证

1.承兑信用证（Acceptance L/C）

承兑信用证指信用证指定的付款行在收到信用证规定的远期汇票和单据并审单无误后，先在该远期汇票上履行承兑手续，等到该远期汇票到期，付款行才进行付款的信用证。由于这种信用证规定的远期汇票是由银行承兑的，也称其为"银行承兑信用证"（Banker's Acceptance Credit），因此，这种信用证业务除了要遵循有关信用证的国际惯例外，也要遵守有关国家的票据法的各项规定。采用此种信用证时，指定银行应承兑信托受益人向其开具的远期汇票，并于汇票到期日履行付款义务。

2.议付信用证（Negotiation L/C）

议付信用证指开证行在信用证中邀请其他银行买入汇票及（或）单据的信用证，即允许受益人向某一指定银行或任何银行交单议付的信用证。由于开立信用证银行与受益人一般分处两国，由受益人向开证行索款存在不便，所以受益人可以邀请一家本地银行（议付行）先行审单垫款，这不但有利于出口商资金融通，对信用证申请人和开证行也有好处，即单证相符的单据没有到达柜台前不需付款，且单证是否相符最终由开证行确认，开证行可以在认为议付行寄来的单据有不符点时拒付。

议付信用证通常可以分为：公开议付信用证和限制议付信用证。公开议付信用证（Open Negotiation L/C）是指开证行对愿意办理议付的任何银行作公开议付邀请和普通付款承诺的信用证，即任何银行均可按信用证条款自由议付的信用证；限制议付信用证（Restricted Negotiation L/C）是指开证行指定某一银行或开证行自己进行议付的信用证。

（五）可转让信用证和对背信用证

1.可转让信用证（Transferable L/C）

可转让信用证指信用证的受益人可以要求授权付款、承担延期付款责任、承兑或议付的银行，或当信用证是自由议付时，可以要求信用证中特别授权的转让银行将信用证全部或部分转让给一个或数个受益人的信用证。唯有开证行在信用证注明"可转让"，信用证才可转让。此证只能转让一次，即只能由第一受益人转让给第二受益人，第二受益人不得再要求将信用证转让给其后的第三受益人，但若再转让给第一受益人，不属于被禁止转让的范畴。

在国际上，该种信用证的受益人往往是中间商，他们将信用证转让给实际供货人，由后者办理装运手续，以便从中间赚取差额利润。

2.对背信用证（Back to Back L/C）

对背信用证又称背对背信用证、桥式信用证、从属信用证或补偿信用证，是指中间商收到进口商开来的信用证后，要求原通知行或其他银行以原证为基础，另开一张内容相似的新信用证给另一受益人。对背信用证的受益人可以是国外的，也可以是国内的。开证银行只能根据不可撤销信用证来开立对背信用证。对背信用证的开立通常是在中间商转售他人货物以从中图利时，或两国不能直接办理进出口贸易时，通过第三人以此方式来沟通贸易。

（六）循环信用证（Revolving L/C）

循环信用证指信用证的部分或全部金额被使用后可以恢复到原金额再被利用的信用证。若进出口双方签订了长期的销售合约，需要均衡地分批装运货物，为了节省开证手续费和保证金，进口商可以申请开立循环信用证。

循环信用证分为两种，一种是按时间循环使用的信用证，另一种是按金额循环使用的信用证。按时间循环的信用证是指受益人可以在若干个连续的规定时间段（如一个月）内连续使用信用证，直到使用次数达到该证规定的次数为止。按金额循环的信用证是指受益人按照该证规定的一定金额进行议付后，该证仍恢复到原金额，可供再行议付使用，直到该证规定的总金额用完为止。

当信用证规定的每期金额用完后再恢复到原金额循环使用时，其具体的恢复方式分为以下三种：①自动恢复循环，即每期金额用完不必等待开证行通知，即可自动恢复到原金额使用。②非自动恢复循环，即每期金额用完必须等待开证行通知到达后，信用证才能恢复原金额使用。③半自动恢复循环，即每次议付后一定时期内开证行未提出停止循环使用的通知，则在下一期开始起，就可自动恢复到原金额使用。

五、跟单信用证统一惯例

从19世纪开始，信用证支付方式逐渐成为国际贸易中常用的一种支付方式。但是，由于对跟单信用证有关当事人的权利、责任、术语和付款的定义在国际上缺乏统一的解释和公认的准则，争议和纠纷经常发生，国际商会为了减少因解释不同而引起的争端，于1930年拟订了《商业跟单信用证统一惯例》（Uniform Customs and Practice for Commercial Documentary Credits），建议各国银行采用。在1951年、1962年、1967年、1974年、1983年、1993年又先后对该惯例进行了修订。

自2007年7月起，《商业跟单信用证统一惯例（1993年修订本）》第500号出版物被《商业跟单信用证统一惯例（2007年修订本）》第600号出版物，即《UCP 600》所代替。《UCP 600》共有39个条款，比《UCP 500》减少10条，但却比《UCP 500》更准确、清晰，更易读、易掌握、易操作。

《商业跟单信用证统一惯例》不是国际性的法律，但它已被世界各国银行普遍接受和使用，并成为一种公认的国际惯例，至今已被170多个国家的银行所采用。

第五节　不同支付方式的结合使用

每一种结算方式都有其利弊，如何采用有利于出口商的结算方式，需要考虑到商品、客户、市场、价格、双方各自承担风险的能力和收汇的安全性等诸多因素，而不同结算方式的结合使用可以降低某些单一结算方式带来的风险。

一、信用证与汇付结合使用

信用证与汇付结合使用具体有两种做法。

第一种做法是部分货款采用信用证方式付款，余额用汇付方式结算，即进口商先开信用证支付发票金额的一部分，余额部分待货物到达目的地后，根据检验结果计算出确切金额，另以汇付的方式支付。

例如，成交的契约货物是散装物，如矿砂、煤炭、粮食等。进出口商同意采用信用证支付总金额的90%，余下的10%待货到后经过验收，确定其货物计数单位后，再将余下货款采用汇付的办法支付。

第二种做法是先汇付部分货款，余额部分在出口商发货时由进口商开立信用证支付。这主要用于须预付定金的交易（如成套设备的交易）。

二、信用证与托收结合使用

信用证与托收结合，是指部分货款采用信用证支付，余额用托收方式结算的做法。这种做法既减少了进口商的开证费用，又使出口商的收汇有一定的安全保障。一般做法是：出口人开具两张汇票，属于信用证部分的货款凭光票付款，而全套装运单据附在托收的汇票之下，按即期或远期托收。但信用证要明确种类和支付金额以及托收方式的种类等。

例如，"货款的××%应开立不可撤销即期信用证。其余的××%见票立即（或见票后××天）付款交单。全套装运单据随附于托收项下。在发票金额全数付清后方可予以交单。如××%托收金额被拒付，开证行应掌握单据听凭卖方处理"（××% of the value of goods by irrevocable letter of credit and remaining ××% on collection basis D/P at sight（or as ××days sight），the full set of shipping documents are to accompany the collection item. All the documents are not to be delivered to the buyers until full payment of the invoice value. In case of non-payment of the ××% in collection item，the documents should be held by the issuing bank at the entire disposal of the sellers）。

三、汇付和托收结合使用

汇付和托收结合使用时的一般做法是：由进口商先预付部分货款或一定比率的押金作为保证，余额部分在出口商发运货物后委托银行以付款交单的方式收取。如托收金额被拒付，出口商可将货物运回，并从已收款项中扣除来往运费、利息及合理的损失费用。

采用这种支付方式时，应在合同中订明：装运以合同规定的预付款或押金汇到卖方账户为条件，余额按托收（即凭付款交单）的方式收取，如货款未付清，货物所有权属于卖方。

本章小结

金融票据是国际上通行的结算和信贷工具，国际贸易中使用的金融票据主要有汇票、本票和支票，其中汇票是使用最广泛的支付工具，其本质是一种无条件支付一定金额的书面支付命令，经常可以通过背书实现收款权的转让，因而具有一定的安全性和流通性。本票是出票人签发的，承诺自己在见票时无条件支付确定的金额给收款人或持票人的票据。支票是以银行为付款人的即期汇票，本票和支票在国际贸易中使用的相对较少。

国际贸易中常见的支付方式有三种：汇付、托收和信用证。汇付指付款人（通常是进口商）通过银行或其他途径将款项汇交收款人（通常是出口商）。托收是委托收款的简称，指债权人（出口人）出具汇票，委托银行向债务人（进口人）收取货款的一种支付方式。信用证是指由银行（开证行）依照客户（申请人）的要求和指示或自己主动开立的，在符合信用证条款的条件下凭规定单据承诺付款的书面文件。三种支付方式中，汇付和托收属于商业信用，信用证属于银行信用。

在国际贸易中选择结算方式时，要充分考虑商品、客户、市场、价格、双方各自的承担风险能力、收汇的安全性等诸多因素。在国际结算业务中，可以将信用证与汇付、信用证与托收、汇付和托收结合使用，可以降低单一结算方式带来的风险。

练习题

第十一章单选题	第十一章多选题	第十一章判断题
第十一章案例分析题	第十一章习题参考答案	

第十二章

国际贸易的争端预防及处理

学习目标

● 掌握进出口商品检验、索赔的基本知识

● 了解不可抗力的含义，掌握不可抗力事件的认定与处理原则，明确买卖合同中不可抗力条款的内容和订立时应注意的问题

● 了解仲裁的意义和仲裁协议的作用，掌握仲裁条款的内容以及仲裁规则和仲裁裁决的执行等基本知识

第一节　商品检验

国际货物买卖中的商品检验（Commodity Inspection），是指商品检验机构对卖方拟交付货物或已交付货物的品质、规格、数量、重量、包装、卫生、安全等项目所进行的检验、鉴定和管理工作，以确定所交商品是否符合合同及有关法律、法规和标准。约定商品检验、检疫是国际货物买卖中不可缺少的一个重要环节，也是买卖合同中不可缺少的一项内容，检验检疫在国际贸易中起着重要的作用。

检验条款主要包括检验权、检验机构、检验证书、检验时间与地点以及检验的方法与标准等内容。

一、检验权

检验权是指依照合同的约定，买方或卖方所享有的对进出口商品进行检验鉴定，以确定其是否与合同相符的权利。一般说来，哪一方享有检验权，哪一方就有权指定检验机构检验货物，其检验证书就作为对货物的品质、数量、包装等是否与合同一致的最后评定。目前，在国际贸易中有以下几种做法：

（一）离岸品质和离岸数量

这种条款规定：出口货物在装船前须进行品质的检验和数量的衡量，以装船口岸商品检验机构出具的品质证明书和数量证明书作为决定商品品质、重量和包装的最后依据。

其具体做法是在合同中明确规定，以装船口岸中国进出口商品检验机构出具的商品检验证明书作为品质、数量的最后依据。如规定：双方同意以装船口岸中国进出口商品检验机构所签发的品质/数量证明书作为"最后依据"。这种规定虽然没有载明"离岸品质、重量"的字样，但由于使用了"最后依据"的文句，就意味着买卖双方以离岸品质、数量为准。采用离岸品质、数量这种做法时，如果买方在货物到达目的港后，对货物的品质、数量提出异议，卖方在法律上是有权予以拒绝的。

（二）到岸品质，到岸数量

这种条款规定，货物到达目的港卸货后由目的地检验机构进行商品的品质、重量的检验，以该检验机构出具的品质和数量检验证明书作为交货品质和数量的最后依据。在这种规定下，如证明货物品质和数量不符合合同规定且确属卖方责任，买方可据此向卖方提出品质或数量上的任何异议，卖方应负赔偿之责。这种做法显然是对买方有利。

（三）离岸数量，到岸品质

这种做法的特点是把品质与数量分别处理。交货的数量以卖方所委托的装运口岸的商品检验机构出具的数量检验证明书作为最后依据。货到目的港后，买方有权对商品的品质进行检验，并以目的口岸商品检验机构出具的品质检验证明书作为检验或索赔的依据。例如，伦敦有些协会制定的"标准合同"，就是采用这种做法的。

（四）离岸检验，到岸复验

按照这样的规定，货物必须在装运前由装运港的检验机构进行检验，其检验证书作为卖方向银行收取货款时提交的单据之一。

在货物运抵目的港卸货后，买方有复验权，如经复验发现货物与合同规定不符，并证明这种不符是在卖方交货时（即货物风险由卖方转移到买方时）就已存在，买方可以凭复验证书向卖方提出异议和索赔。这种规定方法同时承认买卖双方所提供的检验证书。由于这种做法同时照顾到买卖双方的利益，在国际贸易中使用比较普遍。

具体规定办法是：如果是出口合同，则应当订明"将装船口岸中国进出口商品检验机构签发的品质（重量）证明书作为向银行议付的单据的一部分。如有品质异议及（或）数量异议，买方须于货到目的口岸之日起××天内向卖方提出索赔，同时须提供卖方同意的公认的公证机构出具的检验报告"。如果是进口合同，则应订明"货物卸至目的港后，买方有权申请由中国进出口商品检验机构进行检验，如发现货物品质及（或）数量（重量）与合同不符，买方有权在货物卸至目的口岸后××天内根据中国进出口商品检验机构出具的证明书向卖方提出索赔"。

二、商品检验机构和检验证书

（一）国际上的商品检验机构

在进出口货物的检验过程中，商品检验机构作为公正的第三方，对商品进行各方面的检验和鉴定，并出具真实、公正、具有权威性的检验证书。凡是开展进出口贸易的国家或地区，一般都设有商品检验机构，虽然它们名称各异，但按其性质划分，无非以下几种类型：

1.官方商品检验机构

这类机构由政府出资设立，依据国家有关法律、法规对进出口商品进行强制性检验、检疫和监督管理。如美国食品药物管理局（FDA）、美国农业部联邦粮谷检验署、法国国家实验室检测中心、日本通商产业检验所等都是世界著名的商品检验机构。

2.半官方商品检验机构

这类机构就其性质而言应属于民间机构，但它们却由政府授权，代表政府进行某项商品检验或某一方面的检验管理工作。例如，在国际上具有相当知名度的美国担保人实验室就属于这种类型，各国出口到美国的与防盗信号、化学危险品以及与电器、供暖、防水等有关的产品都要通过其检验并贴上"UL"标志后，才能在美国市场销售。

3.非官方机构

这类机构由私人开设，具有专业检验、鉴定技术能力，并被当地法律所认可，如同业公会、协会开办的公证行、检验公司等。这类机构中有些机构历史悠久，在全球具有较高的权威性，如英国劳埃氏公证行、中国香港天祥公证化验行。还有些更是发展为规模庞大、具有垄断性的全球性机构，如瑞士日内瓦通用鉴定公司等。

（二）我国的商品检验机构

1998年我国成立的中国出入境检验检疫局（CIQ），主管卫生检疫、动植物检疫和商品检验（三检合一）；2001年，该局的职能又并入当时成立的国家质量监督检验检疫总局（简称质检总局）。2018年6月，根据《国务院关于机构设置的通知》将国家质量监督检验检疫总局的出入境检验检疫管理职责和队伍划入海关总署；将国家质量监督检验检疫总局的原产地地理标志管理职责整合，重新组建中华人民共和国国家知识产权局。

我国的商品检验机构工作职责有：

（1）对进出口商品实施法定检验。法定检验是指商品检验机构或者国家商检部门、商品检验机构指定的检验机构，根据国家的法律、行政法规，对规定的进出口商品和有关的检验事项实施强制性检验。通过法定检验的商品才可出口，未经过检验和检验不合格的一律不准出口，凡属于法定检验的进口商品，未经检验，一律不准安装投产、销售和使用。

法定检验的范围包括：

①对列入《商品检验机构实施检验的商品种类表》的进出口商品的检验。

②对出口食品的卫生检验。

③对出口危险货物包装容器的性能鉴定和使用鉴定。

④对装运出口易腐烂变质食品、冷冻品的船舱、集装箱等运载工具的适载检验。

⑤对有关国际条约规定须经商品检验机构检验的进出口商品的检验。

⑥对其他法律、行政法规规定必须经商品检验机构检验的进出口商品的检验。

（2）对进出口商品的质量和检验工作进行监督管理。海关总署是我国主管出入境卫生检疫、动植物检疫和商品检验的行政机构，它与其设在各地的分支机构负责实施各项相关工作。

（3）办理进出口商品的公证鉴定。除对部分商品实施法定检验外，对不属于法定检验范围的进出口商品，进出口商也可以根据贸易合同，在规定范围内向出入境检验检疫机构提出检验申请，并要求出具检验证书。

（三）检验证书

进出口商品经过商品检验机构检验后，都要由检验机构发给一定的证明书，以证明商品的品质和数量是否符合合同的规定，这种证明书称为商检证书。目前在国际贸易中常见的检验证书主要有以下几种：

（1）检验证明书（Inspection Certificate）。

（2）品质证明书（Quality Certificate）。

（3）重量证明书（Weight Certificate）。

（4）卫生证明书（Sanitary Certificate）。

（5）兽医证明书（Veterinary Certificate）。

（6）植物检疫证明书（Plant Quarantine Certificate）。

（7）价值证明书（Value Certificate）。

（8）产地证明书（Origin Certificate）。

商品不同，检验要求及所应提供的检验证书也有所不同。如一般轻纺产品只需提供品质、数量或重量证明书即可，而有些农副土特产品则除需要出具品质（重量）证明书外，还需出具卫生证明书、兽医证明书或植物检疫证明书，因此，在签订合同时，应根据商品的特性，对所需的检验证书做出明确的规定。

三、复验权

复验权是指买方在到货后有重新检验的权利。它不是强制性的，也不是买方接受货物的前提条件。根据《联合国国际货物销售合同公约》的规定，除非双方另有约定，否则买方在接受货物之前有权要求利用合理的机会检验货物。在此之前不能认为买方已经接受货物，买方也没有丧失拒收货物的权利。但当买方收到货物后未经复验便先行使用，此时发现货物不符也不能索赔。若买方选择复验时，合同中应对复验期限、地点、机构和方法加以明确规定。

复验期限，实际上就是索赔期限，超过复验期限买方就失去索赔权。复验期限的长短，应视商品的性质和港口情况而定，通常为到货日起 30 ~ 180 天不等。对容易变质的商品，复验期限不宜太长；对机械设备等需在安装试车投产后方能看出问题的，复验期限一般为一年或一年以上。复验地点，除非双方当事人另有协议，否则按照国际惯例和某些国家的法律而定。在我国，进口产品的复验地点是：对于一般商品，是在口岸或集中储存的地点进行；对于成套设备、机电仪器等，是在收货、用货地点；对于集装箱运输的货物，是在拆箱地点。复验机构，一般应以卖方认可为宜。复验方法，一般与检验方法相同。

四、检验方法和检验标准

（一）检验方法

对进出口商品的检验方法应在合同中具体约定。同一种商品如果检验方法不同，其检验结果就可能相差较大，所以，为避免日后双方因此而产生纠纷，最好在合同中规定检验方法。合同中没有规定检验方法的，出口商品按我国商检部门规定的方法检验，如对方要求按对方或第三国的标准进行检验，则应和商检部门研究，征得有关部门同意后再定，但不宜接受与我国不进行贸易的国家的标准进行检验或复验；进口商品按国际贸易习惯通用的方法检验。

（二）检验标准

检验标准是指判断进出口商品的某些指标是否合格所依据的标准。出口商品与进口商品检验标准的确定原则有所区别。

出口商品检验依据的确定原则是：凡买卖合同中对品质、包装条件有具体规定的商品，以合同规定为检验标准。凡合同规定按某项标准检验的商品，即以该项标准作为检验依据。若合同中未规定检验标准或规定不明确，则以国家标准作为检验标准；无国家标准的，以专业标准为检验标准；无专业标准的，以企业标准为检验标准；目前尚无标准的，一般参照同类商品的标准，或由国内生产部门与商品检验机构共同研究后决定。如果国外买方要求按对方国家或第三国的标准实施检验时，亦须与有关部门研究后再定。

进口商品检验依据的确定原则是：凡合同对检验项目的指标有具体规定的，以合同规定为检验标准；合同规定有检验参照标准的，以该标准为检验标准；合同中未规定或规定不明确的，首先以生产国现行标准作为检验标准，无该项标准的，以国际通用标准作为检验标准，这两项标准都没有的，以进口国的标准作为检验标准。此外，卖方提供的品质证明书、使用说明书也可作为检验标准。

另外，对进口商品进行残损检验时，以合同的有关条款、发票、装箱单、重量单、提单或运单、保险单、外轮理货报告或船务记录等有效单证作为检验标准。

实际业务中应注意，合同中规定的作为检验依据的各种标准应符合国家有关法律、行政法规的规定，否则该项合同内容无效。

五、合同中的检验条款

（一）出口合同检验检疫条款

买卖双方同意以装运港（地）中国出入境检验检疫机构签发的质量和重量（数量）检验证书作为信用证项下所附单据的一部分。买方有权复检，复检费用由买方承担。如发现质量和（或）重量（数量）与合同规定不符，买方有权向卖方索赔，但必须提供经买方同意的公证机构出具的检验报告，索赔期为货物到达目的港后××天内。

It is mutually agreed that the certificate of quality and quantity（or weight）issued by general administrator of quality supervison inspection and quarantine of the People's Republic of China at the port/place of shipment shall be part documents to be presented for negotiation under the relevant L/C.The buyers shall have the right to reinspect the quality and quantity（or weight）of the cargo.The reinspection fee shall be by the buyers.Any claim by the buyers the goods regarding the goods shipped shall be lodged within ×× days after the arrival of the goods at the port/place of destination and supported by a surrey report issued by a surveyor approved by both parties.

（二）进口合同检验检疫条款

买卖双方同意以制造厂（或某公证行）出具的质量和重量检验证书作为有关信用证项下付款单据之一，但不作为商品检验的最后依据，货物抵达目的港卸货后××天内经中国出入境检验检疫机构复检，发现质量和（或）重量（数量）与本合同规定不符时，除属保险公司或承运人负责者外，买方凭中国出入境检验检疫机构出具的检验证书，可向卖方提出退货和索赔。因退货和索赔引起的一切费用（包括检验费）及损失均由卖方负担。在这种情况下，如果抽样是可行的，买方可应卖方要求将有关货物的样品寄给卖方。

It is mutually agreed that the certificate of quality and quantity（or weight）issued by surveyor shall be part of the documents for payment under relevant L/C.However，the inspection of quality and quantity or weight shall be made in accordance with the following factors.In case quality，quantity or weight of goods be founded not in conform with those stipulated in the contract after rein specification by state administration for entry - exit inspection and quarantine of the Republic of China within ×× days after arrival of the goods at the port of destination，the buyers shall return the goods to or lodge claim the sellers for compensation of losses upon the strength of Inspection Certificate issued or the carriers are liable. All expenses（including insures fees）and losses arising from the return of the goods claims should be borne by the sellers.In such case，the buyers may if so practicable，can send a sample of the goods in question to the sellers.Provided that the Sampling is feasible.

第二节　索赔

一、索赔概述

（一）违约与索赔

国际货物买卖合同对合同双方当事人具有法律约束力，任何一方当事人都必须按照合同规定严格履行其合同义务，否则即构成违约。在国际货物买卖的过程中，因为种种原因，违约事件时有发生，而且主要集中在交货的品质、数量（重量）、交货日期等问题上。违约一方面会引起买卖双方的争议，另一方面也会给对方造成经济损失。对此，违约的一方当事人应承担相应的违约责任。

索赔（Claim）就是合同的一方违反合同的规定，直接或间接地给另一方造成损害时，受损方向违约方提出损害赔偿的要求。责任方就受损方提出的索赔要求进行处理，即为理赔（Claim Settlement）。

索赔在实践中不仅指向责任方提出损害赔偿的要求，它还包括行使法律上规定的其他救济方法，如解除合同、拒收货物、实际履行等。

（二）违约后果的法律规定

不同的法律和文件对于违约方的违约行为、由此产生的法律后果以及对该后果的处理有不同的规定和解释，目前国际上主要有三种观点。

英国的法律把违约分成"违反要件（Breach of Condition）"与"违反担保（Breach of Warranty）"两种。违反要件是指违反合同的主要条款，在合同的一方当事人违反要件的情况下，另一方当事人即受损方有权解除合同，并有权提出损害赔偿。违反担保是指违反合同的次要条款，在违反担保的情况下，受损方只能提出损害赔偿，而不能解除合同。至于在每份具体的合同中，哪些要素属于要件，哪些属于担保，该法并无明确具体的解释，一般认为与商品有直接关系的如品质、数量、交货期等属于要件，与商品无直接关系的如付款时间等属于担保范畴。近年来，英国司法实践还承认一种新违约类型，即违反中间性条款或无名条款，它是一种既不是要件，也不是担保的合同条款。违反这类条款应承担的责任须视违约的性质及其后果是否严重而定。损失严重的，受损方有权解除合同并要求损害赔偿，否则就只能要求损害赔偿。

美国的法律将违约分为"重大违约（Material Breach）"与"轻微违约（Minor Breach）"两种。重大违约是指一方当事人没有履行合同或履行合同有缺陷，致使他方当事人不能得到该项交易的主要利益，受损害的一方当事人可以解除合同并请求损害赔偿。轻微违约是指一方当事在履约中尽管存在一些缺陷，但受损害的一方当事人已经从合同履行中得到该交易的主要利益，如履行的时间略有延迟，交付的货物数量和品质与合同略有出入等。

《联合国国际货物销售合同公约》将违约分为"根本性违约（Fundamental Breach of Contract）"和"非根本性违约（Non-Fundamental Breach of Contract）"两类。根本性违约是指违约方的故意行为造成的违约，如卖方完全不交货，买方无理拒收货物、拒付货款，其结果给受损方造成实质性损害（Substantial Detriment）。如果一方当事人发生根本性违约，另一方当事人可以宣告合同无效，并可要求损害赔偿。非根本性违约是指违约的状况尚未达到根本违反合同的程度，受损方只能要求损害赔偿，而不能宣告合同无效。

我国法律中也有类似《联合国国际货物销售合同公约》的规定。《中华人民共和国合同法》规定，当事人一方延迟履行合同义务或者有其他违约行为致使不能实现合同目的，对方当事人可以解除合同；当事人一方延迟履行主要债务，经催告后在合同期间内仍未履行的，对方当事人可以解除合同。

（三）索赔对象

对于索赔应该负责的对象主要有出口方、进口方、船运公司（或承运人）和保险公司。他们所负的责任根据造成损失的原因和有关合同的规定而有所不同。

1.向出口商索赔

对于因出口商品短装、漏装、损毁、品质内在缺陷、包装不良、交货时间不符或品质、规格不符及交单不符等原因给进口商造成的损失，出口商应承担责任。

2.向进口商索赔

进口商要承担因自己的商业行为不当给卖方造成损失的责任，具体包括：

（1）信用证结算方式下，进口商故意不开或迟开信用证，或在信用证中提出了过高的条件，使卖方难以履约。

（2）在 FOB 条件成交下，买方延迟租船订舱，使卖方不能按时装运造成的损失。

（3）托收方式下，货物发出后，买方无理拒收货物、拒付货款。

3.向船运公司索赔

货物在运输过程中发生短失，船运公司就要接受货主按照运输合同的有关规定向其提出的赔偿要求，如短卸、误卸、破损、破漏、毁坏、水渍、其他污染等。船运公司所负责任自货物装船起至货物卸离船舶为止，即自签发提单起至收回提货单为止。

4.向保险公司索赔

货物发生属于保险责任范围内的损失，保险公司就要接受被保险人按保单的有关规定向保险人提出的赔偿要求。凡由于不可抗力造成货物的损失、无适当责任人可交涉、遭到有关责任人合理拒赔或赔偿不足者，都可以向保险公司索赔。保险公司的承保责任均以保险单为限，发生的损失必须在保险责任范围内。

若存在除以上所列的其他责任人，则应向其他责任人索赔。如银行在托收或信用证方式下未按规定处理单据，擅自释放单据给进口商从而对出口商造成的损失应向银行索赔；装卸公司在港口装卸过程中发生的损害则应向装卸方索赔等。

【例12-1】中国某公司与欧洲某进口商签订一份皮具买卖合同，以 CIF 鹿特丹成交，向保险公司投保一切险，用信用证支付。货到鹿特丹后，检验结果表明：全部货物潮湿、发霉、变色，损失共计10万美元。据分析，货物损失的主要原因是生产厂家在生产的最后一道工序中，未将皮具湿度降到合理程度。问：（1）进口商对受损货物是否支付货款？（2）进口商可向谁索赔？

【分析指导】（1）进口商应对受损的货物支付货款。因为合同规定以信用证为支付方式。信用证方式的基本特征之一即信用证是一种单据交易，银行凭单付款。银行只审核单据而不管货物、服务和实际的履约行为，只要受益人提交的单据与信用证条款一致，银行就要履行付款的责任，并要求开证申请人付款赎单，因此，进口商无法以货物受损为由拒绝支付货款。

（2）进口商可以依法向出口商即卖方进行索赔。根据《联合国国际货物销售合同公约》的规定，卖方对交付的货物承担品质担保的义务，即要求货物与合同规定的相符。本例中，经检验，货损产生是因为生产厂家在生产过程中的失误，使得交付货物品质无法符合合同规定，因此出口商应对此货损承担责任，进口商可依法向出口商索赔。

以上是各个索赔对象应负担的单独责任。有时损失的发生牵涉到几个方面，例如保险的货物到达目的港后发生短卸，由于船运公司对每件货物的赔偿金额有一定的限制，往往不能根据货物价值足额赔付，其不足部分就应由保险公司负责。这里涉及船运公司和保险公司两方面，因此收货人应向船运公司和保险公司同时提出索赔。

二、合同中的索赔条款

合同中的索赔条款有两种形式：一种是异议和索赔条款（Discrepancy and Claim Clause）；另一种是罚金或违约金条款（Penalty Clause or Liquidated Damage Clause）。

（一）异议和索赔条款

异议和索赔条款除了明确规定一方如果违约，另一方有权索赔外，还包括索赔依据、索赔期限、索赔的处理办法、索赔的金额等。

1.索赔依据（Claim Foundation）

索赔依据分为法律依据和事实依据。前者是指合同和有关国家法律的规定，后者是指违约的事实证据和出证的机构。如果证据不全、不清，出证机构不符合要求，就可能遭到拒赔。

2.索赔期限（Period of Claim）

索赔的期限是指受害方向违约方提出的索赔的有效期限，超过期限即丧失索赔权。索赔期限有约定和法定之分，约定索赔期限是在合同中规定的索赔期限，法定索赔期限是有关法律规定的索赔期限。法定索赔期限是在合同中未约定具体索赔期限时才启用的，如合同中有约定索赔期限，则约定索赔期限的效力超过法定索赔期限效力。所以，处理索赔时，如发现理由不充分、所附证明不符或不全，应在有效期内函请有关方面保留索赔权。根据《联合国国际货物销售合同公约》及《中华人民共和国合同法》的规定，国际贸易索赔期限为自买方实际收到货物之日起两年之内。索赔期限的长短，应根据不同商品的特性及检验所需的时间等因素决定。一般合同中约定索赔期的起算时间通常有以下几种：

（1）以货物到达目的港（地）后××天起算，此种方法较常见。

（2）以货物到达目的港卸离海轮后××天起算。

（3）以货物到达买方营业处所或用户所在地后××天起算。

（4）以货物检验后××天起算。

3.索赔的处理办法

索赔的处理办法一般只作笼统规定，但确定索赔金额有三条原则：

（1）索赔金额应等于因违约造成的、包括利润在内的损失。

（2）应该以可以预料的合理损失为准。

（3）由于受害方未采取合理的措施使有可能减轻的损失未减轻的，应在赔偿金额中扣除。

4.异议和索赔条款示例

买方对于装运货物的任何索赔，必须于货物到达提单或运输单据所定目的港（地）之日起 30 天内提出，并提供卖方同意的公证机构出具的检验报告。属于保险公司、船运公司或其他有关运输机构责任范围内的索赔，卖方不予受理。

Any claim supported by the buyer regarding the goods shipped should be filed within 30 days after the arrival of the goods at the port /place of destination specified in the relative bill of lading or transport document and supported by a survey report issued by a surveyor approved by the seller. Claims in respect of matters within responsibility of insurance company， shipping company /other transportation organization will not be considered or entertained by the seller.

（二）罚金或违约金条款

1.违约金的含义

违约金条款也称罚金条款，是指如果一方未能按约定履行合同，应向另一方支付一定的罚金，以弥补损失。如果是履行迟延造成的违约方支付违约金，通常违约一方被罚后仍须履行合同。否则，除罚金外，违约方还要承担不能履约造成的损失。此条款适用于卖方延期交货，或买方延迟开立信用证和延期接运货物、拖欠货款等情况。

2.违约金的性质

在买卖合同中规定罚金或违约金条款，是促使合同当事人履行合同义务的重要措施，能起到避免和减少违约行为发生的预防性作用。在发生违约行为的情况下，能对违约方起到一定的惩罚作用，对守约方的损失能起到补偿性作用。罚金是不以造成损失为前提的，数额以约定为主，分为惩罚性和补偿性两种。必须指出的是，英美法系的国家，惩罚性的违约金是不受法律承认的，即使在合同中将有惩罚性的违约金定为补偿性的违约金也是如此。

3.《中华人民共和国合同法》对违约金的规定

在确定违约金数额时，双方当事人应预先估计因违约可能发生的损害赔偿，确定一个合适的违约比率。

4.罚金或违约金条款示例

买方因自身原因不能按合同规定的时间开立信用证，应向卖方支付罚金。罚金按迟开证每×天收取信用证金额的×%计算，不足×天者按×天计算，但罚金不超过买方应开信用证金额的×%。该罚金仅作为因延迟开信用证引起的损失赔偿。

Should the Buyer for its own sake fail to open the letter of credit on time stipulated in the contract，the Buyer shall pay a penalty to the Seller. The penalty shall be charged at the rate of ×% of the amount of letter of credit for every × days of delay in opening the letter of credit，however，the penalty shall not exceed ×% of the total value of the letter of credit which the Buyer should have opened. Any fractional days less than × days shall be deemed to be × days for the calculation of penalty. The penalty shall be the sole compensation of the damage caused by such delay.

（三）定金罚则

在成套设备、运输工具、精密仪器仪表等技术性产品的交易中，合同中通常规定定金罚则。

1.定金的含义

定金是指合同一方当事人根据合同的约定预先付给另一方当事人一定数额的金额，以保证合同的履行，它是作为债权的担保而存在的。

定金不同于预付款，预付款是合同当事人预先付给对方一定数额的价款，即对合同义务的预先履行，其本身就是预付的价款或价款的一部分，而不是对合同履行的担保。

2.合同中定金条款的意义（定金罚则）

如支付定金的一方违约，即丧失定金的所有权，定金由另一方当事人所有；如收取定金的一方违约，则除返还定金外，还须付给对方同定金数额相等的款项。这种规定和做法，就称为定金罚则。

运用定金条款时应注意以下事项：

（1）在合同中，如需要订立定金条款，要注意定金条款内容与预付款条款内容的区别，二者不能混同使用。

（2）定金条款的规定应明确具体。

（3）在合同中同时约定违约金和定金的情况下，如出现一方违约，另一方只能选择其中之一适用，不能并用。

第三节　不可抗力

一、不可抗力的含义和范围

（一）不可抗力的含义

目前，国际条约和国际惯例对不可抗力还没有一个统一的定义，各国国内法规的解释也差别较大。例如，法国的法律称这类事件为"不可抗力"；英美法系国家则称之为"合同落空"；大陆法系国家称之为"情势变迁"或"契约失效"；《联合国国际货物销售合同公约》则称之为"履行合同的障碍"。

尽管各国法律和各种国际公约、国际惯例对不可抗力的名称与解释存在差别，但却都承认构成这类事件需要具备四个条件：第一，这种事件是在订立合同之后发生的；第二，这种事件是当事人在订立合同时不能预见的；第三，这种事件不是当事人所能控制的，而且它是无法避免、无法预防和不可克服的；第四，此种事件不是任何一方当事人的疏忽或过失造成的。

当发生不可抗力时，遭受意外事故的一方可以据此免除履行合同的责任或延迟履行合同，对方无权要求损害赔偿。

（二）不可抗力的范围

不可抗力包括三种情况：

（1）自然原因引起的灾害，如水灾、火灾、风灾、旱灾、雨灾、冰灾、雪灾、雷电、地震、火山爆发和海啸等自然灾害。

（2）政府行为。政府行为（Act of Government）是指当事人签约后，有关政府当局发布了新的法律、法规、行政措施，如颁布禁令、调整政策制度等。

（3）社会异常事故。社会上出现的异常事故（如骚乱、暴动、战争等）往往构成当事人履约的障碍，但是汇率变化、市场风险、商品价格波动、货币贬值、能源危机、机器故障、怠工、船期改变等均不能视为不可抗力事件。

【例12-2】有一份合同，印度 A 公司向美国 B 公司出口一批黄麻。在合同履行的过程中，印度政府宣布对黄麻实行出口许可证制度和配额制度。A 公司因无法取得出口许可证而无法向美国 B 公司出口黄麻，遂以不可抗力为由主张解除合同。问：印度公司能否主张这种权利？为什么？

【分析指导】印度 A 公司可以以不可抗力为由主张解除合同。因为印度政府在买卖双方履行合同的过程中，宣布对黄麻实行出口许可证制度和配额制度。A 公司无法取得出口黄麻的许可证即无法向美国 B 公司出口黄麻，这属于由政府行为引起的不可抗力事故。所以 A 公司可以以不可抗力为由主张解除合同，而美国 B 公司无权要求赔偿。

二、不可抗力的法律后果

不可抗力的法律后果，是指当不可抗力事件出现时，合同是否即告解除，或者视不同情况，可以解除合同，也可以只是推迟履行合同。对不可抗力事件法律后果的规定，各国也有分歧，英美法系国家认为，一旦出现"合同落空"，合同即告终结，从而就自动解除了当事人的履约义务。而有些国家法律则认为，出现不可抗力事件不一定使合同全部解除，而应根据不可抗力事件的原因、性质、规模、对履约的实际影响区别对待。

我国对不可抗力事件规定了三种可能产生的法律后果：

第一，如果发生不可抗力事件，致使合同的全部义务不能履行，当事人可解除合同，并免除全部责任。

第二，如果发生不可抗力事件，致使合同的部分义务不能履行，则当事人可免除部分义务。

第三，如果发生不可抗力事件没有导致合同不能履行，而是导致不能按约定的时间履行，则当事人可以延迟履行合同，并在该事件的后果影响持续的时间内，免除其延迟履行的责任。

除规定了不可抗力事件可能产生的几种法律后果外，我国还规定在不可抗力事件中要求免责的一方应承担以下两项义务：

第一，应当及时通知另一方，以减轻可能给另一方造成的损失。如果因为没有及时通知而给另一方造成损失的，怠于通知的一方应对此承担责任。

第二，应在合理的期间内向另一方提供有关机构出具的证明，以证明不可抗力事件的发生。在我国，出具不可抗力证明的机构包括公证机构、中国国际贸易促进委员会等。

【例 12-3】我国某出口企业以 CIF 纽约条件与美国某公司订立了 200 套家具的出口合同。合同规定 12 月交货。11 月底，该企业出口商品仓库因雷击发生火灾，致使一半以上的出口家具被烧毁。我企业遂以不可抗力为由要求免除交货责任，美方不同意，坚持要求我方按时交货，我方经多方努力，于次年 1 月初交货，而美方以我方延期交货为由提出索赔。问：（1）我方可主张何种权利？为什么？（2）美方的索赔要求是否合理？为什么？

【分析指导】（1）本例中，我方遭遇了出口商品仓库因雷击发生火灾，致使一半以上的出口家具被烧毁的事故，此遭遇属于不可抗力事故，我方可以遭遇不可抗力事故为由，向对方提出延期履行合同的要求。

（2）美方的索赔要求是不合理的。因为，既然发生了不可抗力事故，且已备好的货物一半以上被烧毁，这必然会影响卖方交货的时间。另外，不可抗力事故是一项免责条款，可免除遭遇不可抗力事故的一方不能如期履行合同的责任。所以，美方应考虑实际的情况同意延期履行合同，因此，美方的索赔要求是不合理的。

三、不可抗力条款

（一）不可抗力条款的规定方法

关于不可抗力的性质与范围，通常有以下三种规定方法：

1.列举式

列举式即以一一列举的方式，详细列明不可抗力事件的范围。这种规定方式虽然具有明确的优点，但灵活性较差，很容易造成遗漏。一旦发生了规定范围以外的意外事件，就无法援引。

2.概括式

概括式即对不可抗力事件范围只作笼统规定，而不具体规定哪些事件属于不可抗力事件的范围。如在合同中规定，"如果由于不可抗力的原因，致使卖方不能全部或部分装运或延迟装运合同货物，卖方对于这种不能装运或迟缓装运本合同货物不负有责任"。这种规定方法过于含糊，买卖双方容易因解释上的差异而产生纠纷。

3.综合式

这种规定方式一方面要列出比较常见的不可抗力事件（如战争、洪水、地震、火灾等），另一方面还要再加上"以及双方同意的其他不可抗力事件"一类的补充说明。这种规定方法既比较明确具体，又考虑到履行合同中可能发生的一些意想不到的事件，具有一定的灵活性。在我国进出口业务中，多采用这种规定方法。

（二）规定不可抗力条款时应注意的问题

（1）要规定不可抗力事件发生后，遭受不可抗力的一方当事人将不可抗力事件通知给对方的期限和通知方式。如果遭受不可抗力的当事人未能在规定期限内、以规定方式向对方发出发生不可抗力事件的通知，则要对对方因此而受到的损失负赔偿责任。另外，对方当事人在收到不可抗力通知时也应该及时回复，如果认为所发生的事件不属于不可抗力，或认为对方对该事件提出的解决方案不妥，要及时向对方提出异议。

（2）要规定遭受不可抗力的一方提供不可抗力的证明文件，并对该证明文件的出具机构做出规定。在国外，不可抗力证明文件的出具机构往往是发生不可抗力事件地区的合法的公证机构，或是当地的商会。在我国，则由中国国际贸易促进委员会或其设在口岸的分会出具。

（3）要对不可抗力的法律后果，即在什么情况下才可以撤销合同，在什么情况下只能部分撤销合同或延期履行合同做出明确规定。

（三）不可抗力条款示例

如因战争、地震、火灾、雪灾、暴风雨或其他不可抗力事故，致使卖方不能全部或部分装运或延迟装运合同货物，卖方对于这种不能装运或延迟装运本合同货物的情况不负有责任。但卖方须用电报或电传通知买方，并须在15天以内以航空挂号信件向买方提交由中国国际经济贸易促进委员会出具的证明此类事件的证明书。

Force Majeure：if the shipment of the contracted goods is prevented of delayed in whole or in part by reason of war，earthquake，fire，heavy snow，storm or other causes of force majeure，the sellers shall not be liable for non-shipment or late shipment of the goods of this contract.However，the sellers shall notify the buyers by cable or telex and furnish the letter within 15 days by registered airmail with a certificate issued by the China Council for the Promotion of International Trade attesting such event or events.

第四节　仲裁

在国际贸易中，买卖双方发生争议后的解决方式有友好协商、调解、仲裁和诉讼等。

采用友好协商的方法或第三者调解的方式，气氛比较友好，可以节省仲裁或诉讼的费用，有利于双方贸易的开展。这是买卖双方解决争议常用的两种方法，当这两种方式都不能解决时，才采用仲裁或诉讼的

视频 12-1
仲裁的好处
是什么

方式。

仲裁是国际货物买卖的交易双方解决争议的一种方式。虽然说仲裁并非解决交易双方争议的最好方式，但与通过司法诉讼解决争议相比，仍具有气氛比较友好、程序比较简单、所需时间比较少、费用比较低廉的优势，而且仲裁的裁决又是终局性的，可以在法院的支持下得到执行，因此许多当事人都愿意通过仲裁来解决彼此之间的争议。

一、仲裁协议

签订仲裁协议是交易双方将彼此间的争议提交仲裁的条件。在仲裁协议中要对仲裁地点、仲裁机构和仲裁程序规则进行选择，也要对仲裁费用的负担做出规定，还要对仲裁裁决的效力进行强调。

（一）仲裁协议的形式

仲裁协议是在争议发生之前或发生之后，双方当事人订立的自愿将双方发生的争议提交仲裁解决的书面文件。仲裁协议包括合同中的仲裁条款和双方签订的将已发生的争议提交仲裁的协议。

合同中的仲裁条款是买卖双方在争议发生前约定的书面仲裁协议，表示双方愿意将未来彼此间可能发生的争议提交仲裁机构解决；仲裁协议是在争议发生之后，由双方当事人共同签署的、将已发生的争议提交仲裁解决的书面协议。虽然这两种协议表现形式不同，签订时间也不同，但它们的效力与作用是相同的。

（二）仲裁协议的作用

根据大多数国家的法律，仲裁协议具有约束当事人以仲裁方式解决争议、排除法院对争议案件的司法管辖权、使仲裁机构获得对争议案件的管辖权的作用。如果合同一方当事人违反协议向法院提出司法诉讼，另一方当事人可以以仲裁协议为依据，声明法院无权管辖，请求停止诉讼的进行。法院接到这种声明，就不得再对有关的争议案件进行司法审理，因此，从另一个角度可以说，仲裁协议是仲裁机构受理争议案件的法律依据。

二、仲裁地点

仲裁地点是进行仲裁的所在地，是买卖双方在磋商仲裁条款时的一个重点。这主要是因为仲裁地点与仲裁所适用的程序法以及合同所适用的实体法有着十分密切的关系。按照一些国家法律的解释，凡属程序方面的问题，除非仲裁协议另有规定，一般都适用审判地法律。至于确定合同双方当事人权利、义务的实体地，如果合同中未规定，一般是由仲裁员根据仲裁地点所在国的法律冲突规则予以确定。由此可见，由于仲裁地点不同，同一合同适用的法律可能不同，就可能会对买卖双方当事人的权利、义务做出不同的解释，仲裁结果也会不同。正是由于这些原因，交易双方都非常重视仲裁地点的确定，都力争在本国或在自己比较了解和信任的地方仲裁。

国际上对仲裁地点的选择一般有以下几种情况：在买方国家仲裁；在第三方国家仲裁；被诉方国家或原诉方国家仲裁；在货物所在地仲裁。

我国各进出口公司在规定仲裁地点时主要有三种方式：①在我国仲裁；②在被诉方所在国仲裁；③在双方所同意的第三国仲裁。一般来说，首先应当争取在我国进行仲裁，其次才考虑在被诉方所在国仲裁，或在第三国进行仲裁。

三、仲裁机构

国际贸易仲裁机构有临时仲裁机构和常设仲裁机构两种。临时仲裁机构是为了解决特定的争议而组成的仲裁庭，争议处理完毕，临时仲裁庭即告解散；常设仲裁机构又可分为两种：一种是国际性和全国性的特设机构，国际性的如国际商会仲裁院，全国性的如英国伦敦仲裁院、英国仲裁协会、美国仲裁协会、瑞典斯德哥尔摩商会仲裁院、瑞士苏黎世商会仲裁院、日本国际商事仲裁协会等。另一种是附设在特定的行业组织之内的专业性仲裁机构，如伦敦谷物商业协会等。常设仲裁机构有负责组织和管理有关事项的人员，为仲裁提供方便，在仲裁条款中通常都选用适当的常设机构。

我国的常设仲裁机构是中国国际经济贸易仲裁委员会及其在深圳和上海等地的分会。规定进出口合同中的仲裁条款时，如双方同意在中国仲裁，便都规定在中国国际经济贸易仲裁委员会仲裁。

四、仲裁程序

（1）仲裁申请。申请仲裁时应提交仲裁协议、仲裁申请书、证据和证据来源并附清单、证人姓名和住所以及申请人的身份证明文件。

（2）仲裁庭的组成。仲裁庭可以由三名仲裁员或一名仲裁员组成，由三名仲裁员组成的，设首席仲裁员。

（3）仲裁审理。

（4）仲裁裁决。仲裁裁决是仲裁庭审理案件后，根据事实和证据，对当事人提交的、请求的事项做出的书面决定。仲裁庭应当自组庭之日起 6 个月内做出裁决。做出裁决书的日期即为裁决发生法律效力的日期。

五、仲裁裁决的效力

仲裁裁决的效力主要是指由仲裁庭做出的裁决对双方当事人是否具有约束力，是否为终局的裁决，败诉方能否向法院起诉要求变更裁决。仲裁的裁决是终局性的，当事人不得再向法院上诉。假如有一方上诉，法院也只是审查裁决在法律手续上是否存在问题，不审查裁决本身。如果法院发现裁决缺乏有效的仲裁协议依据，或者仲裁员行为不当或越权做出裁决，或者提交仲裁的事项属于法律规定不得提交仲裁处理的问题，或者裁决违反了某些国家的"公共秩序"，或者程序不当，或者裁决不符合法定的要求等，法院有权撤销仲裁裁决，宣布仲裁无效。但是在实践中，对仲裁裁决提出上诉的情况很少。

【例12-4】甲方与乙方签订了出口某货物的合同一份，合同中的仲裁条款规定"凡因执行本合同发生的一切争议，双方同意提交仲裁，仲裁在被诉方国家进行。仲裁裁决是终局的，对双方都有约束力"。合同履行过程中，双方因品质问题发生争议，于是将争议提交甲国仲裁。经仲裁庭调查审理后认为乙方的举证不实，裁决乙方败诉。事后甲方因乙方不执行裁决向本国法院提出申请，要求法院强制执行，乙方不服。问：乙方可否向本国法院提请上诉？为什么？

【分析指导】乙方不可向本国法院提请上诉。因为双方在合同中规定，如发生争议提交仲裁。这一仲裁协议表明双方当事人愿意将争议提交仲裁机构裁决，而且排除了法院对该案件的管辖权。同时，仲裁裁决的效力是终局的，对争议双方具有约束力，因此，本例中乙方败诉，应按裁决的内容执行，不得向法院提起上诉。

仲裁的裁决应由当事人自动执行。对于中国国际经济贸易仲裁委员会的裁决，如果一方逾期不予执行，另一方可申请中国人民法院依法执行。

外国仲裁机构的裁决可以根据具体情况向仲裁所在地国家的法院或向与仲裁地国家订有相互承认和执行仲裁公约或条约的国家申请执行。

仲裁费用由谁承担应在合同中明确规定。通常由败诉方承担，也可另作具体规定。仲裁的费用，一般按争议价值的0.1%～1%收取。

六、仲裁条款的常用格式

（一）我国仲裁的条款格式

"凡因本合同引起的或与本合同有关的任何争议，双方应通过友好协商的办法解决。如果协商不能解决，均应提交中国国际经济贸易仲裁委员会，按照申请仲裁时该会现行有效的仲裁规则进行仲裁。仲裁裁决是终局的，对双方都有约束力"。

（二）被申请人所在国仲裁的条款格式

"凡因本合同引起的或与本合同有关的任何争议，双方应通过友好协商来解决，如果协商不能解决，应提交仲裁。如在××国（被申请人所在国名称），由××国××地仲裁机构（被申请人所在国家的仲裁机构的名称）根据该组织的仲裁程序规则进行仲裁。现行有效的仲裁裁决是终局的，对双方都有约束力"。

（三）第三国仲裁的条款格式

"凡因本合同引起的或与本合同有关的任何争议，双方应通过友好协商来解决，如果协商不能解决，应由××国××地××仲裁机构，根据该仲裁机构现行有效的仲裁程序规则进行仲裁。仲裁裁决是终局的，对双方都有约束力"。

本章小结

商检、索赔、不可抗力和仲裁经常被称为合同中的"一般交易条款"，虽然表面上看它们不如合同的品质、数量（重量）、包装、价格、运输等条款重要，但却可以保证合同的顺利履行。在商品检验问题上，应针对商品的特征和交易使用的贸易术语，对商检时间和方法做出明确规定。

在国际货物买卖过程中，因为各种各样的原因，交易当事人不能或不能按时履行合同的情况时有发生。这种违约行为会给另一方当事人造成损害，而受到损害的一方可以向违约方索取损害赔偿。当违约行为造成的损害相当严重时，受损害的一方甚至可以宣布撤销合同，同时要求损害赔偿。但如果是由于发生了人力不可抗拒的意外事件才使交易当事人违约，则遭受这一事件的当事人可以援引合同中的不可抗力条款免除自己履行合同的责任，或延迟履行合同，因此，应在合同中规定不可抗力事件的范围、后果、证明文件等内容，以使自己在这些事件发生时得以免责。为解决双方在履约过程中可能发生且仅靠协商或调解不能解决的争议，双方可在合同中规定仲裁条款，预先选择仲裁机构和仲裁程序规则，以这种比司法诉讼更简便、费用更低廉、耗时更短、气氛更好的方法，公平合理地解决争议案件，以使交易双方的利益都尽可能地不受损害。

练习题

第十二章单选题

第十二章多选题

第十二章判断题

第十二章案例分析题

第十二章习题参考答案

第十三章
进出口合同的履行

学习目标

- 了解履行进口合同的基本程序
- 了解履行出口合同的基本环节

第一节　出口合同的履行

买卖双方经过交易磋商签订合同后，双方就必须履行合同规定的义务。在合同履行中最主要的是货（货物）、证（信用证）、船（租船装运）、款（货款收付）四个关键点。相对于进口业务而言，履行出口合同的工作环节繁多，并需要运输、银行、商检等有关部门的配合和协作，手续也比较繁杂。实践中，由于每笔合同所采用的贸易术语、交货方式、付款方式等交易条件的不同，出口工作的具体操作也有所差异。本节主要讨论按 CIF 贸易术语成交、信用证付款的合同的出口业务的具体做法。业务流程如图 13-1 所示。

视频 13-1
为什么国家
财政能支持
得住出口
退税

一、备货

备货是指卖方根据合同规定的品质、数量、包装准备货物，并保证在合同规定的交货期内保质、保量地完成交货。备货是卖方履行合同的基本义务。

视频 13-2
国家为什么
要出口退税

（一）备货工作的具体内容

出口企业的性质不同，所以备货工作内容也有一些差异。目前，外贸企业有两种，一种是生产型外贸企业，另一种是纯贸易公司。现就不同性质的外贸企业备货的工作内容进行介绍。

（1）生产型外贸企业。合同订立后，工厂外销部门的业务员与生产部门沟通，向生产部门下单，生产车间要根据合同要求的品质、规格、数量、包装安排生产计划，组织原料采购等。业务员要经常到车间了解生产情况，如果交易的商品是本企

```
                        ┌─────────────────────┐
                        │  CIF 合同（L/C 付款）  │
                        └─────────────────────┘
        ┌───────────────────────┴───────────────────────┐
┌──────────────────┐                            ┌──────────────────┐
│ 备货、包装、刷制唛头 │                            │  催证、审证、改证  │
└──────────────────┘                            └──────────────────┘
        │                  ┌──────────────────┐
        │                  │  托运（委托货代托运） │
        │                  └──────────────────┘
┌──────────────┐  ┌──────────────────────────────────┐  ┌──────────┐
│ 向商检部门报验 │  │ 租船订舱（货代凭委托单向船运公司订舱） │─▶│ 办理保险 │
└──────────────┘  └──────────────────────────────────┘  └──────────┘
        │            ┌──────┐        ┌──────────────┐        │
┌──────────────┐   │ 送货 │───────▶│ 制作发票等单据 │  ┌──────────┐
│ 取得检验证书 │   └──────┘        └──────────────┘  │ 取得保单 │
└──────────────┘        │                 │          └──────────┘
                   ┌──────────────┐        │
                   │ 向海关报关   │◀───────┘
                   └──────────────┘
                        │
                   ┌──────────────┐
                   │ 清关放行     │
                   └──────────────┘
                        │
        ┌───────────────────────────────────────────┐
        │ 装船向买方发装船通知取得大副签署的收据        │
        └───────────────────────────────────────────┘
                        │
                ┌──────────────────────┐
                │ 凭大副签署的收据换取提单 │
                └──────────────────────┘
        ┌───────────────────────────────────────────┐
        │ 汇集各种信用证要求的单据                     │
        └───────────────────────────────────────────┘
                        │
                ┌──────────────────┐
                │ 向银行交单议付    │
                └──────────────────┘
```

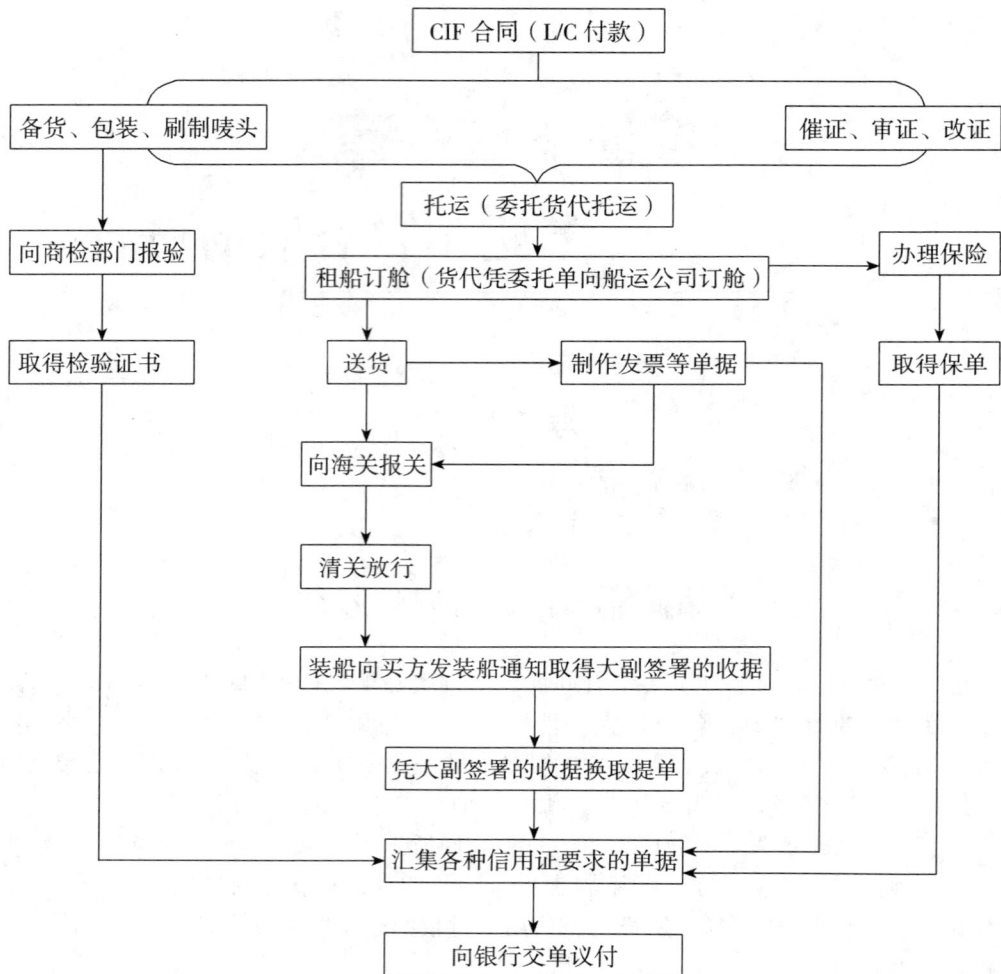

图13-1 出口合同履行流程图

业无法生产的，外贸部门则要寻找其他的加工厂家，具体的做法与下面讨论的纯贸易公司相同。

（2）纯贸易公司。对于纯贸易公司而言，由于自己没有生产实体，所以合同订立后，要寻找有生产能力的供货商。纯贸易公司寻找生产企业时，要考虑到企业的生产能力、技术水平、商业信用，最好能建立稳定的客户关系。

（二）备货的基本要求

无论是生产型外贸企业还是纯贸易公司，备货工作都必须做到：

（1）货物的品质必须符合合同规定。

（2）交货的数量必须与合同规定相一致。

（3）货物的包装必须符合合同规定和运输要求。

（4）备货时间要与合同规定的交货期相适应。

（5）如果是 L/C 付款，要保证上述条件与 L/C 规定相一致。

（三）备货时应注意的问题

（1）应在规定的装运时间内备妥货物。有的生产企业盲目地接受订单，使生产进度与交货期不能相适应，结果到了交货期因生产任务不能完成而延迟交货，出口方不得不花费大量的精力再与外商协商，严重的会引起对方的索赔。许多中小企业不重视交货期的问题，由此引起的纠纷比较多。

（2）备货过程中外贸业务员要检查产品的质量情况，发现质量问题及时解决，以免交货后引起质量纠纷。

（3）凡属法定检验的出口商品，或合同、信用证中约定由某个检验部门检验的商品，应按规定及时报验，并取得要求的检验证明。

（4）向生产部门下单时，应同时告知其唛头，以便工厂及时刷制唛头。

（5）对于资信一般的客户或初次交易的客户，最好收到对方银行开来的信用证之后再向生产部门下订单，以防止对方不履行合同而造成产品积压。

二、催证、审证和改证

（一）催证

催证是指以某种通信方式催促买方办理开证手续，以便卖方履行交货义务。及时开证是买方的主要义务，因而在正常情况下，不需要催证。但在实际业务中，有时国外进口方遇到国际市场发生变化或资金短缺情况时，往往拖延开证或不开证。为了保证按时交货，有必要在适当时候催促对方办理开证手续。

（二）审证

审证是指出口企业收到信用证后，对信用证性质、内容等项目进行审核。实际业务中，审证分为两部分：一是通知行审核，二是出口企业审核，两者审核的重点不同。通知行审核主要是审核开证行的资信，辨别信用证的真伪，对信用证的政策性和政治性进行审核，如不允许来证中有歧视性、错误的或政治性条款，以及审核信用证是否有明确的保证付款的责任等。出口企业审证主要是审核信用证的性质、种类、内容等项目与合同是否一致。如果信用证中有出口企业不能接受的条款，应及时要求进口方修改。

（三）改证

修改信用证是指对已开出的信用证的某些条款通过银行修改的行为。改证有两种情况：一种是由开证申请人提出的，另一种是由受益人提出的。对于不可撤销的信用证，任何一方提出的修改都必须要经各当事人同意方才有效。

从出口方的角度看，对信用证中无法履行或不能保证履行的条款，要向进口方提出修改要求，进口方即开证申请人接到修改申请后，把修改后的条款通知开证行，开证行发出修改通知书，但必须经原通知行传递才有效。修改条款是原信用证的一个补充，一起作为银行付款的依据。

【例13-1】中方某公司与加拿大商人在某年10月份按 CIF 条件签订了一份出口

法兰绒的合同，支付方式为不可撤销即期信用证。加拿大商人于次年3月通过银行开来信用证，经审核与合同相符，其中保险金额为发票金额的110%。我方正在备货期间，加拿大商人通过银行传递给我方一份信用证修改书，内容为将保险金额改为发票金额的120%。我方没有理睬，按原证规定投保、发货，并于货物装运后在信用证有效期内向议付行议付货款。议付行议付货款后将全套单据寄到开证行，开证行以保险单与信用证修改书不符为由拒付。问：开证行拒付是否有道理？为什么？

【分析指导】开证行拒付理由不成立。根据《跟单信用证统一惯例》的规定，不可撤销信用证一经开出，在有效期内未经信用证各有关当事人的同意，开证行不得单方面修改或撤销。同时，在受益人对信用证修改表示同意之前，原信用证的条款仍然有效。受益人对信用证修改的拒绝或者接受的表态，可以推迟至交单时。本例中，我方收到信用证修改书后并未表示同意，故原证条款仍然有效，交单时我方按原证规定投保，即表示我方拒绝修改，因此开证行不得拒付货款。

三、报验

出口报验是指出口方向商品检验机构申报检验的行为。商品检验机构经过抽验，检验合格后，向出口商颁发证明商品合格的检验证书。并不是所有交易的商品都要进行商检，进出口商品是否需要商检可根据我国《出入境检验检疫机构实施检验检疫的进出境商品目录》的规定确定，对规定要检验的商品报验，对于不属于法定检验范围的出口商品，可以由生产、经营单位或委托其他检验机构检验，国家商品检验机构对其进行定期或不定期的抽查，抽查不合格的，不准出口。

报验的商品，由商品检验机构或指定的检验机构进行检验。检验的依据是法律法规规定的标准、其他必须执行的检验标准（如进口国法律法规规定的标准）或合同规定的检验标准。当合同的约定和法定标准不同时，以高标准为准。经检验合格，由商品检验机构签发检验证书，或在"出口货物报关单"上加盖检验印章。

四、办理货运、报关和投保

（一）办理货运的步骤

在 CIF 或 CFR 条件下，租船订舱是卖方的责任之一。如果出口货物数量较大，需要整船运输，则需要办理租船手续；如果出口货物数量不大，不需要整船运输，则可由外运公司代为洽订舱位。

租船订舱的基本程序为：①查看船期表，外贸公司填写托运单（Booking Note，B/N），作为订舱依据；②船运公司或其代理人在接受托运人的托运单后，发给托运人装货单（Shipping Order，S/O）；③货物装船以后，由船长或大副签发收货单

（Mate's Receipt）；④托运人到船运公司换取正式提单（Bill of Lading，B/L）。

（二）报关

1.报关的含义

报关是指进出口商品装船出运之前向海关申报的手续。

2.报关企业的类型

报关企业的类型有三种：专业报关企业、代理报关企业和自理报关企业。

3.报关的程序

出口公司在装船前，必须填写"出口报关单"向海关申报，并应随附商业发票、装货单、商检证书、出口许可证等，必要时提供合同、信用证副本。海关对货、证核查无误后，在装货单上加盖"放行"章，即可凭以装船。

出口公司可以自行办理报关手续，也可以通过专业的报关行和国际货运代理公司来办理报关手续。

（三）投保

对于按 CIF 条件成交的出口合同，出口商应在装船前，及时向保险公司办理投保手续。出口公司填制投保单，将货物名称、保险金额、运输路线、开航日期、投保险别等列明。保险公司接受投保后，即签发保险单或保险凭证。

五、交单、结汇、出口收汇核销和出口退税

（一）交单与结汇

交单是指出口企业在规定时间内向指定银行提交信用证规定的全套出口单据，这些单据经过银行审核后，银行即可根据信用证规定的付款条件办理结汇。

结汇是指银行收到出口商交来的单据并对这些单据审核无误后，将外汇货款按当日人民币市场价结算成人民币支付给出口企业。

目前，我国出口企业大多使用议付信用证，议付信用证下，议付行审核无误后，立即将单据寄给开证行或其指定的付款行索偿，并按约定的方式向出口企业付款。议付信用证下出口企业的结汇方式有三种：收妥结汇、买单结汇和定期结汇。

1.收妥结汇

收妥结汇又称先收后结、收妥付款，是指信用证议付行收到出口商的出口单据后，经审查无误，将单据寄交国外付款行索取货款，待收到付款行将货款拨入议付行账户的贷记通知书（Credit Note）时，议付行才按当日外汇牌价，按照出口商的指示，将货款折成人民币拨入出口商的账户。

2.买单结汇

买单结汇又称出口押汇，是指议付行在审查无误的情况下，按信用证的条款贴现买入出口商的汇票和单据从票面金额中扣除从议付日到估计收到票款之日的利息，将余款按议付日外汇牌价折成人民币付给出口商。议付行向受益人垫付资金、

买入跟单汇票后，即成为汇票持有人，可凭票向付款行索取票款。银行之所以做出口押汇，是为了给出口商提供资金融通的便利，这有利于加速出口商的资金周转，有利于扩大出口业务。

3.定期结汇

定期结汇是指议付行根据向国外付款行索偿所需时间，预先确定一个固定的结汇期限，并与出口商约定，该期限到期后，无论是否收到国外付款行的货款，都要主动将票款金额折成人民币拨交出口商。

（二）出口收汇核销

出口收汇核销是国家规定出口企业在货物出口后的一定期限内，到指定外汇管理部门办理出口收汇核销手续，证实出口企业贸易项下的货款已经收回或已按规定使用的一项外汇业务。外汇管理部门对出口企业的出口货物实施跟单核销、逐笔管理。国家实施出口收汇核销制度可以加强出口收汇管理，保证国家的外汇收入，防止外汇流失。

凡是经商务部及其授权单位批准的有权经营进出口业务的公司，有进出口经营权的企业及外商投资企业的出口都必须进行出口收汇核销。

（三）出口退税

出口退税是指有进出口经营权的企业或代理出口企业，可在货物报关出口并在财务上作销售处理后，凭要求的凭证报送税务机关批准，退还企业产品出口前在生产和流通环节中已缴纳的全部或部分增值税或消费税，使产品以无税价格进入国际市场。国家实行出口退税制度是为了降低出口产品的成本，增强出口产品竞争力，从而鼓励产品出口，出口退税也是各国政府普遍采取的做法。

六、索赔和理赔

在实际业务中，履行出口合同时，常常是由于卖方违约，因而主要是处理买方的索赔。在处理国外客户索赔时的注意事项包括：①认真细致地审核国外客户提供的单证和出证机构的合法性，防止弄虚作假；②认真做好调查研究，弄清事实，分清责任；③注重商业信誉，该赔偿时要赔偿；④合理确定损失程度、金额和赔付方法。

第二节　进口合同的履行

进口合同的履行，是指进口方按照合同规定履行付款等一系列义务，直至收取货物的整个过程。在我国的进口业务中，大多数交易采用FOB条件成交，并采用信用证付款方式。假设以FOB条件成交，并采用即期信用证作为支付方式，则履行这类进口合同一般需要经历的环节如图13-2所示。

一、开立信用证

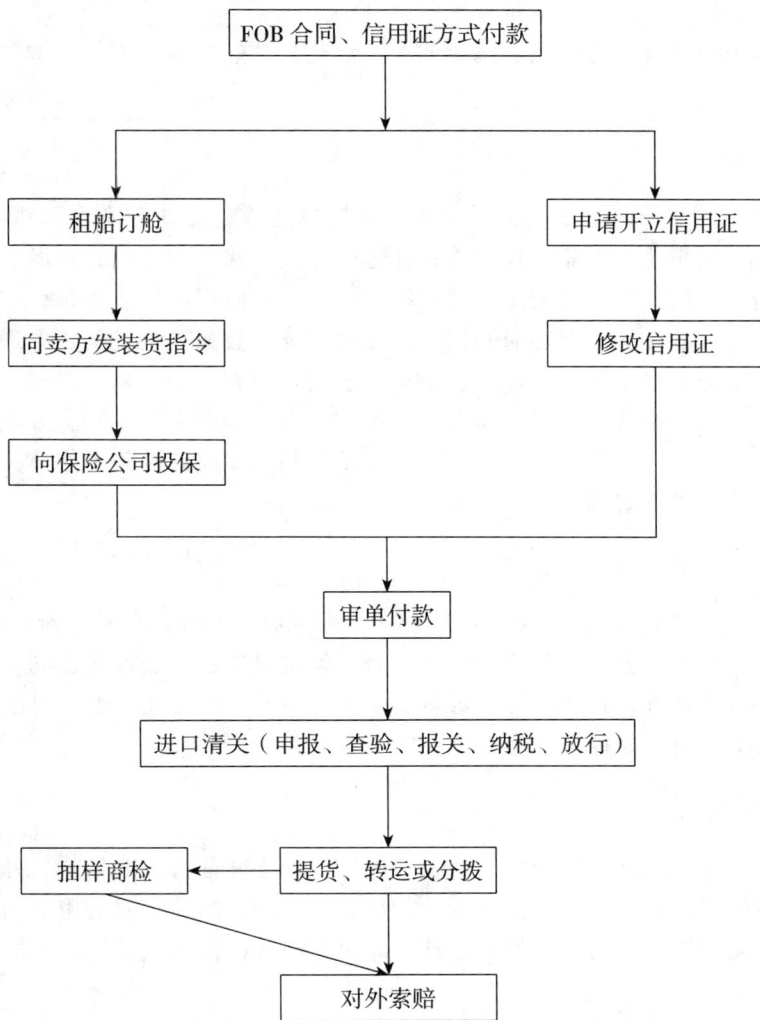

图13-2　进口合同履行的基本程序

凡是进口合同规定采用信用证支付，即由进口公司按合同规定填写开立信用证申请书，向银行办理开证手续。

如果国外受益人提出修改信用证的要求，经进口公司同意后，可以向开证行办理改证手续。

开立和修改信用证时应注意以下问题：

（1）在申请开立信用证时，必须以进口合同为依据，信用证的内容应与合同条款一致，以减少或避免修改信用证。

（2）如果合同中有开证时间的规定，应按合同的规定办理。如果合同规定在出口方确定交货期后开证，应在接到出口方的通知后再办理开证手续；如果合同规定在出口方领到出口许可证或支付履约保证金后开证，则应在收到出口方已经履行上述义务的通知后再办理开证手续。

（3）对于国外受益人提出的修改要求，如延长装运期、改变装运港口等，应慎重考虑。

二、租船订舱

按 FOB 贸易术语订立的合同，由进口方安排运输，订立运输合同并办理投保。通常进口货物的租船、订舱工作可委托外运公司或货代公司办理，租船、订舱的时间应以合同为依据。如合同规定，卖方在交货前一定时期内，应将预计装运日期通知进口方，进口方在接到上述通知后，应及时向外运公司或货代公司办理租船、订舱手续：一般是填写租船、订舱的联系单，连同合同副本交给船运机构。在办妥租船、订舱手续后，按规定期限将船名、船次及船期通知卖方，以便卖方准备货物装船。同时，进口方还应随时了解和掌握对方备货和装船前的准备工作情况，及时检查督促，以防止船货脱节。

三、投保货运险

按照 FOB 或 CFR 条件成交的进口合同，由进口方办理投保货运险。

我国大多数外贸公司与保险公司签订有海运进口货物预约保险合同。在收到国外装运通知后，将进口货物名称、数量、船名、装运港、装船日期、目的港等有关情况通知保险公司，即视为已经办妥保险手续。

四、审单和付汇

卖方交货后，将汇票和全套单据经国外银行寄交开证行收取货款。开证行收到国外寄来的单据后，根据"单证一致、单单一致"的原则，对照信用证的条款，核对单据的种类、份数和内容，如果相符，即由开证行按即期或远期汇票向国外付款或承兑。

如经开证行审核国外单据，发现单证不符，应立即处理。由开证行与我国进口企业取得联系，询问进口企业是否愿意接受有不符点的单据。如不接受，即向国外银行提出异议，根据《UCP 600》的规定，银行必须在收到单据次日起的 7 个工作日内，以电信或其他快捷方式通知寄单银行或受益人，说明拒收单据的不符点及如何处理单据。在实践中，可根据不同情况采取相应的处理办法，如：国外银行通知发货人更正单据；由国外银行书面担保后付款，改为货物到达检验后付款；拒绝付款，改为跟单托收等。

开证行在审单无误对外付款的同时，通知我进口企业按国家规定的外汇牌价，向开证行付款赎单，进口企业凭银行的付款通知书与订货单进行结算。

五、报关和纳税

进口公司付款赎单以后，应立即着手准备接货。待货物运抵目的港后，必须立即向海关办理申报，填写"进口货物报关单"，并随附发票、提单、保险单、检验证书等。经海关检验有关单据和货物后，在提单上签章放行，即可提取货物。

六、验收和拨交货物

进口货物到达后，应及时进行检验，并取得有效的检验证明，以便出现问题时向有关责任方提出索赔。

属于法定检验的商品，必须向卸货口岸的商品检验机构报验，未经检验的货物不得销售和使用。

货物经报关和检验后，由进口公司委托货运代理提取货物并拨交订货或用货部门。关于进口关税和运往内地的费用，一般由货运代理向进出口公司结算后，进出口公司再向订货部门结算。

七、索赔和理赔

在进出口业务中，有时会出现由于责任方不履行合同使另一方遭受损失的情况，或在装运储存过程中货物的品质、数量、包装受到损害的情况，此时受损方要向有关责任方提出索赔要求。

（一）索赔对象

根据责任划分，索赔对象有卖方、承运人和保险公司三种。

1.向卖方索赔

买方收货时，如发现数量短少属于原装数量不足、货物的品质或规格不符合合同规定、包装不良致使货物受损、拒不交货或未按期交货等，可根据卖方违约所造成的结果，依照合同和事实依据向卖方索赔。

2.向承运人索赔

在进口业务中，如果到货数量少于运输单据所载的数量，且运输单据是清洁的，进口人可根据不同运输方式的相关规定，及时向承运人或其代理人提出索赔。

3.向保险公司索赔

由于自然灾害、意外事故、外来原因或运输装卸过程中其他事故致使货物受损，且属于承保险别范围以内的，应及时向保险公司索赔。即使是因为承运人的过失造成的货物残损、遗失，在承运人不予赔偿或赔偿金额不足以抵补损失时，只要属于保险公司的承保范围，也应及时向保险公司提出索赔。

（二）进口索赔时应注意的问题

进口索赔时应注意以下几个问题：

1.索赔证据问题

无论向哪一方提出索赔，都需要提供足够的证据。索赔证据包括：检验证书、公证报告、发票、装箱单、运输单据副本、来往函电、港务局理货员签发的理货报告及承运人签发的短卸或残损证明等。如索赔时证据不足、问题不清、责任不明或不符合索赔条款的规定，都可能遭到对方的拒绝。在未得到索赔前，应保持索赔商品原状，有的还要拍照存查，以便必要时作为举证材料。

2. 索赔金额问题

根据国际贸易惯例，买方向卖方索赔的金额，应是卖方违约造成的实际损失再加上合理的预期利润。计算时根据商品的价值和损失程度，加上支出的各种费用（如商品检验费、装卸费、银行手续费、清关费用、税捐、仓租、利息等），合理的预期利润也计入索赔金额。

3. 索赔期限问题

索赔方必须在合同规定的索赔期限内提出索赔，逾期索赔，责任方有权不予受理。如商检可能需要较长时间，可在合同规定的索赔有效期限内向对方要求延长索赔期限，或在合同规定的索赔有效期限内向对方提出保留索赔权。

如买卖合同中没有规定索赔期限，而在货物检验中又不易发现货物缺陷，则按《联合国国际货物销售合同公约》的规定，买方行使索赔权的最长期限为货物到达目的港交货后1年之内；向保险公司提出海运货损索赔的期限则为被保险货物在卸载港全部卸离海轮后2年之内。

4. 买方责任问题

凡是货物的风险由卖方转移到买方时所存在的任何不符合合同的情况，卖方都负有责任，买方应以事实为依据向卖方要求赔偿。但在卖方同意赔偿前，买方应妥善保管货物，保持货物的原状。根据国际贸易惯例，如果买方不能按实际收到的货物的原状归还货物，其就丧失了宣告合同无效或要求卖方交付替代货物的权利。

进口索赔的操作比较复杂，要做好这项工作，进口方须熟悉国际惯例和有关法律规定，同时还要与订货单位、外运机构、保险公司及商品检验机构密切配合、通力协作，才能做好进口索赔工作。

本章小结

我国绝大多数出口合同都采用CIF或CFR贸易术语，并且一般都采用信用证付款方式，故在履行这类合同时，必须切实做好备货、催证、审证、改证、租船订舱、报验、报关、投保、装船和制单结汇等环节的工作。在这些环节中，以货（备货、报验）、证（催证、审证和改证）、船（租船订舱、办理货运手续）、款（制单结汇）四个环节的工作最为重要。在我国的进口业务中，一般按FOB价格条件成交的情况较多。如果是采用即期信用证支付方式成交，履行这类进口合同的一般程序是：开立信用证、租船订舱、装运、办理保险、审单付款、接货报关、检验、拨交、索赔。

练习题

第十三章单选题

第十三章多选题

第十三章判断题

第十三章习题参考答案

第十四章

国际贸易方式

学习目标

- 掌握经销、代理、寄售的基本做法与运用中的注意事项
- 掌握加工贸易的基本形式、做法与运用中的注意事项
- 掌握跨境电子商务的定义、特点、模式、流程与运用中的注意事项
- 理解不同国际贸易方式的性质、特点、作用和适用的场合
- 了解各种国际贸易方式的各自适用范围

贸易方式是指国际贸易中买卖双方所采用的各种交易的具体做法。在对外贸易活动中，每一笔交易都要通过一定的贸易方式来进行。贸易方式是在买卖双方交易过程中随着不同商品、不同地区和不同对象，根据双方的需要形成的。当前在国际贸易中流行着各种各样的贸易方式，各种贸易方式也可交叉进行，随着国际贸易的发展，贸易方式亦日趋多样化，主要有经销、代理、加工贸易以及跨境电子商务等。

第一节　一般传统贸易方式

一、经销

在国际贸易中，经销是指经销商按照约定条件为国外供货商销售产品。双方订立协议或相互约定，由供货商向经销商定期、定量供应货物，经销商在本国市场上销售。经销商与供货商之间也是买卖关系，经销商必须自垫资金购买供货商的货物，自行销售，自负盈亏，自担风险。

经销有一般经销和独家经销之分，独家经销（Sole Distribution）在我国又称包销（Exclusive Sales）。

（一）包销的含义及包销协议

1.包销的含义

包销指出口人（即供货商）通过包销协议把某一种或某一类货物在某一个地区

和期限内的独家专营权给予国外商人（即进口商、包销商）的贸易做法。包销方式下，双方当事人通过包销协议建立起一种较为稳固的购销关系。

2.独家专营权的含义

独家专营权是指出口人在一定时期和一定地区内，只向包销人报价成交，销售某种货物，而包销人在此期间和此地区内也不得购买他人的同样或类似的货物。它与单边逐笔售定的贸易方式的区别在于包销人在一定时期和一定地区之内享有独家专营权，包销人享受的这种权利是通过供货人和包销人签订的包销协议来实现的。

3.包销协议（Exclusive Sales Agreement）

采用包销方式，出口人与包销商之间的权利与义务是由包销协议所确定的。包销协议包括下列几个主要内容：

（1）包销货物的名称。其包括包销货物的品种、规格、型号、牌号、货号等。

（2）包销协议双方的关系。在包销协议中，都要明确包销商与出口企业（供货人）之间的关系是本人与本人的关系（Principal to Principal），即买卖关系。包销方式下的当事人关系如图14-1所示。

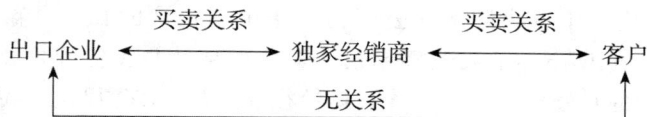

图14-1　包销方式下的当事人关系

（3）包销商品的范围。一般情况下，包销商品的范围不宜太大。通常的规定方法为：一类商品或几类商品、同类商品的几个品种或几个型号。

（4）包销地区。包销地区的约定方法通常有下列几种：确定一个国家或几个国家、确定一个国家中几个城市、确定一个城市。

（5）包销期限。包销期限即给予独家专营权的期限，通常规定为一年期限，最长不超过两年。

（6）包销专营权。包销专营权是指包销商行使专卖和专买的权利，这是包销协议的重要内容。

（7）包销数量或金额。包销数量或金额既指包销商承购货物的数量或金额，也指出口商（供货人）供货的数量或金额，它对双方有同等的约束力。包销数额一般采用规定最低承购额的做法。确定实际承购数额有各种不同的做法，一般以实际装运数为准。

（8）作价办法。作价办法的一种做法是在规定的期限内，一次作价，即无论协议内包销商品价格上涨或下落与否，都以协议规定价格为准。另一种做法是在规定的包销期限内分批作价。由于国际商品市场的价格变化多端，因此采用分批作价较为普遍。

（二）包销方式的优缺点

1.优点

（1）有利于调动包销商经营的积极性。

（2）有利于利用包销商的销售渠道，达到巩固和扩大市场的目的。

（3）可减少多头经营产生的自相竞争的弊病。

2.缺点

如果出口人不适当地运用包销方式，可能会使出口商的经营活动受到不利的影响或者出现包而不销的情况。此外，包销商还可能利用其垄断地位、操纵价格和控制市场。

（三）采用包销方式应注意的问题

慎重选择包销商。在选择包销商时，为了确定包销商是否可靠，可先采用"独家发盘"方式，即某项商品在一定地区，只向一家客户发盘。

适当规定包销商品的范围、地区及时间。通常情况下，包销商品的范围不宜太大、包销地区范围不宜太广。对包销时间的规定，应视客户情况而定，不宜过长，也不宜过短。

在协议中应规定中止或索赔条款。

【例14-1】位于中国大陆的A公司与位于中国台湾的B公司签订了独家经销协议，授予该公司W产品的独家经销权，但该产品并非A公司的自产商品，而是由同处中国大陆的C公司生产，由A公司销往B公司。C公司在向A公司供货的同时，也自营销售业务，其又向另一家位于中国台湾的D公司授予了该产品的独家经销权。这样，在中国台湾就有了同种产品的两个独家经销商，这两家经销商得知该情况后，各自向A公司和C公司提出索赔的要求。问：这起案件应如何处理？

【分析指导】包销商的选择应注意的事项。

二、代理

（一）代理的概念、性质与特点

1.代理（Agency）的概念

国际贸易中的代理是以委托人（Principal）为一方，接受委托的代理人为另一方达成协议，规定代理人（Agent）在约定的时间和地区内，以委托人的名义与资金从事业务活动，并由委托人直接负责由此而产生的后果。代理方式下的当事人关系如图14-2所示。

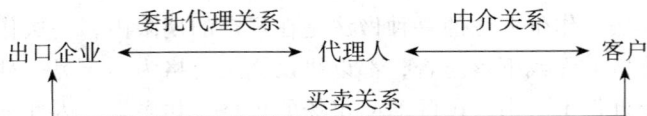

```
              委托代理关系              中介关系
出口企业  ←——————————→  代理人  ←——————————→  客户
   └————————————————————————————————————————┘
                      买卖关系
```

图14-2　代理方式下的当事人关系

2.代理的性质

销售代理商同出口商之间的关系并不是买卖关系，故销售代理商不垫付资金、不担风险、不负盈亏，只收取佣金。

3.代理的特点

代理方式同包销方式相比，具有下列基本特点：

（1）代理人只能在委托人的授权范围内，代理委托人从事商业活动。

（2）代理人一般不以自己的名义与第三者签订合同。

（3）代理人通常是运用委托人的资金从事业务活动。

（4）代理人不担负交易当中的盈亏，只概念佣金。

（5）代理人只居间介绍生意、招揽订单，并不承担履行合同的责任。

（二）代理的种类

1.按委托人授权大小划分

代理按委托人授权大小划分，可以分为：

（1）总代理（General Agency）。总代理是委托人在指定地区的全权代表，他有权代表委托人从事一般商务活动和某些非商务性的事务。

（2）独家代理（Sole Agency or Exclusive Agency）。独家代理是在指定地区和期限内单独代表委托人行事，从事代理协议中规定的有关业务的代理人。委托人在该地区内，不得委托其他代理人。在出口业务中采用独家代理的方式，委托人必须给予代理人在特定地区和一定期限内代销指定商品的独家专营权。

（3）一般代理（Agency）。一般代理又称佣金代理（Commission Agency）。它是指在同一地区和期限内委托人可同时委派几个代理人代表委托人行为，代理人不享有独家专营权。佣金代理完成授权范围内的事务后按协议规定的办法向委托人计收佣金。

【例14-2】韩国A公司与我国B公司签订了一份独家代理协议，指定B公司为中国的独家代理商。在签订协议时，韩国A公司正在试验改进该产品。不久，当新产品试验成功后，A公司又指定我国的另一家公司——C公司为新产品的经销商。问：A公司的这种做法是否合法？

【分析指导】协议的适用性。

2.按照行业性质的不同划分

代理按照行业性质的不同划分，可以分为：

（1）销售代理。销售代理是代理方式中常见的一种，指的是代表出口商或制造商为其商品在国际市场上的销售提供服务的代理人。

（2）购货代理。购货代理又称采购代理。它是指代理人受进口人的委托，为其在国际市场上采购商品提供服务。

（3）货运代理。货运代理一般是以货主的受托人身份为货主办理有关货物的报关、交接、仓储、调拨、检验、包装、转运、订舱等项业务。

（4）船方代理。船方代理是指承运人的代理人，包括外轮代理，为承运人承揽货载提供服务。

（5）保险代理。保险代理通常是指保险人的代理，代表保险人和被保险人打交道。还有一种代理称为"保险经纪人（Broker）"，是作为被保险人的代理，为其办理投保手续服务。

除以上几种代理以外，实际的业务中还有广告代理、诉讼代理、仲裁代理等。

3.独家代理与独家经销的异同

独家代理与独家经销有其相同点，均是给国外客户在特定地区和一定期限内以销售指定商品的专营权。但两者又有不同点，独家经销是售定性质，买方自负盈亏，以赚取利润为主。独家代理是委托代销，中间商一般可垫付资金，以赚取佣金为主。独家代理与独家经销的比较见表14-1。

表14-1 　　　　　　　　　　　独家代理与独家经销的比较

项目	专营权	当事人之间关系	收益
独家经销	专买专卖权	买卖关系	利润
独家代理	专门代理权	委托代理关系	佣金

（三）代理协议

1.代理协议的概念

代理协议也称代理合同，它是用以明确委托人和代理人之间权利与义务的法律文件。协议内容由双方当事人按照契约自由的原则，根据双方的合意加以规定。

2.代理协议的内容

国际贸易中的代理种类繁多，代理协议的形式和内容也各不相同。实务中常见的销售代理协议主要包括以下内容：

（1）代理的商品和区域。代理双方应在代理协议中明确、具体地规定代理商品的名称、品种、花色、规格等，以及代理权行使的地区范围。

（2）代理人的权利与义务。这是代理协议的核心部分，一般应包括下述内容：明确代理人的权利范围，以及是否享有专营权；规定代理人在一定时期内应推销商品的最低销售额（按FOB价或CIF价计）；代理人应在代理权行使的范围内保护委托人的合法权益；代理人应承担市场调研和广告宣传的义务。

（3）委托人的权利与义务。委托人的权利主要体现在对客户的订单有权接受，也有权拒绝。委托人有义务维护代理人的合法权益，保证按协议规定的条件向代理人支付佣金。

（4）佣金的支付。这部分内容包括代理人有权索取佣金的时间、佣金率、计算佣金的基础、支付佣金方法。

除上述基本内容外，还可以在协议中规定不可抗力条款、仲裁条款以及协议的期限和终止办法等条款。这些条款的规定办法与包销协议的做法大致相同。

3.我国的外贸代理制

在我国的实际业务中，外贸代理有三种不同情况：

（1）国内享有外贸经营权的企业之间的代理，代理人以被代理人（委托人）的名义对外签订进出口合同。

（2）国内享有外贸经营权的企业之间的代理，代理人以自己的名义对外签订进出口合同。

（3）享有外贸经营权的企业受国内不享有外贸经营权的企业的委托，以自己的名义对外签订进出口合同。

第二节 加工贸易

加工贸易的基本形式是进料加工和来料加工。

一、进料加工（Processing with Imported Materials）

（一）进料加工的含义

进料加工是指国内有进出口经营权的单位用外汇购买进口的原料、材料、辅料、元器件、零部件、配套件和包装物料（以下简述料件），加工或装配成成品或半成品后再外销出口的贸易形式。这种做法在我国又被称为"以进养出"。

（二）进料加工的业务特征

进料加工的料件多为本国不能生产或生产能力有限的品种，动用外汇进口的目的是为加工或装配成适合外销的成品再行出口，并以此创汇。

进料加工业务从料件采购、生产到产品销售均由我方经营，盈亏自负。

进料加工业务的料件是进口的，因而经营者拥有所有权。但实际处置仍受到进出口国家管制制度及海关通关制度的限制，原则上在未经批准并办理进口手续的情况下料件必须被加工成成品后返销出口。

（三）进料加工的具体做法

进料加工的具体做法有以下三种：

（1）先签订进口原料的合同，加工出成品后再寻找市场和买主。

这种做法的好处是进料时可选择适当时机，低价时购进，而且一旦签订出口合同就可交货，交货期短。但采取这种做法时，要随时了解国外市场动向，以保证产品能适销对路，避免产品积压。

（2）先签订出口合同，再根据国外买方的订货要求从国外购进原料，加工生产。

这种做法包括来样进料加工。其优点是产品销路有保障，但要注意所需的原料来源必须落实，否则会影响成品质量或导致无法按时交货。

（3）对口合同方式，即与对方签订进口原料合同的同时签订出口成品的合同。

两个合同相互独立，分别结算。这样做原料来源和成品销路均有保证，但适用面较窄，所以，有时原料提供者与成品购买者可以是不同的人。

二、来料加工 (Processing with Customer's Materials)

(一) 来料加工的含义

来料加工指外商提供全部或部分原材料、零部件、元器件、配套件，我方企业按外商的要求加工出成品。

(二) 来料加工的业务特征

来料加工业务虽有料件进口和成品出口，但实质上是一笔交易，故必须同时签订进出口协议。交易对我方来说，目的在于赚取工缴费，同时通过加工装配实践，借以提高生产技术、产品质量和管理水平。

加工装配业务因为是替外商完成产品，因此我方无须具备购买料件的外汇资金，也不负责料件的采购，对料件及加工后的成品也没有所有权，因此，如果管理不善使料件损毁，或在加工装配时超出规定损耗，都将承担经济责任。

我方无须负责成品在境外的销售，只收取约定的工缴费，与外商经营的盈亏无关。

(三) 来料加工与进料加工的区别

来料加工是国外厂商提供原材料，由我方按其要求进行加工，成品全部交还对方，我方按规定收取工缴费。进料加工是我们自营进口，生产出产品可能全部出口，也可能部分出口，还可能实行"进口替代"。

来料加工的原材料进口与成品出口是连在一起的一笔业务，原材料的供应人往往是成品的接受人，而进料加工的进口原材料与出口成品无联系，是单进单出的两笔进出口业务。

来料加工的双方一般是委托加工关系。部分来料加工虽然由我方提供部分原材料，在一定程度上存在买卖关系，但一般我方为了保证产品及时出口，都同对方签订承购全部产品的协议。进料加工的出口，我方与对方完全是买卖关系。

三、采用加工装配贸易应注意的问题

(一) 注意国外商标的合法性

为了避免因第三者控告侵权造成被动，企业可以在加工装配协议中规定："乙方（委托方）提供的商标保证具有合法性，如果有第三者控告加工装配产品的商标侵权，概由乙方与第三者交涉，与甲方（我方）无关，同时应承担由此给甲方造成的损失。"

(二) 来料来件加工装配要按有关法律办理

加工装配业务法律性较强，有关来料来件一定要按我国政策规定办理，并按有关法律办理。

(三) 防止外商拒绝返销现象的出现

对国外厂商来料、来件后，不购买成品，或借产品质量不合格等为由拒绝返销的现象，可以采取由国外厂商出具银行保证函，或者采取"先收后付"的方法，来加以防范。

（四）加工装配收入，要在银行单独开立账户，单独结汇

单独结算加工装配收入，有利于考核企业经营活动成果。有关开立账户、支付方式、结汇办法和信贷管理等方面的问题，应按国家有关规定办理。

（五）成品要返销国外

加工装配的成品一定要保证全部返销国外。除国家政策允许，否则不能在国内销售。

（六）不能冲击正常产品出口

选择加工装配项目要适当，不能与我国向返销国家出口的货物品种相冲突，更不能以加工装配的产品顶替正常销售的配额。

【例14-3】某年7月25日，一加工贸易企业在海关办理一本来料加工登记手册，进口塑料粒子108吨。该年12月，当事人接到公司内销订单，由于库存内销原料不能满足订单生产需要，当事人遂于该年12月15日至次年1月17日间，将登记手册项下的144吨库存ABS-FR染色塑料粒子用于内销产品的生产，并于该年12月29日，对以上144吨塑料粒子的外销转内销情况向商务部提出申请并获批准，但未报请海关核准并征税。海关核查时，以上共计144吨ABS-FR染色塑料粒子已制成成品入库，其中47.069吨已销往国内。问：该公司的做法有何不当？

【分析指导】内销的前提条件。

第三节　跨境电子商务

在中国，最初并没有跨境电子商务的称法，大多数人只是把其归为外贸的一种形式，包含进口和出口两部分。随着国际环境的变化，我国外贸企业的电子商务应用出现了新的契机。一方面国际市场需求萎缩，持续升级的贸易摩擦对我国出口贸易造成严重的冲击；另一方面中国劳动力、土地、能源资源等要素成本上升，传统外贸"集装箱"式的大额交易逐渐被小批量、多批次、快速发货的贸易订单所取代。跨境电子商务是基于网络发展起来的，网络空间相对于物理空间来说是一个新空间，是一个由网址和密码组成的虚拟但客观存在的世界。

一、跨境电子商务的定义与特点

跨境电子商务，指分属不同关境的交易主体，通过电子商务平台达成交易、进行支付结算，并通过跨境物流送达商品，完成交易的一种国际商业活动。

跨境电子商务突破传统外贸销售模式索受到的制约，通过互联网将产品直接销售给全球商家或者消费者。网络空间的独特价值和行为模式对跨境电子商务产生了深刻的影响，使其与传统的交易方式不同，呈现出其自身的特点，主要包括：全球性、无形性、匿名性、即时性、无纸化、快速演进等。

（一）全球性（Global Forum）

网络是一个没有边界的媒介体，具有全球性和非中心化的特征。依附于网络发生的跨境电子商务也因此具有了全球性和非中心化的特征。电子商务与传统的交易方式相比，其重要特点在于电子商务是一种无边界交易，丧失了传统交易所具有的地理因素。互联网用户不需要考虑跨越国界就可以把产品尤其是高附加值产品和服务提交到市场。网络的全球性特征带来的积极影响是信息的最大限度的共享，消极影响是用户必须面临因文化、政治和法律的不同而产生的风险。任何人只要具备了一定的技术手段，在任何时候、任何地方都可以让信息进入网络，相互联系进行交易。美国财政部在其财政报告中指出，对基于全球化的网络建立起来的电子商务活动进行课税是困难重重的，因为：电子商务是基于虚拟的电脑空间展开的，丧失了传统交易方式下的地理因素；电子商务中的制造商容易隐匿其住所而消费者对制造商的住所是漠不关心的。比如，一家很小的爱尔兰在线公司，通过一个可供世界各地的消费者点击观看的网页，就可以通过互联网销售其产品和服务。很难界定这一交易究竟是在哪个国家内发生的。

（二）无形性（Intangible）

网络的发展使数字化产品和服务的传输盛行。而数字化传输是通过不同类型的媒介，如数据、声音和图像在全球化网络环境中集中而进行的，这些媒介在网络中是以计算机数据代码的形式出现的，因而是无形的。以一个 e-mail 信息的传输为例，这一信息首先要被服务器分解为数以百万计的数据包，然后按照 TCP/IP 协议通过不同的网络路径传输到一个目的地服务器并重新组织转发给接收人，整个过程都是在网络中瞬间完成的。电子商务是数字化传输活动的一种特殊形式，其无形性的特征使得税务机关很难控制和检查销售商的交易活动，税务机关面对的交易记录都体现为数据代码的形式，使得税务核查员无法准确地计算销售所得和利润所得，从而给税收带来困难。

（三）匿名性（Anonymous）

由于跨境电子商务的非中心化和全球性的特性，因此很难识别电子商务用户的身份和其所处的地理位置。在线交易的消费者往往不显示自己的真实身份和自己的地理位置，重要的是这丝毫不影响交易的进行，网络的匿名性也允许消费者这样做。在虚拟社会里，隐匿身份的便利迅捷导致自由与责任的不对称。人们在这里可以享受最大的自由，却只承担最小的责任，甚至干脆逃避责任。这显然给税务机关制造了麻烦，税务机关无法查明应当纳税的在线交易人的身份和地理位置，也就无法获知纳税人的交易情况和应纳税额，更不要说去审计核实。该部分交易和纳税人在税务机关的视野中隐身了，这对税务机关是致命的。以 eBay 为例，eBay 是美国的一家网上拍卖公司，允许个人和商家拍卖任何物品，到目前为止 eBay 已经拥有3 000 万名用户，每天拍卖数以万计的物品，营业总额超过 50 亿美元。但是 eBay

的大多数用户都没有准确地向税务机关报告他们的所得，存在大量的逃税现象，因为逃税者知道由于网络的匿名性，美国国内收入服务处（IRS）没有办法识别他们。

（四）即时性（Instantaneously）

对于网络而言，传输的速度和地理距离无关。在传统交易模式下，信息交流方式如信函、电报、传真等，在信息的发送与接收间，存在着长短不同的时间差。而电子商务中的信息交流，无论实际时空距离远近，一方发送信息与另一方接收信息几乎是同时的，就如同生活中面对面交谈。某些数字化产品（如音像制品、软件等）的交易，还可以即时清算，订货、付款、交货都可以在瞬间完成。

（五）无纸化（Paperless）

电子商务主要采取无纸化操作的方式，这是以电子商务形式进行交易的主要特征。在电子商务中，电子计算机通信记录取代了一系列的纸面交易文件。用户发送或接收电子信息。由于电子信息以比特的形式存在和传送，整个信息发送和接收过程实现了无纸化。无纸化带来的积极影响是使信息传递摆脱了纸张的限制，但由于传统法律的许多规范是以规范"有纸交易"为出发点的，因此，无纸化带来了一定程度上法律的混乱。

（六）快速演进（Rapidly Evolving）

互联网是一个新生事物，现阶段它尚处在幼年时期，必将以前所未有的速度和无法预知的方式不断演进。基于互联网的电子商务活动也处在瞬息万变的过程中，短短的几十年中电子交易经历了从EDI到电子商务零售业的兴起的过程，而数字化产品和服务更是花样出新，不断地改变着人们的生活。

二、跨境电子商务的生态圈

实际上，跨境电子商务有着复杂而有序的跨境电子商务生态圈，跨境电子商务一般由三类群体来实现：

（一）买家群体

买家群体可以是普通消费者，也可以是采购服务商、还可能是品牌生产商。越来越多的大企业在小额采购的时候也会利用电商平台，而个人也可以进行跨国的采购或购买

（二）卖家群体

卖家群体实际上认识到的是电商零售买家和产品来源的变化。在线上，尽管对卖家的商业门槛有所降低、但是对商家的外贸经验、沟通能力、商品资源等方面仍然有一定的要求。由于我国出口贸易主要集中在长三角、珠三角和东南沿海，因此中国跨境电子商务卖家也主要集中在这一区域。

（三）服务商群体

服务商群体，他们的活动实际上是利用互联网来优化甚至改变现有贸易的服务环节。服务商是跨境电子商务发展的关键参与者，在跨境电子商务流程中，由于涉

及外贸报关报检流程、运输、支付结算、税务等环节，因此，需要专业的服务商进行支持。

三、跨境电子商务的基本模式

目前常见的跨境电子商务模式主要有 C2C（Customer to Customer）、B2B（Business to Business）和 B2C（Business to Customer）三种。

（一）C2C 模式

C2C 是个人与个人之间的电子商务，C2C 模式的特点是大众化的交易，早期的 Ebay 属于 C2C 平台，而一度非常流行的海淘代购模式也是典型的 C2C。

（二）B2B 模式

传统的电商形式中最常见的是 B2B 模式，其核心在于交易双方都是商家，实际上就是企业间的国际贸易，对人类的生产、生活产生了巨大的影响。

B2B 模式主要有两种：第一种模式是信息服务平台，其流程是线上信息展示、撮合，线下洽谈、交易，相当于"交易前"的阶段，为境内外会员商户提供网络营销平台，传递供应链上的信息。主要的营利方式是会员费、流量费+营销推广费。其优点是相比于传统外贸模式有利于资源配置和效率提升；其缺点是不专业、难以解决物流、支付问题。第二种模式是交易+资源整合平台，该模式有两个阶段：一是"交易中"的阶段，可在平台上完成支付、交割；二是"交易外"的阶段，提供物流仓储、融资等配套服务。其主要的营利方式是交易佣金+会员费、流量费+增值服务费。

（三）B2C 模式

随着大量第三方在线平台的建立，跨境电子商务的交易门槛大幅降低，越来越多的零售商甚至消费者直接参与到网上购买和销售过程，从而缩短了供应链，减少了中间环节，优势更加明显，B2C 模式的使用显著增加；甚至出现了不同国家消费者之间少量商品互通的 C2C 模式和工场直接到消费者的 M2C（manufacturer to consumer）模式。

B2C 模式主要有三种，第一种是开发式平台，连接国内卖家和海外买家，类似于"全球化的淘宝"，营利方式为交易佣金+会员费、流量费+增值服务费。企业本身不销售商品，只提供交易平台，需要花成本进行引流以及完善消费者的购买体验。第二种是自建平台、商城的自营企业，通过自建网上商城或 APP 直接面向消费者，提供销售、物流、支付、客服等全方位服务内容，营利方式为进销差价，面临着与大型电商平台竞争流量的问题，前期投入过大，转化率较低。第三种是依靠第三方平台的企业，第三方平台上进行销售，营利方式为进销差价，这种模式转化率高，前期投入小，但竞争非常激烈，常常演变为价格战。且消费者资源掌握在平台手里，企业需要按照平台的规则进行运营。

四、跨境电子商务的流程

跨境电子商务流程主要有直邮模式和保税模式两种（示意图如图14-3所示）。

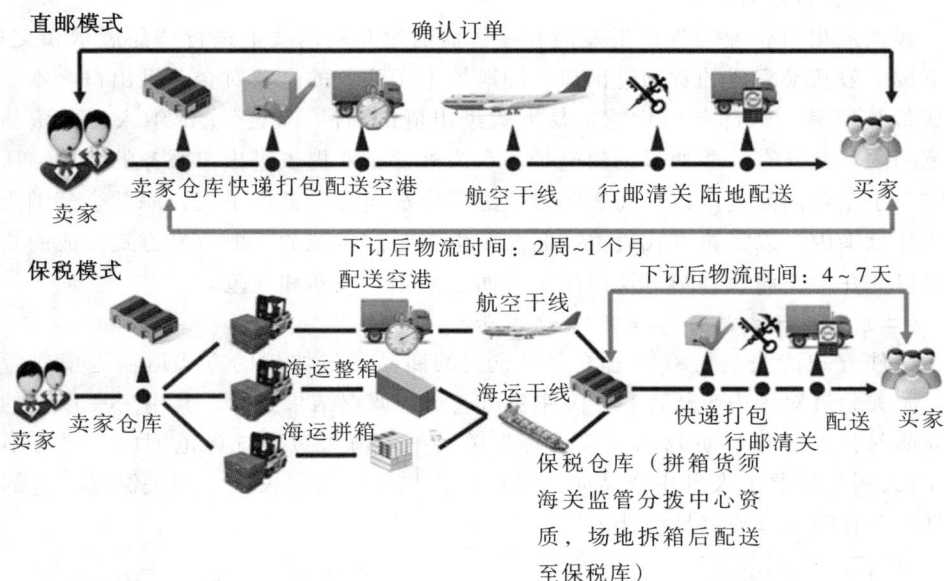

图14-3　直邮模式和保税模式示意图

1.直邮模式

直邮模式指的是卖家直接通过邮件、快件的方式将商品卖给个人买家，大多采用航空方式承运。这种方式适合小规模零碎的B2C模式对于物流的需求，速度快，有四大快递、万国邮政等完备的服务体系，过程相对简单，适合不愿意操心的小卖家。其缺点是价格贵，先订单后发货模式导致全程物流时间长，另外清关速度的变化导致物流时间的不可控，货物数量、品类存在被税风险，甚至退运，售后服务存在瓶颈。

2.保税模式

保税模式也称"自贸模式"，即境外商品入境后暂存保税区内，消费者购买后以个人物品行邮清关出区，包裹通过国内物流的方式送达境内消费者。跨境电子商务阳光化的监管要求需要平台订单、物流、支付环节单证凭证的"三单合一"，相对于零散的快件邮件清关，保税模式下的监管便捷度相对较高，未来是阳光跨境的最佳选择。这两种模式都是需要客户自己提供身份证号的，其他的事情都是发货商或者电商平台去解决，实际上不需要客户参与，等着收货就可以了，客户自行清关这种说法是不存在的（但是国内目前清关规则不统一，不排除海关对包裹有疑问时，让购买人协助清关，例如税的问题，这块一般电商平台需要控制好）。

五、跨境电子商务清关模式

现在跨境电子商务成交的商品，主要是通过三种方式清关：

（一）货物方式清关

我国进出口企业与外国批发商和零售商通过互联网线上进行产品展示和交易，线下按一般贸易完成的货物进出口，即跨境电子商务的企业对企业进出口，本质上仍属传统贸易，该部分以货物贸易方式进出境的商品，已经全部纳入海关贸易统计范围内。此外有一些通过创建电子平台为外贸企业提供进出口服务的公司，所实现的中小企业商品进出口，在实际过境过程中都向海关进行申报，海关全部纳入贸易统计范围内。以货物方式通关的商品，由于是按传统的一般贸易方式完成的货物进出口，在通关商检、结汇及退税等方面运作相对成熟和规范。

（二）快件方式清关（如图14-4所示）

快件方式清关是指跨境电子商务成交的商品通过快件的方式运输进境或者出境。海关总署对国内5家最大的快件公司进行的调查结果显示，其中95%以上的快件商品是按照进出口货物向海关进行报关，纳入海关贸易统计范围内，仅有不到5%的比例是按照个人自用物品向海关申报，根据现行海关统计相关制度，这部分暂时还没有纳入海关贸易统计。

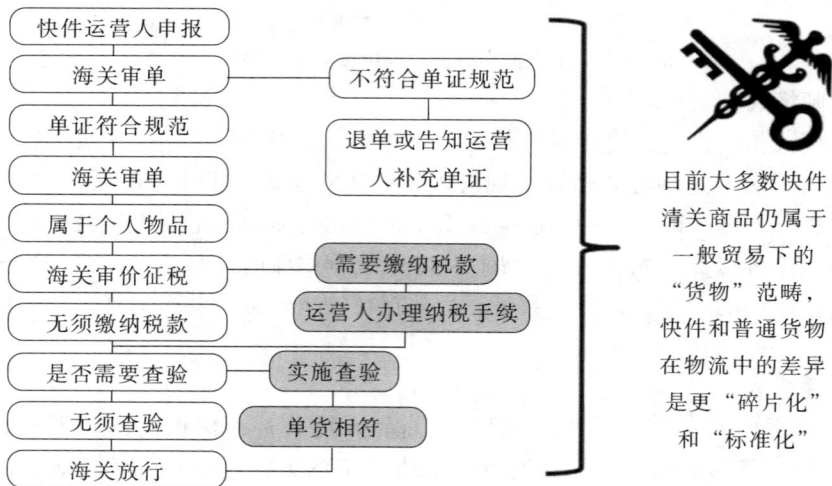

目前大多数快件清关商品仍属于一般贸易下的"货物"范畴，快件和普通货物在物流中的差异是更"碎片化"和"标准化"

图14-4　快件方式清关

（三）邮件方式清关

邮件方式清关是指通过邮局的邮政渠道，邮寄进出口跨境电子商务成交的商品，这部分主要是消费者所购买的日常消费。按照我国的海关法和国务院颁布的海关统计条例规定，个人自用的商品在自用合理数量范围内的实行建议报关的制度，不纳入海关的统计。

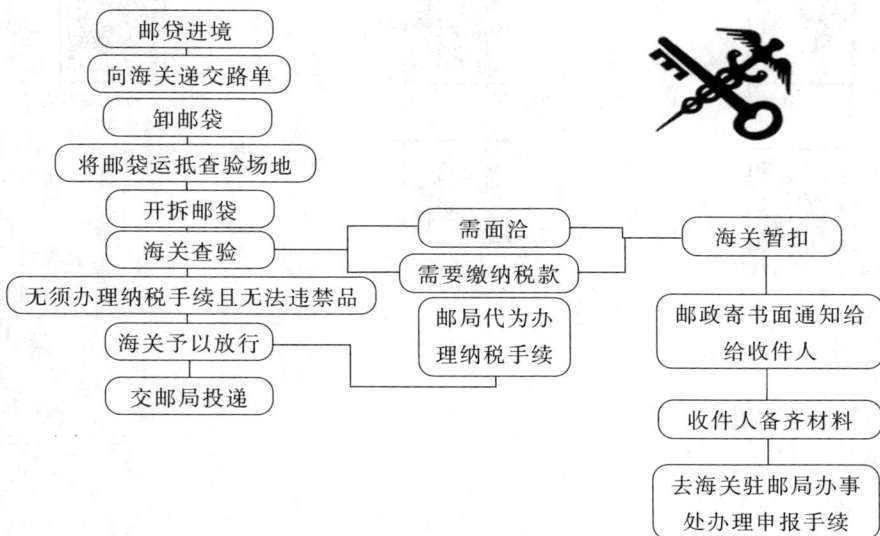

图14-5　邮件方式清关

本章小结

在国际贸易活动中，每一笔交易都要通过一定的贸易方式来进行。贸易方式是指国际贸易中买卖双方所采用的各种交易的具体做法。它是在买卖双方交易过程中随着不同商品、不同地区和不同对象，根据双方的需求，适应不同的政治、经济需要而逐渐形成的。当前在国际贸易中流行着各种各样的贸易方式，而且随着国际贸易的发展，新的贸易方式也不断涌现。本章重点介绍了一些较常用的国际贸易方式，并就各种贸易方式具体操作中的有关重点和应注意的问题进行了详细的阐述。

除了通常采用的逐笔销售的国际贸易方式外，还有经销、代理、加工贸易、跨境电子商务等。这些国际贸易方式的性质、特点、作用、适用的场合、基本做法及注意事项都有所不同。经销属于买卖关系，而代理属于代理关系；对外加工贸易是利用外资的贸易方式，跨境电子商务则是通过电子商务平台达成交易、进行支付结算，并通过跨境物流送达商品，完成交易的一种国际商业活动。

练习题

第十四章单选题

第十四章多选题

第十四章判断题

第十四章习题参考答案

国际贸易理论与实务
试卷A

国际贸易理论与实务
试卷A答案

国际贸易理论与实务
试卷B

国际贸易理论与实务
试卷B答案

主要参考文献

［1］宣昌勇，王贵彬．国际贸易理论与实务习题集［M］．大连：东北财经大学出版社，2014.

［2］普格尔，林德特．国际经济学［M］．李克宁，等，译．3版．北京：经济科学出版社，2001.

［3］克鲁格曼，奥伯斯法尔德．国际经济学（上册）［M］．海闻，等，译．8版．北京：中国人民大学出版社，2011.

［4］阿普尔亚德，菲尔德，柯布．国际经济学（国际贸易分册）［M］．赵英军，译．6版．北京：机械工业出版社，2009.

［5］贾建华，阚宏．国际贸易理论与实务［M］．4版．北京：首都经济贸易大学出版社，2008.

［6］王晓明，孙韶华．国际贸易实务［M］．北京：中国人民大学出版社，2010.

［7］陈岩．彻底搞懂贸易术语［M］．北京：中国海关出版社，2010.

［8］李朝民．国际贸易理论与实务［M］．北京：中国人民大学出版社，2010.

［9］国际商会中国委员会．国际贸易术语解释通则2010［M］．北京：中国民主法制出版社，2011.

［10］于强，杨同明．国际贸易术语解释通则2010 深度解读与案例分析［M］．北京：中国海关出版社，2011.

［11］黎孝先．国际贸易实务［M］．北京：对外经济贸易大学出版社，2011.